大国经济区的兴衰与货币国际化战略

牛凯龙　著

中国财政经济出版社

图书在版编目（CIP）数据

大国经济区的兴衰与货币国际化战略/牛凯龙著．—北京：中国财政经济出版社，2011.2

ISBN 978－7－5095－2723－8

Ⅰ．①大…　Ⅱ．①牛…　Ⅲ．①地区经济－经济发展－研究－世界②国际货币制度－研究　Ⅳ．①F114.46②F821.1

中国版本图书馆CIP数据核字（2011）第007813号

责任编辑：王　晨　　　　　　责任校对：黄亚青
封面设计：郁　佳　　　　　　版式设计：兰　波

中国财政经济出版社出版

URL：http：//www.cfeph.cn

E－mail：cfeph@cfeph.cn

社址：北京市海淀区阜成路甲28号　邮政编码：100142

发行处电话：88190406　财经书店电话：64033436

北京财经印刷厂印刷　　各地新华书店经销

787×960毫米　16开　14.75印张　207 000字

2011年4月第1版　2011年4月北京第1次印刷

定价：28.00元

ISBN 978－7－5095－2723－8/F·2318

（图书出现印装问题，本社负责调换）

本社质量投诉电话：010－88190744

前 言

本书的研究对象是（货币）经济区以及基于（货币）经济区的人民币国际化战略与次序。本书研究的重点是如何创造更好的条件以促使人民币尽快登上国际经济舞台的中心，减少人民币国际化过程中不必要的反复和代价，促使其成为继英镑和美元之后的第三个国际主导货币。为此，本书在对相关文献和理论进行梳理的基础上，对历史上产生过重要影响的（货币）经济区发展史及其货币成果进行了深入考察，并在此基础上提出人民币国际化战略构想。

本书注重以史为鉴，强调以事实和数据为依据，尝试以一种全新视角重新审视全球主要经济区形成发展历程及其在主导国际货币形成中的决定作用，对主要（货币）经济区的成败经验进行总结，对中国经济区的形成条件与制约因素、人民币国际化的基础与次序等进行综合研究，为中国经济区的构建以及人民币崛起为全球主导货币进行前导性战略研究。

本书的主要结论如下：

1. 在经济区形成过程中，处于中心地位的国家具有以下共同特点：一是具有超强的有效经济实力，经济总量和人均财富数量都很丰沛；二是具有领先的科技创新和技术优势；三是具有显著的制度优势和超强的制度纠错能力；四是具有有利的地缘政治优势；五是要维持体系的开放性和竞争性；六是要有政治智慧和系统战略规划。

2. 国际主导货币的形成是一个曲折过程，既需要满足一定的经济政治条件，也需要重大历史事件创造历史契机，还需要作出系统规划和战略安排。基于历史视角，国际主导货币的崛起具有以下规律：一是主权货币在全球主导地位的形成需要依托一个强大的紧密经济区；二是货币主导地位与经济主导地位存在显著的不同步性，路径依赖的因素不容忽视；三是主导货币地位形成的主要因素是综合经济实力，其中需求因素的影响大于供给因素。

3. 构建中国经济区应重点借鉴美国经济区“以内部统一大市场扩展”的成功经验，实施“一体两翼多环”的层次推进战略，坚持以“两岸四地”为中心的统一大市场为“体”，以构建内地统一大市场为战略支点稳步扩展，以东部沿海为中心由内而外向两侧延伸，向西构建中亚经济带，向南北构建西太平洋经济带，两翼既是中国能源的重要保障之一，也是中国大市场的扩展。中国经济区构建面临的外部环境较为复杂，尽管中国的相对优势日趋显著，但是一旦出现重大战略失误，优势将不复存在。

4. “特里芬难题”是推动国际货币体系演变的主要矛盾，未来的国际货币体系只能是信用本位制度，并通过国际主导货币的多元化解决“特里芬难题”，通过可置信的威胁破解历史上曾经出现的多元国际货币的“囚徒困境”。

5. 人民币成为国际主导货币应以构建紧密的中国经济区为基础，在战略上应始终坚持以内为主的稳步推进战略。以“内”为主具有双重含义，第一层指的是中国内部金融基础设施的完善，这是人民币国际化的市场条件；第二层指的是人民币国际化必须以首先取得中国经济区内主导货币职能为基本策略。在国际化次序上，应坚持多重三步走的协同推进，通过制度安排充分发挥人民币作为美元影子货币的国际共识，借助美元的历史地位登上国际主导货币的地位。

目 录

第1章

导　　论

1.1 选题的背景与意义

2007年，爆发于美国的“次贷危机”逐步演变成一场席卷全球的经济危机，全球经济增长陷入大萧条以来最差的境况。20世纪60年代以来逐步形成的全球“贸易流”、“资本流”格局，即由新兴国家提供主要产品和储蓄（如早期的日本、德国，后来的亚洲新兴工业国、石油输出国，当前的“金砖四国”等）、由欧美等发达国家提供技术和市场的经济循环模式遭遇了重创，全球经济政治格局或将因此而重构。这在客观上为构建以中国大陆为核心的中国（人民币）经济区，并为以此为基础推动人民币成为国际主导货币创造了有利的外部条件。

从国内经济看，自改革开放以来，随着改革由农村向城市转移，中国经济增长逐步走上并强化了外向型发展之路，并对全球产业分工和产业布局产生了重大影响。现代经济史表明，依靠外部消费拉动可以为一个大国走上经济起飞道路提供原始助动力，但是如果不能在起飞过程中及时更换“引擎”，必将为国民经济的可持续发展埋下隐患。依靠内需是大国经济实现崛起的必然落脚点。事实上，1997 年的亚洲金融危机已经为中国过于依赖美国市场的发展模式敲响了警钟，只不过随着欧美等外围市场的迅速恢复，以及中国加入 WTO、中国主要贸易（伙伴）的多元化等一系列因素，中国经济增长模式还未来得及调整又再次迅速转向了国外市场，中国经济增长的外部依赖日益强化。1990 年、2000 年、2008 年，中国贸易总额与 GDP 的占比分别为 28%、44%、59%；而同期社会商品零售总额与 GDP 的占比分别为 47%、38% 和 36%，[①]此消彼长，危机爆发前国内消费不足的现象已经日益显著。在次贷危机的打击下，全球主要国家全面陷入严重衰退，中国出口大幅下滑，内部需求不足与生产能力过剩的矛盾凸现，沿海大批外向型企业破产，失业人数剧增，又进一步压制了内需的增长潜力。更为危险的是，中国自 2007 年开始的经济结构自主性调整和增长方式转变可能会因经济危机的冲击而迟滞，在应对危机中保增长成为各级政府的重中之重，而“扩内需、抓改革、调结构”等关系经济持续平稳增长的中长期目标在现实中已退居次要地位。面对危机，中国除了在投资领域、贸易领域采取了一系列传统刺激政策外，在货币领域，还推出了人民币结算试点、与一些国家先后签署一定规模的货币互换协议等新举措，以希望改善出口疲软的局面。但是，这些短期举措的长期效果值得怀疑的。以史为鉴，如果中国经济增长的独立性不能得到显著增强，以内需特别是居民消费为主导的增长动力得不到确立和巩固，货币领域的改革将失去坚实基础，人民币在未来亚洲区域经济中的主导地位将受到日元等地区货币

---

① 根据 1990 年、2000 年、2008 年国民经济和社会发展的统计公报以及年度平均汇率计算。

的强有力挑战，人民币国际化的负面影响也将被放大，并可能重蹈日元国际化失败的覆辙。

从区域经济看，1997 年亚洲金融危机后，各国通过体制改革重新走上了增长路径，亚洲经济特别是环太平洋区域的内部贸易取得了长足发展，增长的自主性有所改善。但是，当前的经济危机依然暴露了亚洲经济过于依赖外部消费者的天生缺陷，亚洲经济体的内部关联程度远不及与欧美市场的外部关联程度。2007 年，除日本、澳大利亚、新西兰以外的亚太各经济体出口占该地区 GDP 总额的 45% 以上，与 1995 年比上升幅度超过了 10 个百分点；[①] 其中面向欧美的出口占比大约一半。此外，欧美投资者还是亚洲新兴金融市场的主要参与者，外国投资占中国香港和韩国金融市场的 30% ~40%；除中国外的亚洲银行多数通过同业市场和美元流动性需求与欧美紧密联系在一起，欧美银行为亚洲银行提供的流动性贷款规模约为 2.8 万亿美元。这种与欧美过于紧密的联系在当前爆发于欧美的全球性经济危机冲击下，使亚洲各国的出口大幅下滑、股市暴跌、货币贬值。为了更好地迎接“亚洲世纪”的到来，亚洲各主要经济体理应采取更积极的行动，加速实施整合区域经济计划，大幅提升区域内的消费需求、贸易与投资，巩固区域内金融市场，以保护其经济发展的未来，并最大程度减轻各种内外部冲击对经济增长的不利影响。这就为区域经济一体化提供了现实推动力。

从国际金融体系看，次贷危机暴露了原有国际货币体系的弊端，为人民币发展成为国际主导货币提供了历史契机，国内一些学者也大声疾呼，要加快推进人民币国际化进程。回顾国际货币史，国际主导货币的形成与演变既是一个漫长的动态过程，也是一个水到渠成的事情，除了黄金等贵金属外，真正将（国际）货币职能演绎得淋漓尽致的只有英镑与美元。随着中国经济发展和内外部环境的变化，人民币成为国际主导货币的条件的确在日益增加，并不排除能够成为继英镑和美元之后的第三个国际主导货币。但是也必须清醒地认识到，出现机遇与抓住机遇是两个概念，如果基础条件不具备或者战略选择失误，不但会丧失人民币成为国际主导货币的机遇，也会由此带来严重的后果。

---

① Stepheh S. Roach, Pitfalls in a Post - Bubble World，摩根斯坦利，2008 年。

因此，本书选题的意义主要在于面对百年一遇经济危机的巨大冲击，明确指出了中国为构建以人民币为核心的亚洲紧密经济区所采取的举措，并以此为基础推进人民币国际化。具体而言，即中国为了构建一条以富民和自力更生为主的发展道路，并在形成中的新政治经济格局中实现利益最大化，在货币金融领域应该作出的战略调整和重大改革。

1.2 研究对象、思路与方法

1.2.1 研究对象与思路

次贷危机尽管使运行了60多年的以美元为中心的国际货币体系受到重大冲击，但是美元的国际中心货币地位在短期内还难以撼动。国际货币的本质是跨国的计价手段、支付手段和储藏手段，即以经济上的一体化尤其是“市场一体化”推动货币一体化（国际化），使区域中心国货币和财政政策能够产生广泛的联动效应。在中国改革开放进入新一个30年的关键时刻，必须有意识地打造能够创造人民币经济区的庞大经济实力，并将其作为最大的国家利益。以亚太地区为主阵地的人民币经济区建立，本身就是瓦解美元国际地位的重要战略步骤，因为自20世纪90年代以来东亚地区已成为支持美国实现负债增长的中心区域。人民币经济区和人民币国际化能够对美元霸权起到釜底抽薪的作用，必然会遭到美国的反对，因此只有先做好内部工作，创造强大的需求，并通过区域内部贸易和货币合作实现对东亚、东南亚以及澳洲的紧密（关联），对其输出资本、解决就业、控制产业布局，同时接受其产品、能源等，使其逐步摆脱对欧美市场的依赖性。

本书的研究对象主要是（货币）经济区以及基于（货币）经济区的人民币国际化。本书研究的重点不在于人民币国际化的必要性以及国际化的成本收益分析，而是如何创造更好的条件以促使人民币尽快登上国际经济舞台的中心，减少人民币国际化过程中不必要的反复和代价，促使其成为继英镑和美元之后的第三个国际主导货币。为此，本书在对相关文献和理论进行梳理的基础上，通过对历史上的几个主要（货币）经济区（如英帝国经济区、美国经济区、前苏联经济区、欧盟经济区以及日本经济区等）的发展历史进行深入考察，归纳总结其经验教训，对中国经济区建设以及人民币承担国际中心货币职能的基础和条件进行深入分析，为人民币国际化战略提出构想。

（货币）经济区与国际货币与其说是一个经济课题，毋宁说是一个政治课题。本书着眼于国际政治经济演变的长期趋势，立足于地缘政治与区域经济格局，分析制约中国崛起和构建人民币经济区的内部因素，从而为构建以大中华经济区为核心的亚太经济区奠定坚实基础。通过对货币经济区历史的考察，本书认为人民币要成为国际货币的时机还不成熟，尽管短期内可依靠政策推动使人民币在一定范围内承担部分国际货币职能，但是中国经济的强大需要人民币从主权货币逐步走向区域货币、国际货币，在经济金融全球化中扮演主导货币角色。人民币国际化的一个重要含义在于货币主权的超独立性，因此要在构建人民币经济区的过程中，借助美元的国际地位并逐步去美元化；要依托紧密的中国经济区提升人民币的国际地位。

1.2.2 主要研究方法

本书的研究注重以史为鉴，强调以事实为依据，综合运用国际关系、政治经济学、经济地理、国际货币以及国际贸易等理论，对货币经济区的成败经验进行总结，对人民币经济区的形成条件与制约因素、人民币国际化的基础与次序等进行综合研究。具体而言：

一是注重科学历史观与发展观的有机统一。货币经济区与国际货币的形成是一个历史过程。正如哈佛大学历史系和商学院教授尼尔·弗格森在其新著《货币崛起》中提到的，金融历史基本上是组织突变和自然选择的过程。因此，历史分析是研究经济区与国际货币发展的一个重要方法和角度。运用科学史观分析主要（货币）经济区的演变，就是要充分考虑具体的历史背景，同时抽离出超越历史局限性的一般特征与经验教训，用于指导后续货币经济区的构建。经济区和国际货币的形成，从来都不是纯粹的经济问题，更多地体现了政治因素和国家利益，是国际政治经济格局演变中的国家综合实力的较量。因此，历史分析方法在货币经济区的形成以及货币国际化战略研究方面的重要性更为突出。

二是注重归纳分析与演绎分析相结合。演绎和归纳是理论研究最基本的分析方法。从本质上讲，归纳是从对众多经济现象的考察分析中找出一般结论的研究方法，演绎是从假定前提出发，经过一系列的推理得出新的结论。在理论研究中，这两种方法密切相关，不可分割。许多著名经济学家都曾强调这两种方法同时运用的重要性。归纳法体现了理论对现实的抽离；演绎法追求理论的严密推理，但其基本假定却离不开归纳；实证分析的过程本身就是归纳与演绎的统一。在本书中，对于理论文献的回顾和对历史上主要货币经济区的形成演化等方面，更为侧重的是归纳分析方法，但是在人民币国际化的次序与战略选择上，演绎分析方法占据了主导地位。

三是注重定性分析与定量分析相结合。定性分析是对研究对象进行“质”的分析和逻辑推导。具体地说就是运用归纳和演绎、分析与综合以及抽象与概括等方法，对历史文献和数据资料进行处理，达到认识事物本质、揭示内在规律的目的。定性分析是一种最根本、最重要的分析研究过程。定性分析有两种不同的层次：一是本书的一些研究结论本身就是定性的描述材料，是在前人文献基础上的逻辑推演，如第二章使用最为广泛的就是此种方法；另一种是建立在严格的定量分析基础上的定性分析，这种方法在本书的后续章节中都有不同程度的反映。从科学认识的过程看，任何研究或分析一般都是从研究事物质的差别开始，然后再去研究它们量的规定，在量的分析基础上，再作最后的定性分析，从而得出更加可靠的结论。定量分析可以使人们对研究对象的认识进一步精确化，以便更加科学地揭示规律、把握本质、理清关系，并预测事物的发展趋势。事实上，对事物的定性分析必然导致定量分析，定量分析的目的在于更精确地定性，定性分析与定量分析是统一互补的。定性分析是定量分析的基本前提，没有定性的定量是一种盲目的定量，而且容易导致伪回归，得出并不可靠的结论；定量分析则是定性的深化与验证，它可以使定性分析得出更精确的结论。本书中的定量分析工具主要是统计分析。

1.3 核心概念的界定与说明

1.3.1 经济区与货币经济区

经济区是经济地理学的一个概念，在一国主权范畴内基本等同于区域规划，是一国生产力布局的重要依据，如美国的五大湖区、加州硅谷区，我国的环渤海、长三角和珠三角区域；在超国家主权范畴，主要指的是区域经济合作，使区域内各国经济活动由国家过程演变为国际过程，发挥各国生产要素的比较优势，实现区域内生产要素的优化配置，通过区域内的产业分工形成一个包括商品、资本和劳动力的较为紧密的同一区域，如北美自由贸易区、欧盟等。从国际上看，经济区依据其经济生活的紧密程度可分为五个层次：自由贸易区、关税同盟、共同市场、经济同盟和完全的经济一体化。欧元区的形成与发展基本经历了这五个完整的阶段，目前正处于最后一个阶段。需要指出的是，在建立更紧密经济区的过程中，五个发展阶段并非不可逾越或者平均发展。超国家主权的经济区形成，是随着对外贸易的扩展，特别是全球经济、金融一体化加深背景下，具有紧密联系的国家为了更好地促进区域内经贸发展和经济稳定而进行的一种联合，是经济金融全球化条件下的产物。在封闭的经济体系和孤立世界中，超越国家界限的经济区是没有存在基础的。本书中的“经济区”主要沿用超国家主权范畴的概念，即构建以中国大陆为核心的经济区研究。

货币经济区是区域经济合作发展的高级阶段，即在经济区内形成以某一主权货币为中心货币的区域，该货币在区域贸易、投资、储备以及金融交易中发挥货币职能。货币经济区有广义和狭义的概念，狭义上的货币经济区与最适度货币区（Optimum Currency Area，OCA）对地理区域的界定基本一致；广义的货币经济区是一个含义更为广泛的概念，可以跨越多个经济区，如东亚经济区（东南亚、中、日韩）就其现状而言，事实上属于广义上的美元经济区，美元在这一地区的经济活动中还发挥着绝对主导作用。

本书的人民币经济区指的是狭义货币经济区概念，主要是以中国（大陆、港澳台）为核心区域的、覆盖大东亚地区的经济合作区域，在地理位置上正好形成一个西太平洋经济地带（东北亚、中国大陆、东南亚），对外可有效辐射中亚、南亚和澳洲地区。

1.3.2 东亚经济区

传统地理概念上的东亚指的亚洲东部，包括中国（含港澳台）、蒙古、朝鲜、韩国和日本共五个国家。在本书中，东亚概念并不局限于此，指的是在地缘政治、文化传统（儒家文化和佛教）与经贸关系较为紧密的亚太经济区域，除地理概念上的五国外，还包括东盟十国、澳大利亚、印度半岛三国等。在历史上，这一区域为人类社会的进步作出过重要的贡献，无论在文化、经济还是军事力量上曾长期处于世界领先地位。随着工业革命在西方兴起，这一区域先后沦为英美等西方强国的殖民地和原材料以及商品市场。二战后，以日本为起始，次第进入经济起飞阶段，日、韩、澳等已进入世界发达经济体行列，中、印正在快速成长为世界最大的经济体之一。到 2008 年，这一区域集中了全球约 34 亿人口、近 15 万亿美元的 GDP，是全球最大的新兴经济合作区域之一。以市场汇率计算的大东亚地区经济规模与美国、欧盟相当；而以购买力平价计算的 GDP 是全球最大的经济区，约占世界总量的 1/3。

东亚经济区是中国经济区形成的重要依托。中国经济区的形成、强化与扩展，既是人民币稳步实现国际化的重要环节，也是人民币在全球范围内承担国际货币职能的基础与条件。

1.3.3 国际货币、国际主导货币与影子储备货币

国际货币是在国际经济活动中承担价值尺度、流通手段、贮藏手段、支付手段的货币，在信用本位币条件下，它是主权货币职能由国内经济活动向国际经济活动的渗透、扩展和延伸。国际货币在贸易结算、金融资产计价、国际投资、国际储备等方面发挥着重要作用。从国际经济贸易发展的历史看，黄金是唯一的超主权国际货币，以黄金为基础，

英镑、美元先后凭借超强的经济实力和与黄金挂钩的机制安排，成为国际货币体系中占主导地位的主权货币。随着布雷顿森林体系的解体，黄金的国际货币职能逐步淡化，全球进入以美元为核心的国际信用本位体系时代。这一阶段，原西德马克和日元也在一定范围内发挥过国际货币的职能。随着欧元的诞生和日元的衰落，美元在国际货币体系中的地位得到了巩固，并形成了以美元为核心，欧元、英镑、日元等为补充的国际货币体系。

国际主导货币是货币国际化发展的最高阶段，指一国主权货币在国际经济交往中普遍承担货币各项职能，成为占中心地位的国际货币。当国际货币具有以下几个特征时，它可以成为国际主导货币：一是在各国中央银行的官方储备中占据优势比例；二是在外国被广泛用于日常交易；三是在国际贸易的计价中占优势份额；四是在国际金融市场的货币选择中发挥主导作用。在信用本位币下，一国主权货币成为占主导地位国际货币的好处是显而易见的，如可以取得铸币税收入，在国际投资和贸易中占据主导地位；无需保持庞大的国际储备，可以将更多金融资源用于国内经济发展；降低甚至消除本国经济活动汇率波动风险；增强国内经济活动的主动性。但是，主权货币成为国际货币也必须承担一定的义务，如为世界经济贸易的发展提供必要的流动性，金融稳定受外部环境影响变大，同时面临“特里芬难题”和“三元悖论”。从历史发展角度看，在主权信用货币时代，任何一国无法长期单独承担国际中心货币职能，稳健的国际货币体系应该是多中心的（如2—3个），这样可以通过竞争约束国际货币发行国行为，避免信用泛滥，促进国际金融体系和经贸交往环境的稳定。

影子储备货币是本书创造的一个概念，主要用于说明一国货币国际化过程中可以凭借的旧秩序力量和基础。顾名思义，影子储备货币指的是国际中心货币的影子货币，一国必须有足够的国际储备和稳定的发展预期才能确保其主权货币在国际化的起始阶段维持币值的稳定。足够的国际储备一方面体现在数量上，要能够应对国际投机性冲击；更主要的是形成来源上要高度稳定可持续，依赖资本账户特别是短期资本流动形成的储备资产是不能有效支撑主权货币成为影子货币的。在信用本位下，成为影子储备货币是后起国家主权货币成为国际货币的一个重要环节和谋略。从全球范围看，以中心储备货币——美元衡量，能够承担影子储备货币的主权货币只有人民币和日元。俄罗斯的卢布、印度的卢比和巴西的雷亚尔在短期之内难以具备成为影子储备货币的条件。

1.3.4 货币国际化

货币国际化是一国主权货币由本国功能货币向国际货币演变并最终确立国际中心货币地位的过程。从历史上看，这一过程并非一蹴而就，而是一个较为漫长的过程。由于所处的历史时代不同，货币国际化战略也会存在显著差异。

在金本位时期，由于各国货币的发行都与黄金挂钩，只要这种平价关系维持固定，理论上每一种主权货币都可承担国际货币的职能。事实上，要将这种可能性变为现实，主权货币必须要具备足够的存量，能够满足全球经济贸易与投资的货币需求。只有超级大国才能够具备这样的约束条件，也正基于此，国际中心货币地位会随着一国经济实力的增长而逐步实现，如英镑和美元。在金本位时代，国际中心货币的演变更多的是一个自然演进过程。

在信用本位时期，货币国际化一般要经过部分国际化、全面国际化和成为主导货币的三个阶段。从初始阶段看，主权货币可以在部分区域实现国际货币的全部职能，如在地区贸易中充当结算手段，在区域金融中心承担资产定价货币，依靠影子储备货币的职能成为本国经济依附国的储备货币；也可以在全球较广范围内承担某一种职能，如通过面向全球发行较大规模的本币计价金融资产，或者允许其他主权国家或金融机构到本国金融市场进行本币融资。全面国际化就是在全球主要国家、主要金融中心使本国货币承担国际货币职能，但是规模与整体影响较小。成为国际主导货币就是在国际经济活动中取得与美元平等的地位。

因此，从三个阶段角度讲，人民币早已经进入了部分国际化阶段，人民币开始在周边国家和地区流动，熊猫债券和人民币债券分别在内地和香港成功发行，人民币已被周边国家作为储备货币的备选货币。人民币国际化是一个难以逆转的历史潮流，关键是如何确保在这一过程中避免战略失误，稳步取得国际主导货币地位，使其最大化服务于民富国强的国家经济发展战略。

1.3.5 地缘政治

国际货币既是一种经济现象，更是一种政治现象，是一国综合实力和国际地位的自然延伸。特别是在信用本位货币制度下，地缘政治力量日益成为一国主权货币国际地位的决定力量之一。英镑霸权和美元霸权本质上是一种地缘政治现象，没有一个基于地缘政治基础的紧密经济区支撑，主权货币很难取得国际主导货币地位。

地缘政治有两个较鲜明的特点：一是开放性，任何一种地缘政治都是把一个国家与周边的国家和边区以及世界各国相联系；二是地缘政治离不开地缘经济、地缘文化的互动影响，地缘政治的变动都是与经济、文化的变动联系在一起的。

地缘政治重点随着地缘经济重点和周边国家关系的变化而转移，特别是随着各国经济往来的增加，地缘经济对地缘政治的影响会越来越大。同时，地缘政治具有明显的边际效应，睦邻友好会使国家利益倍增，否则会使损害倍增。

从历史上看，荷兰、英国、美国、前苏联等全球主导型国家的崛起，均得益于其所处时代的显著地缘优势。从地缘政治因素分析，当前中国也应充分利用自己在全球化时代的地缘优势建立一个紧密的东亚经济区，在确保自己长期国家利益最大化的同时，使区域内各国能够在与中国的经济交往中获取经济增长的动力。

1.4 内容与结构安排

知史明鉴。本书中心内容是对历史上曾经形成的主要经济区进行考察分析，深入总结其成败得失的经验教训，后续内容皆以此为基础展开。

在逻辑次序上，本书分三个部分。第一部分（第1章和第2章），主要是对全篇的核心概念作出界定和说明，归纳本书立论所需的理论基础，主要是新经济地理理论、地缘政治理论、依附论、最适度货币区理论以及制度变迁与动态一致假说；并对（货币）经济区以及国际货币研究的最新进展进行了梳理。

第二部分（第3章和第4章）是全书内容的骨干组成部分，从历史角度对不同时期产生过重要影响的经济区进行了回顾与总结，主要包括古代中国经济区、英帝国（联邦）经济区、美国经济区、欧盟经济区、苏联经济区以及日本经济区。由于史料较多，本书对历史的归纳主要是观其大略，在论述方法上叙议结合，深入分析了各经济区的成败经验，以及不同经济区内主导货币的不同结局。由于所处的历史时代、地理环境以及地缘政治环境不同，不同经济区的构建策略和经济货币成果存在显著差异，但是也存在一些重要的共同规律。在本部分的最后，对各经济区以及全球主导货币形成的历史经验进行了总结，并以此作为构建中国经济区、推动人民成为国际主导货币的经验借鉴。

第三部分（第5章和第6章）是本书研究的主旨和最终指向所在。主要是分析了构建中国经济区面临的外部环境以及内部有利因素和不利因素，提出了构建中国经济区的“一体两翼多环”层次推进的战略设想，指出了要以中国内地大市场为战略支点的稳步扩张次序。在中国经济区的基础上，对推进国际货币体系演变的主要矛盾进行了分析，展望了国际主导货币多元化的发展前景，提出人民币国际化应坚持“以内为主、稳步推进战略”，通过多重三步走的协同推进实现人民币成为国际主导货币之一。

1.5 主要结论与创新之处

本书尝试运用地缘政治理论和大历史观的方法，以一种全新的视角重新审视全球主要经济区形成发展历程及其在主导国际货币形成中的决定作用，深入总结其经验教训，对中国经济区的构建以及人民币崛起为全球主导货币进行前导性战略研究。

本书的主要结论有：

1. 在经济区形成过程中，处于中心地位的国家具有以下共同特点：一是具有超强的有效经济实力，经济总量和人均财富总量都很丰沛；二是具有领先的科技创新和技术优势；三是具有显著的制度优势和超强的制度纠错能力；四是具有有利的地缘政治优势；五是要维持体系的开放性和竞争性；六是要有政治智慧和系统战略规划。

2. 国际主导货币的形成是一个曲折过程，既需要满足一定的经济政治条件，也需要重大历史事件创造历史契机，还需要作出系统规划和战略安排。基于历史视角，国际主导货币的崛起具有以下规律：一是主权货币在全球主导地位的形成需要依托一个强大的紧密经济区；二是货币主导地位与经济主导地位存在显著的不同步性，路径依赖的因素不容忽视；三是主导货币地位形成的主要因素是综合经济实力，其中需求因素的影响大于供给因素。

3. 中国经济区的构建应重点借鉴美国经济区“内部统一大市场扩展”的成功经验，实施“一体两翼多环”的层次推进策略，坚持以两岸四地为中心的统一大市场为“体”，以构建内地统一大市场为战略支点稳步扩展，以东部沿海为中心由内而外向两侧延伸，向西构建中亚经济带，向南北构建西太平洋经济带，两翼既是中国能源的重要保障之一，也是中国大市场的扩展。中国经济区构建面临的外部环境较为复杂，尽管中国的相对优势日趋显著，但是一旦出现重大战略失误，优势将不复存在。

4. “特里芬难题”是推动国际货币体系演变的主要矛盾，未来的国际货币体系只能是信用本位制度，并通过国际主导货币的多元化解决“特里芬难题”，通过可置信的威胁破解历史上曾经出现的多元国际货币的“囚徒困境”。

5. 人民币成为国际主导货币应以构建紧密的中国经济区为基础，在战略上应始终坚持以内为主的稳步推进战略。以“内”为主具有双重含义，第一层指的是中国内部金融基础设施的完善，这是人民币国际化的市场条件；第二层指的是人民币国际化必须以首先取得中国经济区内主导货币职能为基本策略。在国际化次序上，应坚持多重三步走的协同推进，通过制度安排充分发挥人民币作为美元影子货币的国际共识，借助美元的历史地位登上国际主导货币的地位。

本书的创新主要体现在研究视角上，从历史演化角度探寻货币国际化和主导货币形成的基础和决定因素，并在此基础提出了构建中国经济区的战略设想和实施次序，提出了人民币国际化的战略举措和以国际主导货币为发展目标的汇率制度选择依据——影子储备货币。但是限于资料与学识，从历史角度对经济区和货币国际化进行比较研究，仅仅是一个尝试，不排除一些观点随着资料的进一步丰富以及视野的进一步开拓而改变。

由于研究的视角不同，本书没有对当前国际经济区域合作的发展作出过多描述，也没有对决定国际货币的一些因素进行量化研究与预测。事实上，对于国际货币这样一个错综复杂的国际关系问题，已超出计量经济学的应用范畴。

第 2 章

理论基础与文献综述

关于货币经济区的研究，最经典的理论是由蒙代尔提出的最适度货币区理论，并由此而诞生了人类历史上第一个超主权信用货币——欧元。尽管如此，本书认为基于发达经济体为基础的最适度货币区理论缺乏在全球范围内推广的实践价值。经济区乃至货币经济区，更主要的是一个以经贸往来为客观基础的地理概念，历史与政治因素在其形成过程中发挥着更为重要的作用。因此，（新）经济地理理论、地缘政治理论等对于构建紧密经济区具有更重要的借鉴价值和参考意义。

2.1 相关理论阐述与评析

区域经济合作是构建紧密经济区的先导，区域经济合作发展到一定阶段之后，探讨更高层次的货币经济区才具备较为稳固的基础。在经济区的构建过程中，地缘因素、地缘政治与贸易发挥着重要作用，因此当前关于经济区的基础理论，主要体现在国际关系、地缘政治等领域。

2.1.1 （新）经济地理理论

“时间—历史”和“空间—地方”是测度和解释人类社会经济活动的两个基本坐标，土地是人类社会赖以生存和发展的最基础要素，地理因素对国家的形成与扩展、经济发展以及文化形成等具有重要影响，也是不同区域政权分布状态不同（如统一还是分割）的重要原因。现代资本主义的形成同样是以地理大发现为主要标志的，而不同的自然资源禀赋也构成了国际分工和贸易的基础。尽管地理因素很重要，但是长期以来并未被纳入主流经济学分析架构。20 世纪 90 年代以来，美国学者克鲁格曼、日本学者藤田昌久、英国学者维纳布尔斯等将报酬递增与垄断竞争引入一般均衡模型，将贸易理论和经济地理等经济学分支融合到一起，发展了新贸易理论，将新经济地理学融入了主流经济学。克鲁格曼还打通了新经济地理学与城市地区经济学传统研究之间的通道，并对国际贸易与分工以及国际货币经济学作出了重要贡献。

新经济地理学的理论渊源可以追溯到 19 世纪古典政治经济学关于农业区位选择的研究，早期的研究（19 世纪 20 年代至 20 世纪 20 年代），如关于农业、工业的区位选择以及中心地模型等主要是从区位规划等国内经济区（产业布局）概念出发，而未进行市场均衡分析。20 世纪中期，哈瑞斯（Harries）和普拉德（Pred）开始对经济活动在地理上的大规模聚集（主要是产业带的形成）进行了研究，提出在其他条件相同的情况下，企业布局倾向于选择具有市场接入优势的地区，即大市场可以吸引企业进入，反过来又进一步扩大了市场规模，从而吸引更多的企业进入，形成一种积累循环作用，并通过“前向关联”和“后向关联”进一步放大这种效应。这种机制成为新经济地理学发展的基础。

新经济地理学的基本目标是运用市场机制分析产业集聚产生的原因和过程，而不是强调纯粹的外部经济与溢出效应。在新经济地理学的代表作《空间经济：城市、区域和国际贸易》（1999 年）一书中，克鲁格曼等提出了四个基本分析工具：迪克西特—斯蒂格利茨模型（Dixit - Stiglitz）、冰山（Iceberg，运输成本）、演化（Evolution，历史和预期因素）、计算机（数字模拟）。“迪克西特—斯蒂格利茨”指的是两人共同构建的微观层面规模报酬递增的垄断竞争一般均衡分析框架，研究了规模经济与多样化偏好之间的均衡；两人指出，由于企业生产活动具有规模报酬递增的特点，所以市场结构是一种垄断竞争，每个企业在其产品上都具有一定的垄断性（品牌、质量等），但是也具有大量的替代品，大市场具有自由进入的特点，因此每一家企业的垄断利润为零；这一架构为新经济地理学探讨产业空间聚集创造了条件。“冰山”是指一种特定的运输成本，最早由萨缪尔森提出，指的是货物在运输途中要损耗一定比例才能到达市场所在地。“演化”指的是经济体系在多重均衡中的选择过程，新经济地理学认为历史和预期将决定最终均衡的实现，即经济体系的初始状态和人们对未来的预期是影响现实均衡形成的主导因素；进一步分析，当经济体系内部差异较小时，预期占主导作用，当内部差异足够大时，历史因素将决定新均衡的实现。“计算机”指的是新经济地理学的分析工具，由于新经济地理学模型一般不存在唯一均衡解，需要借助数字模拟技术来验证经济学家的经验结果。

新经济地理学的主要理论贡献集中于产业集聚和国际贸易与分工两个领域，其各自的基本模型和主要内容如下：

2.1.1.1　产业集聚分析：“中心—外围”模型

经济活动空间聚集的核心内容主要集中在三个方面：报酬递增、空间聚集和路径依赖。克鲁格曼认为报酬递增本质上是一个区域和地方现象，主要表现在贸易和专业化方面；空间聚集和报酬递增密切相关，主要指产业或经济活动由于集聚所带来的成本节约而使产业或经济活动区域集中的现象，区域一体化和大都市圈以及大都市带的发展是空间聚集的典型现象；路径依赖最初由保罗·大卫于1985年提出，由克鲁格曼等发展完善，指的是由于某个历史偶然性，将使某一区位在产业聚集方面获得一定的先发优势，历史偶然因素所确定的模式一旦建立，这个最初的区域和城市模式将有可能通过在报酬递增基础上的聚集过程而经一步强化而变得“锁定（locked - in）”，藤田昌久认为，在特定的活动发生的地方存在着大量的不确定性和灵活性，一旦空间差异偶发性确定，它们就变得具有刚性。

“中心—外围”模型解释了规模报酬递增条件下，运输成本变动导致企业在地理上形成聚集或分散状态的作用机制。在假定两地初始产业结构、工业生产要素可以自由流动以及劳动力数量和分布相同等条件下，运输成本的变动会带来不同的产业聚集状态。当运输成本很高时，贸易发展比较困难，经济体系将维持分散均衡状态；当运输成本处于中等水平时，聚集均衡和分散均衡都是稳定均衡，历史和预期（路径依赖因素）将决定最终的产业分布状态；当运输成本处于很低水平时，经济体系将收敛于聚集均衡状态，但是存在双重均衡，最终产业集聚于何地，依然由历史和预期决定。

一般而言，厂商会选择较大的市场，利用生产的规模经济性和节约运输成本的优势。个人具有迁至较大地区的激励，因为那里有更高的工资和种类更多的商品。这种倾向会拉大市场规模的差距并加剧厂商和个人的迁移，因此存在循环因果关系。但也存在反向作用力。如果所有厂商都到大地方，只有一个厂商迁到外围地区，那么他在该制成品市场几乎成了独占者，将自己的产品卖给当地农民和自己员工，同时受到进口产品（取决于运输成本）的竞争。所有这些因素的综合作用可能使得不是一家而是数家厂商选择落户于较小地区，因此可能达到分散均衡，生产在两个地区同时出现。这种情况发生与否取决于运输成本、规模经济和偏好之间相互复杂的影响。克鲁格曼最初模型的一个关键假设是农产品进行无成本的自由贸易，在随后的研究中，藤田昌久、克鲁格曼和维纳布尔斯等放宽了这一限定，指出在部门和差异性农产品有运输成本的情况下，也存在相似的机制，运输成本下降会激发集聚发生。

克鲁格曼运用了一个简单的“中心—外围”模型，分析一个国家内部产业集聚的形成原因。需要注意的是，经济地理集中的形成是某种力量积累的历史过程。中心外围理论的意义，在于它可以预测一个经济体中经济地理模式的渐进化过程：初始状态时，一个国家的地理区位可能有某种优势，它对另一地区的特定厂商具有一定的吸引力，并导致这些厂商生产区位的改变，一旦某个区位形成行业的地理集中，则该地区的聚集经济就会迅速发展，并获得地区垄断竞争优势。

2.1.1.2　国际贸易型及其主要思想

将新经济地理学的规模报酬递增和不完全竞争假设引入国际贸易与产业分工分析，克鲁格曼等建立了国际贸易模型。国际贸易模型与国内产业聚集模型的主要差别在于要素流动假设，即劳动力在国际间不能流动。即使如此，产业聚集中的作用机制在国际贸易模型中仍然发挥着重要作用。

一是尽管工人不能跨国自由流动，但是可以在不同产业部门（贸易部门和非贸易部门）之间流动，并通过劳动力市场的供求变动、工资变动使得产业聚集机制继续发挥作用[①]。二是在国际贸易模型中，农业劳动力可以自由转移，也增加了一国的工资总额和市场规模，使得产业集聚机制继续发挥作用。三是在国际贸易模型中，工业部门或者企业都有中间投入需求，每个企业既生产面向消费者的最终产品，也生产作为其他企业生产投入的中间产品；如果一国生产规模足够大，产生了对中间产品的巨大需求，吸引中间产品厂商到此设厂；一个中间产品发达的国家会形成对最终产品的巨大需求，吸引最终产品厂商设厂生产。这样，产业聚集机制还会在国际贸易模型中发挥作用。

行业内和行业间关联效应的存在和作用差异，使得国家间的专业化（国际产业分工）成为可能。具体说，推动贸易增长的一个非常重要因

---

① 主要指的是前向关联效应和后向关联效应，前者指的是由于下游企业或者市场需求增大给上游企业带来的收益；后者指的是由于上游企业或者要素供给增加给下游企业带来的收益。将产业链和投入产出纳入一般均衡分析，也是克鲁格曼的一个重要贡献。

素是运输成本的下降，在运输本很高时，两个行业在两国呈现对称分布是一种稳定均衡，两国不会形成专业化国际分工；当运输成本下降到一定程度时，对称分布和专业分工都是稳定均衡；当国际贸易运输成本很低时，两国形成专业化分工就成为最稳定的均衡。克鲁格曼将运输成本引入国际贸易分析，厂商倾向于集中在大市场周围；生产集中在同一地方就有可能出现规模经济；而产地靠近最大市场可使运输成本最低。

新经济地理学是沟通贸易理论与增长理论的桥梁。通过向经济地理学引入不完全竞争和报酬递增理念，借助分工/专业化生产与多样化消费之间的两难冲突与运输成本及其变化对这一对矛盾的非线性作用，新经济地理学可以在继承经济地理学研究传统的基础上，进一步深层次地解释外部经济的微观基础和驱动经济活动空间集聚与扩散的内在动力。新经济地理学不仅建立了贸易和增长理论的直接联系，而且将贸易和增长相辅相生的机制，以及变化的贸易成本对贸易、增长、专业化和分工的非线性影响都完全动态化。经济活动在空间的集聚和扩散是一个时断时续、时快时慢且时间跨度相当长的过程，因此新经济地理学对初始条件的外生假定实际上是在动态变化的，特别是随着时间跨度的延长，“初始状态”可能会出现天壤之别。

新经济地理理论就其基本思想而言并非一种新创造，仅仅是对已存在的经济常识用规范的经济学语言进行了重现阐述，其贡献主要是对过于严格假设的传统理论的一种改造，使其更符合社会现实和人们日常思维习惯。特别是对于运输成本在社会经济生活中的重要作用，中外的古代先哲早已认识得相当清楚。新经济地理学的一个基本思想：具备初始性质的大市场（需求中心）对周边国家的经济发展和产业聚集会产生重大影响，在自由贸易条件下，据此来安排产业发展能够改善区域内居民福利。换而言之，只要中国能够继续维持平稳快速发展，一个超大的、需求多样化的新兴市场必然会成为世界经济增长的动力，也必然会成为构建以中国为主导的紧密经济区的坚实基础。

2.1.2　地缘政治理论

地缘政治理论诞生发展经历了一个曲折过程，最初主要是为新兴大国进行全球扩张与争夺势力范围提供理论基础。20 世纪 70 年代之后，地缘政治分析超越了军事和战略范畴，其一些重要的思想为全球化条件下的区域经济合作提供了重要借鉴。

地缘政治学主要根据各种地理要素和政治格局的地域形式，分析和预测世界或地区范围的战略形势和有关国家的政治行为，它把地理因素视为影响甚至决定国家政治行为的一个基本因素，通常以地理因素为出发点，综合运用经济、社会、军事、外交、历史、政治等多重因素，对一国的战略行为与决策进行分析。在地缘政治分析中，经济、社会、文化等方面的作用日益受到重视。根据《简明大不列颠百科全书》的解释：地缘政治是“关于国际政治中地理位置对各国政治相互关系如何发生影响的分析研究。地缘政治指出某些因素对决定国家政策的重要性，诸如在获得国家利益，控制海洋交通线，据有战略要地等”。根据《中国大百科全书》（地理卷）的定义：“地缘政治学是政治地理学的一个部分，它根据各种地理要素和政治格局的地域形式，分析和预测世界地区范围的战略形势和有关国家的政治行为。地缘政治学把地缘因素视为影响甚至决定国家政治行为的一个基本因素，这种观点为国际关系理论所吸收，对国家的政治决定有相当的影响。”

2.1.2.1　主要地缘政治流派及观点

经济技术的变化是决定地缘政治理论发展的重要因素之一。作为服务于国家崛起和争霸战略的地缘政治，经历了海权论、陆权论（陆心说和陆缘说）、空权论以及信息权论等阶段。

海权论是由美国海军理论家马汉（Alfred Thayer Mahan）在 1890 年提出的，在总结历史上特别是地理大发现以来海战的战略战术及其影响的基础上，指出制海权决定一个国家国运兴衰的思想，并且进一步强调控制海洋的关键在于对世界重要海道和海峡的控制。马汉的控制世界理论是：任何国家或是国家联盟如果能够掌握咽喉航道、海峡和海道，就能够牢牢掌握世界经济和能源运输之门，进而控制世界经济的命脉。海权论是影响最大的地缘政治学说，不仅促使美国确立了走向海权发展的道路，还直接促成了德、日、俄、美等 19 世纪新兴大国海军的崛起。马汉认为，美国的商业利益遍及全球，而商业利益的走向决定了国家利益的走向。至今美国海军仍控制着全球最重要的海上通道，拥有无可撼动的全球制海权。

陆权论强调大陆地理位置的重要性，代表性的学说有两个：

一是英国麦金德（Mackinder）在20世纪初提出的陆心说。麦金德从世界整体的角度来看待世界地理构成和世界历史进程，认为世界是由欧亚非、南北美、澳洲等几个大岛构成的，其中亚欧大陆和非洲大陆是最大的“世界岛”，在世界岛上居于顶端部分的欧亚大陆是决定世界的心脏地带。由于亚欧大陆是世界上主要政治、经济力量的集中地域，世界性文化、宗教和价值观念的诞生地，也是人口众多、面积庞大的连贯性区域，因此亚欧大陆成为世界发展的地理枢纽地带。陆心说的主要观点是：谁统治了东欧平原，谁就控制了心脏地带；谁统治了心脏地带，谁就控制了世界岛；谁统治了世界岛，谁就统治了全世界。为了防止中心地带的陆权大国完全控制心脏地带，形成独霸亚欧大陆进而称霸世界的局面，海洋国家必须联合亚欧大陆边缘的陆地国家，遏制和限制陆权国家独占心脏地带的企图。陆心说打破了长期海权思想，把陆权思想提高到全球战略的高度，这一点在两次大战以及前苏联崛起和冷战中得到了验证。

二是美国斯皮克曼（Spykman）1942年提出的边缘地带论（陆缘说）。斯皮克曼认为，尽管亚欧大陆中心地带很重要，但是由于人口稀少，社会组织化程度很难达到集中大规模资源的程度，而相反的是亚欧大陆东西两侧的边缘，分别是人口集中、资源丰富、社会组织化程度较高的地区，因此，亚欧大陆东西两侧的边缘地带才是最重要的核心区域，西部边缘（西欧）或是东部边缘（东亚）一旦产生一个统一的国家，可以整合庞大的人口、社会和资源，实现高度的组织化和工业化，就有可能成为世界级强国。边缘地带理论的核心思想是：谁统一或整合了亚欧大陆东西两端的边缘地带，谁就掌握了世界最有潜质的地区，就有望成为亚欧大陆上的世界强国，成为美国世界超强的有力挑战者。边缘地带论是对以前众多地缘战略学家思想特别是马汉的海权论与麦金德的陆权论的继承、批判与发展。冷战后美国一系列的政治军事行为，都受到了边缘地带论的重要影响，如马歇尔计划、成立北约、与亚洲边缘地区国家签订政治军事条约①。

20 世纪 50 年代，意大利和美国一些学者根据空军的战略作用②，提出现代的陆权和海权离不开制空权的控制，因此惟有掌握制空权，才能真正谈得上海权和陆权；一个国家如果掌握了全球的制空优势，就可以控制世界。1973 年，科恩提出地缘政治战略模型，将世界分为海洋贸易区和亚欧大陆区两个地缘战略区。地缘政治已经成为各国制定国防和外交等政策的一项重要依据。

从地缘政治理论的演变看，地缘政治有两个较鲜明的特点：一是开放性，任何一种地缘政治都是把一个国家与周边的国家和边区以及世界各国相联系，不可能在一个封闭的环境内进行地缘政治的活动；二是任何地缘政治都离不开地缘经济、地缘文化的互动影响，地缘政治的变动都是与经济、文化的变动联系在一起的。

地缘政治在长期实践中形成了一些带有规律性的内容：富国强兵是地缘政治关系中的第一要义；地缘政治具有明显的利益倍增效应，如果两个地缘相近的国家维持睦邻友好会使国家利益倍增，反之也会使损害倍增；地缘政治重点随着地缘经济重点和周边国家关系的变化而转移，随着各国经济往来的增加，地缘经济对地缘政治的影响会越来越大。

2.1.2.2　中国的地缘政治因素分析

前苏联解体之后，亚欧大陆的地缘政治格局发生了巨变。中俄关系改善对中国集中力量发展经济以及面向大海发展、实现和平统一具有重要的战略意义；前苏联的解体使得中亚等世界心脏地带的重要区域重新成为战略力量真空，为中国进入中亚区域谋求和平环境、增加能源供给

---

① 与泰国签订了“军事援助协定”，与菲律宾签订了“美菲共同防御条约”，与澳大利亚、新西兰签订了“澳新美安全条约”，与日本签订了“美日安全保障条约”；为了建立“东北亚防御同盟”，又于 1953 年和 1954 年先后同李承晚与蒋介石缔结了“共同防御条约”。1954 年 9 月，与英国、法国、澳大利亚、新西兰、菲律宾、泰国、巴基斯坦签订了“东南亚集体防务条约”。1955 年，促使英国、伊朗、伊拉克、土耳其和巴基斯坦组成了“巴格达条约组织”。美国在边缘地带的一系列行动控制了亚欧大陆外缘的重要岛屿、海峡和通道，以强大的海上力量完成了对亚欧大陆的包围。

② 意大利人杜黑（Giulio Douhet），美国人米契尔（Billy Mitchell）和俄籍美国学者塞维斯基。

带来了新机遇；中俄共同主导的上海合作组织及其扩展保障了中国国家利益。

从边缘理论和陆心说的角度来看，当前亚欧大陆世界岛的均势正在发生历史性的逆转，西部边缘、心脏地带和东部边缘的力量之比在二战以后的初期为弱强弱格局，即前苏联强大，西欧和中国相对弱小；20世纪90年代后三方关系则逐渐在向强弱强的关系过渡，即俄罗斯相对于欧盟和中国崛起而言相对较弱。整个亚欧大陆世界岛的力量变化出现了“中部塌陷，东西崛起”的特殊地缘政治现象。在当今复杂的国际政治环境中，中国只要能够和俄罗斯维持良好的战略伙伴关系，并通过组织化和制度化的国际合作捍卫中国在亚欧大陆的地缘利益，就能够保证一个稳固的战略后方，为中国崛起并主导建立东亚经济区创造条件。

从历史上看，不同时代和不同技术条件下，不同地域的战略优势是在变化的。如在现代资本主义产生以前，亚欧大陆核心地带的草原帝国对于全球政治格局的演变具有重要影响，其力量经常入侵中国、印度、西欧、南欧等边缘地带；而在地理大发现后，边缘地带的部分国家（西班牙、葡萄牙、荷兰、英国等）率先从海洋文明中崛起，确立了在全球政治经济格局中的主导地位；随着技术进步与扩散，具有丰富的自然资源和人力资源的陆权国家（如美国、苏俄）逐步成为世界新的主导力量。

按照陆权理论的中心边缘划分，中国兼具两方面的特征。我国西北部地区处在陆心说划定的传统亚欧大陆心脏地带，并通过上海合作组织成为该心脏地带最重要的力量之一；同时，中国又是边缘地带理论下的亚欧东部边缘地带最重要的地区，中国经济重心在沿海的边缘区域，在历史与文化上又与处于边缘地带的韩日东盟等有密切关系。可以说，中国具有双重地缘身份，在整个亚欧大陆具备独特的地缘潜力①，是一个“边缘—心脏”国家，边缘地区决定的是中国的经济重心、人口集中程度和文化主要特质，中心表示的是中国在陆上直接有连接心脏地带丰富

① 如果把欧盟看成是一个整体，欧盟也带有“边缘—心脏”的特征。欧盟东扩后的东欧是心脏地区，德国是半边缘，西欧国家和南欧的伊比利亚国家是边缘，北欧和英国也是边缘，这一个超越国家主权的结合体也具有“边缘—中心”的特点。但是亚欧大陆上任何单一的民族国家都不具有中国这样极为特殊的地缘优势。

资源的能力。中南半岛（东南亚）、朝鲜半岛以及海洋国家日本、菲律宾、印尼等不仅是亚欧世界岛的边缘，也是中国（大陆）的边缘。

从历史上看，西班牙、荷兰、英国、美国、前苏联等全球主导型国家的崛起，均得益于其所处时代的显著地缘优势。从地缘政治因素分析，当前中国也应充分利用自己在全球化时代的地缘优势建立一个紧密的东亚经济区，以确保自己国家长期利益的最大化。在全球化的新时代，谋求建立紧密的区域联系，要通过建立一种平等互信机制，坚决推行我国一贯倡导的“和平共处”原则，使东亚国家坚信中国不会重复德国、日本在历史上的地缘政治战略，使各国能够在与中国的经济交往中获取经济增长的动力，并依此逐步恢复亚洲历史上长达 2000 年的政治经济格局。

2.1.3 依附论

依附论（the Dependency Theory）又称“外围—中心论”，属于发展经济学与国际关系的交叉范畴，是一种研究发展中国家与发达国家间相互关系的理论学说。该学说认为，世界被分为中心国家（发达国家）和外围国家（发展中国家），前者在世界经济中居支配地位，后者受前者的剥削和控制，后者依附于前者；由于中心与外围之间国际地位的不平等，导致中心与外围之间的贫富分化越来越严重。目前，依附论尚未形成一套系统的理论体系，主要是对落后国家的经济发展现状提出一些解释，对于解决问题并无实质性的见解。特别是东亚地区的崛起与基于依附论的“进口替代”战略在南美的失败，使依附论受到了严重的冲击。但是，依附论所描述的“外围—中心”关系或者“中心—边陲”关系，确实是全球经济发展的一个普遍现象。

二战后，先前欧洲中心国家所殖民的广大亚非拉国家先后获得了政治上的独立，建立了拥有独立主权的民族国家。但从经济上分析，这些国家要么是不发达，要么是在经济上附属于西方发达国家。对于世界经济格局中这种现状的经济学理论解释就应运而生，不发达与依附理论由此产生。依附论根据其观点和政策主张，可以划分三大类：激进主义的依附理论、改良主义的依附理论以及正统主流依附理论等。激进主义依附论的主要代表有弗兰克（Gunder Frank）、阿明（Samir Amin）等。

弗兰克认为“宗主国—卫星国”的全球体系和卫星国内部的“中心城市—农村”结构是外围国家贫困的根源，因此主张通过“脱钩”来摆脱贫困。阿明认为发达国家对于“外围国家”发展的制约与剥削是落后国家经济贫困的根源。激进主义依附论是一种典型的经济发展外因决定论，他们主张通过一种激进的途径来实现发展中国家摆脱依附的设想过于简单和感性，不符合当今世界经济一体化、经济全球化的趋势。改良主义依附论的主要代表是巴西的卡尔多索（F. H. Cardoso），他既反对西方经济学中的新古典派的现代化理论把不发达国家落后的原因归结为其内部因素，同时也对激进主义的外因论持批评意见。卡尔多索根据20世纪70年代以来巴西及东亚一些国家（地区）在经济发展上所取得的巨大成就，指出发展和依附是同时发生、并存的一个过程，而不是相互对立、相互排斥的两个范畴；提出了要利用与资本主义世界经济体系的联系来为本国的发展服务，而不是原先的脱离资本主义的世界体系的思想。正统主流依附理论的主要代表是巴西的多斯·桑托斯（Dos Santos），他认为对当代不发达问题的研究的着重点应在于生产领域，而不是流通领域。他进一步论证了依附的三种发展形态，即商业—出口依附、金融—工业依附和技术—工业依附。多斯·桑托斯的新依附论是对20世纪60至80年代拉美国家经济发展的一种完整的反映。新依附论强调附属国与统治国关系的不能改变性，而且，由于附属国受国际和国内依附结构的影响，附属国就会走向更加不发达的地步，依附性结构也会影响生产率。

依附论所要解决的中心议题是探讨不发达国家的根源和如何解决这些不平等的发展与依附问题。但是，各国学者对于如何解决这种不平等依附的观点大相径庭，弗兰克等主张调整和改善国际经济秩序；普雷维什主张致力于外围国家的工业化；阿明则主张彻底消灭世界资本主义制度。显然，依附论的感性成分多于理性，并且带有一定的宿命论和悲观色彩。19世纪，英国与拉丁美洲的贸易直接带动了拉丁美洲经济的兴起，自由贸易让拉丁美洲与欧洲各国互得其利，并且造就了20世纪初期的阿根廷经济奇迹。遗憾的是，阿根廷等南美国家，并未抓住机遇，调整发展策略，最终走进了“拉美陷阱”。因此，对于不发达国家而言，不管是加入世界经济的进程还是与其隔离，这些都不能保证一国经济的发展，重要的是一国改造自己国家经济的能力。

本书认为，依附论的重要性在于它从一个侧面揭示了世界经济发展的一个真实镜像。对于后起国家而言，依附是一种必然的选择和经济发展过程的必经阶段，如 19 世纪前亚洲对中国的依附，19 世纪美国以及殖民地对英国的依附，20 世纪拉美国家以及中国对美国的依附等。这种依附关系的形成主要是基于资本需求、技术需求、市场需求，或者兼而有之。总之，依附是后起国家经济发展的必然阶段。关键是随着经济发展，如何实现财富的合理分配，培育国内足够大的需求市场和技术积累机制；因为经济发展到一定阶段后，必然面临对原有中心国地位的冲击，只有依靠内部的庞大市场和自主创新，才有可能彻底摆脱这种依附关系，由外围国家成为中心国家，美国的崛起就是一个后起国家实现经济起飞的成功范例。从这个角度讲，中国的崛起必须依靠自身力量，特别是通过国民的普遍富裕建立起强大的需求市场，成为亚洲乃至世界的中心国之一，与周边国家建立起稳定的“依附—被依附”关系。

2.1.4　最适度货币区

在世界经济区域一体化发展的大背景下，货币一体化开始成为理论研究的热点。“最适度货币区”是指一个区域内的国家在货币完全一体化之后拥有一个共同的货币，或保持各国货币刚性的固定汇率制和货币的完全自由兑换，而对区域外汇率实行浮动。“最适度货币”指的是以替代浮动汇率的固定汇率货币或统一货币；“最适度货币区”指最优单一货币的地理空间使用范围，强调的是相对于整个动荡国际金融体系而在一定区域内构建的以努力实现内外均衡相对稳定的货币经济区。最适度货币区最早见于对固定汇率安排和浮动汇率安排的争论中，主要是结合某些经济指标来判断汇率安排的优劣，并说明在何种条件下实行固定汇率、货币联盟或货币一体化是最佳的。

最适度货币区理论最早由美国哥伦比亚大学教授蒙代尔于 1961 年提出，用生产要素流动性，特别是劳动力流动性作为最优货币区判断标准；后经麦金农、弗莱明等人的发展而渐趋完善，提出了最优货币区的其他判别标准，如贸易开放度、产品多样化、金融一体化和通货膨胀率相似等，这些研究成果及观点构成了传统最优货币区理论（单一指标分析方法）的主要内容。20世纪80年代后，经济学家开始“模型化”最优货币区理论，进一步系统化和细化了货币区理论的研究，运用综合分析方法判断一国加入货币区的成本收益。如果成员国在面临冲击造成的外部不平衡时，货币区有充分及时的调节机制，使放弃货币政策自主权的成员国不必依赖于货币区内部汇率变动，就能在维持对外平衡的同时，恢复各自的内部平衡，由这些国家组成的货币区就是一个“最优货币区”。最优货币区理论最关注的问题是放弃汇率和货币政策的成本能否覆盖其收益。

依据能否最大程度有效降低成员国宏观经济调整成本，最适度货币区成员国的政治经济应具备以下特征：高度相似的外部冲击；名义工资富于弹性；劳动力和资本的自由流动；较高的对外贸易开放度；多样化的贸易结构和经济结构；高度的金融一体化和资本的可流动性；相近的通货膨胀率；财政一体化和货币同盟范围内的财政转移；政治一体化。

从理论上讲，最适度货币区的条件比较苛刻，事实上能够满足这些条件的区域几乎没有。“最适度货币区”没有解决开放条件下“三元悖论”难题，而是在“汇率稳定、资本自由流动、货币政策独立性”中舍弃了“货币政策独立性”。经济发展不平衡是一个永恒的规律，如果经济条件发生重大变化，成员国也可能会退出最适度货币区，从而导致“最适度货币区”的解体（如同20世纪90年代初英镑、里拉退出欧洲货币机制）。因此，可以断定，欧盟以及欧元的诞生仅仅是一个特例，不具有普遍借鉴价值。从历史上看，英镑经济区和美元经济区的实力和影响都远远大于欧元，但是其区内成员国的经济状况距蒙代尔的最适度货币区条件相差万里。从未来的国际货币格局演变看，即使出现世界统一货币也不可能是在全球各国经济趋同之后①。至少在可预见的未来，大同世界的出现是一个微乎其微的事件，而国际货币格局的演变却是一个实实在在的过程。

2.1.5 制度变迁与动态一致

将时空因素纳入分析框架是动态经济学对静态分析的扩展，这一扩

① 货币是一个主权概念，如果按照趋同指标，类似于中国、美国、俄罗斯、印度等经济规模庞大、区域发展差异显著的国家就应有多种货币流通。这显然与历史以及现实不符。

展改变了静态分析的许多结论。由基德兰（Finn E. Kydland）和普雷斯科特（Edward Prescott）发展的动态一般均衡模型（Dynamic General Equilibrium Model，DGEM）将博弈论引入宏观经济学中，讨论了宏观政策的时间（动态）一致性问题，即，使经济达到完全竞争、有效率的均衡状态的最优经济政策随着时间的推移仍然是最优的。按照这一思想，费雪（S. Fischer）（1989 年）提出了时间（动态）不一致（Time Inconsistency）概念：一个关于未来政策的决策，构成了由初始日期形成的最优计划的一部分，但从后来日期的观点看，即使没有新的信息出现，它也不再是最优的了，则这个政策便是动态不一致的①。简单来说，今天所作的最优决策，从后来看并不必然是最优的。基德兰（Finn E. Kydland）和普雷斯科特（Edward Prescott）提出的"经济政策一致性"理论具有很强的政策含义。这一理论强调，政府在制定经济政策之初就要考虑到其长期稳定性，从而防止经济主体因为对政府政策的公信力出现怀疑而发生动摇，避免市场及经济的不稳定。如果政策多变，即使在某一个时点上取得了较好效果，长期内也不会对经济发展产生太多的积极作用。

耦合（Coupling）是物理学的一个基本概念，指两个或两个以上的系统或运动方式之间通过各种相互作用而彼此影响以至联合起来的现象，是在各子系统间的良性互动下，相互依赖、相互协调、相互促进的动态关联关系。如果说动态一致性为经济改革确定了方向，那么系统论的耦合思想则要求一切改革措施必须有序推进，这种有序推进也在客观上保证了政策的动态一致性与有效性。制度耦合是指制度内的各项制度安排为了实现某一确定功能和目标有机地结合在一起，从不同角度约束人们的行为，实现社会良性运转。每一个制度的子系统都是由许多具体制度安排组成，这些具体的制度安排相互之间通过协调配合，使制度子系统实现其功能，当各种制度之间既没有矛盾与冲突，又在资源利用上存在边际等效时，这时制度安排处于耦合状态。实际上制度耦合就是一系列制度安排的帕累托最优组合。

基于上述思想，本书作者在 2005 年提出了"最优制度安排的动态

---

① 布兰查德、费希尔著，刘树成等译：《宏观经济学》（高级教程），经济科学出版社 1998 年版，第 654 页。

一致性和制度耦合”假说①：即，任何一个初始条件下最优制度安排所形成的均衡增长路径都是数量扩张和结构变迁的统一，原有制度安排在经济增长到了一定阶段必须进行改变，果断破除原有路径上的路径依赖，通过制度变迁将均衡增长路径推向另外一个发展轨迹，避免形成制度闭锁效应。在图 2－1 中，E_0、E_1、E_2 是不同初始条件下的最优制度安排所形成的均衡经济增长路径。经济增长的任何一点均是后续增长路径的初始条件，因此考虑到时间因素，一国经济增长的最优动态制度安排，是在时间路径上一系列不同初始条件的最优制度安排的“包络曲线”。任何一个起点上的均衡制度安排，不管是强制性制度变迁还是诱致性制度变迁，其成功都依赖于它们是否与特定时空中具有优势力量的社会群体对制度安排的需求相一致。渐进改革就是要先培育符合改革方向的具有优势力量的社会群体，再去完成制度建设，这就意味着改革初期会选择的 E_0 道路；而激进改革（如休克疗法）则是先完成制度定型，再去培育代表未来经济发展方向的优势群体，激进改革一开始就选择了 E_2 的道路，必然要在改革之初付出惨重代价。渐进改革成功的关键在于，改革过程中的最优制度安排能否顺利地通过后续改革将均衡增长路径由 E_0 适时地推进到 E_1 和 E_2 所决定的经济增长路径。

最优制度安排的动态一致性与制度耦合本质上体现了制度变迁从量变到质变的过程，当改革之初的社会经济条件变化之后，就必须启动新一轮的改革，否则经济发展在经历初期的繁荣后必然会陷入低水平陷阱（拉美陷阱）②。从一条均衡路径向更高均衡路径的跨越，是经济改革与

---

① 参见牛凯龙：《转轨时期中国金融发展及其效率研究》，南开大学博士学位论文，2005 年 5 月。

② 经济学家们对世界各国的基尼系数作过许多分析，结论基本一致：高度发达国家和极端落后国家的基尼系数都很低，发展中国家的基尼系数比较高，社会矛盾也最突出。目前拉美主要国家的人均 GDP 在 3000 美元到 7000 美元之间。其中智利、墨西哥等个别国家，人均 GDP 超过 7000 美元，已经进入由发展中国家向发达国家跨越的起点。但与此同时，拉美国家的基尼系数却达到了 0.437 到 0.593（巴西）之间的较高水平，是贫富差距很大、社会矛盾相当激烈的一个地区。在传统农业占很大比重的情况下，依靠特大型企业发展工业化战略，优先发展重工业，压制中小企业发展，最终导致过多剩余劳动力，中等收入人口比例低，就业压力加大，贫困和绝对贫困人口较多，社会财富向少数人群集中。最终给政府的社会保障带来沉重压力，导致经济社会发展难以为继。这种有增长、无发展，大多数人享受不到国民经济增长成果的状况被称为“拉美陷阱”。

发展由量变到质变的危险跳跃，这一跨越需要激进的措施来完成，以破除利益集团对改革的阻碍。

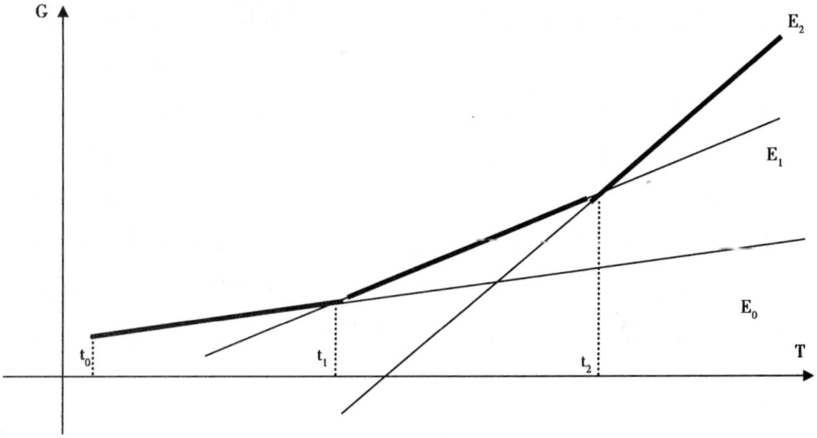

图 2－1　最优制度安排的动态一致性与制度耦合①

造成路径依赖的深层次原因是利益因素。一种制度形成以后，会逐渐形成既得利益集团，由于改革初期社会福利改进具有帕累托改进特征，因此这些利益集团的形成在某种程度上也是改革成功的标志，符合我国一贯倡导的效率原则和一部分先富起来的方针。既得利益集团或出于政治利益考量、或出于经济利益需要，对现存路径有着强烈的依赖，他们力求巩固现有制度，阻碍选择新的制度变革和路径选择。但是，由于渐进改革的不彻底性，随着市场经济的发展，必然会出现新的制度冲突并阻碍社会福利改进，最初的改革政策如不果断调整就难以走上动态一致的最优发展路径，甚至能够毁灭社会发展的成果，葬送改革的前程，使改革前功尽弃，前苏联的崩溃就是一个典型事件。渐进改革策略的后期必然是制度建设的攻坚阶段，在市场经济已经发展到一定程度之后，应迅速确立市场机制发挥作用所需要的一系列制度（政治、法制、

① 任何一个初始条件下最优制度安排所形成的均衡增长路径都是数量扩张和结构变迁的统一，原有制度安排下的经济增长到了一定阶段必须进行改变，通过制度变迁将均衡增长路径推向另外一个发展轨迹。这种制度的最优动态安排在转轨国家尤为重要，只不过到目前为止，尚未有任何一个后发的经济体实现这一理想增长路径。中国经济改革或许正在这一路径上探索。

金融经济等），将经济增长迅速推向一条新的均衡轨迹，改变贫富两极分化的局面，使全体社会成员特别是广大农村地区居民能够分享社会发展成果，这是“最优制度安排的动态一致与制度耦合”的内在要求。

如果中国要在谋求成为世界主导力量的过程中，避免出现前苏联和日本式的衰落（即经济增长在制度惯性的路径依赖制约下突然崩溃或长期停滞），必须坚决推进改革，果断破除各类既得利益集团的阻力，开创中国的“西进运动”和“进步时代”[①]。唯有如此，中国才有可能走上渐进改革的最优动态变迁路径，使中国成为一个在市场容量上超越美国的超级大国，并成为全球经济增长的重要动力和周边国家提高居民福利、维持经济繁荣和社会稳定的依附主体。

2.2 国内外研究现状

根据现有资料，在构建（货币）经济区领域有价值的研究比较匮乏，主要分布于国际关系与历史等研究领域；经济金融领域的相关研究反而较为狭隘和单一，主要集中在东亚区域合作以及人民币国际化等领域。从金融领域的研究看，更多地局限于技术环节而非战略环节，如资本账户开放、国际货币成本收益分析、人民币国际化条件与次序等，主要方法和手段是计量分析和指标对比分析等；技术因素确实是货币国际化的制约因素，但是技术问题总是相对容易解决的问题。在国际关系和历史领域看，主要集中于对英镑与美元霸权的更替、美元霸权的基础与影响以及如何打破美元霸权等。事实上，货币国际化是国家经济政治的大战略，特别是新的国际主导货币的形成，必然会冲击现有国际政治经济格局，同时也会对新兴国际主导货币发行过的内部经济运行带来重大影响，因此不可能等待一些机械指标的成熟，而是必须要作出统筹安排和长期规划，否则一旦战略决策失误，可能会导致非常严重的后果

---

① 详细参见第3章3.2美国经济区的相关内容。

（如日本、墨西哥等国家及东南亚、拉美等地区）。

2.2.1 早期的研究及主要观点

关于货币国际化的早期研究主要是对国际货币的起源和影响货币国际地位的因素进行解释和分析，研究的对象主要集中于发达国家货币。

安德鲁（Andrew，1961 年）认为，货币国际化是一国货币与他国货币的竞争过程，国家经济实力的强弱决定了货币竞争能力的强弱和生命周期的长短；艾肯格林（Eichengreen，1994 年）指出，稳定的国际货币体系应具备一定的等级结构，国家经济实力的差距在这种等级结构的形成和维持方面起着举足轻重的作用；蒙代尔（Mundell，1983 年）和小原三代平（1984 年）指出了一国政治、军事力量对主权货币国际地位具有巩固作用。

斯沃博达（Swoboda，1969 年）认为，当一种货币成为国际媒介货币后，规模经济效应会进一步扩大这种货币的使用；布林利（Brinley，1975 年）通过对英镑的观察，指出一旦主权货币取得国际主导货币地位就会产生“历史继承性”，从而国际货币的演变具有较强的路径依赖；塔弗拉斯（Tavlas，1990 年）从交易成本角度（获取信息、以及由不确定和计算产生的费用）对国际货币使用上的历史继承性或惯性进行了实证分析；克鲁格曼（Krugman，1984 年）发现人们更愿意在交易中选取彼此熟悉的既定货币。

哈耶克（Hayek，1978 年）指出，作为一种资产，持有者首先看重货币的实际购买力，从动态角度看，一种货币国际地位的变化在很大程度上依赖于该货币的稳定性或“未来价值的可预测性”；库珀（Cooper，1986 年）认为作为国际货币的一个必要标准是它的价值不会不规则波动。

培基（Page，1981 年）指出：“一国贸易规模越大，在交易中就越有可能使用该国货币，也就越有可能出现这种货币的流动。”麦金农（Mckinnon，1979 年）、卡斯（Carse）和伍德（Wood，1979 年）总结了国际贸易中选取结算货币的规律，发现在大宗均质商品市场上“信息传递的经济性”要求采用单一货币，而在差异性制造品的贸易中，具有用出口方货币计价的特征；蒙代尔（Mundell，1983 年）发现，在国际交易中存在着使用劳动生产率较高国家货币和抛弃劳动生产率较低国家货币的倾向。

威廉姆斯（Williams，1968 年）的研究发现，国际货币的流动性较少依赖于发行国的实体经济，而是更多地依赖于该国金融体系的发展，“正是集中于伦敦的国际银行体系，才提供了 1914 年以前英镑体系的核心”；科南（Kenen，1988 年）指出，货币国际化需要有稳定的货币供给条件，只有资本的自由流动才能够创造货币国际化所需的广度和深度，因此金融市场的自由化程度是决定货币国际化程度的关键性因素。

亚洲金融危机后，国际社会开始关注人民币国际化问题。多恩布施（1999 年）、蒙代尔（2001 年）和麦金农（2004 年）等都在不同场合对人民币成为国际货币的前景进行了展望。但这些结论更多是对一个正在崛起的经济大国主权货币的感性认识。

2.2.2 关于东亚经济一体化与货币合作

亚洲地区的区域经济贸易合作实践有着久远的历史，最早可上溯到 2000 年前开始形成的朝贡贸易体系。进入 20 世纪后，日本具有侵略性的“东亚经济圈”、战后“雁形体系”以及东盟和 APEC 的发展等都是区域合作的实践。东南亚金融危机后，国内外学者对构建亚洲经济区的研究，主要局限于“最适度货币区”理论的框架内，通过计算各类趋同指标，判断亚洲经济区以及区域货币合作的条件、时机和策略。

蒙代尔是亚洲货币合作的最早倡导者，也是最积极的倡导者。1999 年他就预言在未来 10 年内将出现三大货币区，即欧元区、美元区和亚洲货币区。他认为，亚洲各国在政治、经济等方面的差异太大，存在日本和中国两个权力中心，很难实行单一货币，所以亚洲实行共同货币应采取分步走的战略，根据一揽子货币机制来制定汇率，先建立固定汇率区，再逐步过渡到共同货币区，并在此基础上实行亚洲共同货币。

斯蒂格利茨认为，世界需要建立多边支付体系，以克服美元独大给全球经济带来的不稳定因素。亚洲各国应更积极走向经济整合的路径，建立亚洲自己的储备体系（如亚洲货币基金），建立新的贷款、新的多边机构、新的借贷安排和新的管理系统，为发展中国家提供多元化支持。

麦金农对东亚经济一体化的研究主要集中在汇率协调方面，从汇率协调与稳定目标出发，建议东亚采取钉住美元单一货币，稳定区域内部双边汇率，并借助“名义锚”稳定国内物价与利率水平。

余永定、何帆等（2001 年）认为亚洲货币合作的困难主要在于政治方面。为了最小化政治阻力，亚洲经济一体化的道路会与欧洲存在显著差别，将从货币合作开始，逐步向贸易、投资以及其他领域推进。并通过“议题关联”，在长期接触的过程中，逐渐形成相互理解，制度建设积微成著，最终实现经济一体化。

王庭东（2002 年）认为，东亚的区域合作是多层次的，“大圈套小圈”是东亚区域合作的基本特色，因此启动大陆和港澳台自由贸易区是实现人民币区域化的关键，在市场整合的基础之上，或者以人民币，或者创造一种新的货币作为统一货币，此后再将人民币货币区与东盟货币区融合，形成统一的亚洲货币。

陈雨露（2003 年）从货币竞争角度分析，探讨了东亚货币合作中的主导力量对比，认为东亚地区并没有一种货币能够占据绝对的竞争优势，日元和人民币都具有较强的竞争实力。因此，在东亚货币合作的进程中，应当努力寻求两种区域强势货币在汇率安排、流动性支持乃至将来的共同货币等方面的合作，实现区域整体经济与域内各国经济的相互促进和共同发展，共同推动东亚合作。

白钦先等（2004 年）从贸易、投资自由化与货币金融合作等方面对东亚一体化进行了研究，指出现阶段东亚经济一体化主要是以自由贸易区和双边自由贸易协定推动的，形成了彼此间的关系层层叠叠，错综复杂，代表着不同区域、不同层次的集团利益，既阻碍着东亚经济一体化进程的推进，也为东亚经济的最终一体化创造了条件。

施建淮（2004 年）提出为了提高区域金融货币合作的效率，应明确区分东亚金融货币合作的短期、中期和长期内容。当前应将合作重点放在地区最后贷款人和紧急援助机制的建立和完善上，中期合作的重点是发展地区资本市场特别是长期债券市场，而东亚货币汇率合作只能留待更长远的未来去实现。

沈国兵（2004 年）对人民币和日元在东亚货币合作中的关系进行了实证研究，他认为日元与人民币现阶段都无法成为区域内锚货币；中日两国产业结构差异和贸易互补性使得两国货币竞争没有必要；货币危机和中日双边贸易发展内在地推动两国加强区域内货币合作；日本对华贸易与人民币汇率之间没有长期稳定的协整关系。从经济和金融角度考虑，推进日元与人民币区域内货币合作而非货币竞争对中日双方都是有利的。

辛子波等（2004 年）从最适度货币区的单一指标分析出发，测算了东亚经济的一体化程度，发现东亚地区虽然在经济开放度、经济周期与政策目标等方面与欧共体类似，但区域内贸易情况和经济发展相似性两大指标与欧共体还相距甚远，说明东亚地区在贸易上还比较依赖美国、欧盟等区域外市场，而且彼此间的经济发展水平十分悬殊，因此在目前东亚国家（地区）整体进行深度货币合作的条件还不具备。

周子衡（2004 年）从中国经济发展的地缘战略目标出发，提出立足国内，推动东亚经济一体化的设想。东南亚“环南中国海经济圈”和东北亚“环黄海经济圈”将通过以上海为中心的中国长江三角洲等东海地区的积极参与，形成一个海路与陆路并行的西太平洋经济带。中国在这一经济带的建立中将发挥巨大经济潜能，也只有中国有能力推进这一东亚各国共同事业的完成。但是，国内西部大开发迟滞了中国经济发展地缘战略的再突破，使渐进北上的地缘发展态势止于长江三角洲地区，环渤海地带未能像长三角和珠三角一样实现崛起，中国经济发展地缘战略的新突破在于理顺京津关系，着重打造辐射整个华北和东北地区的“环渤海经济圈”，这对于中国在东亚经济一体化中发挥主导作用具有重要意义。

丁志杰（2005 年）认为中国应该采取积极、灵活的东亚区域货币联盟政策，在全面经济金融合作的基础上积极支持货币联盟；积极发挥在货币联盟中的应有作用，形成对日本的有效制衡；坚持以流动性提供机制为核心的联盟发展模式；在区内投资贸易领域一体化发展到一定程度、流动性提供机制比较完善后，再考虑汇率稳定机制框架，为更高层次的货币联盟发展奠定基础。

关伟等（2005 年）从最优货币区理论对中国—东盟自由贸易区（CAFTA）成员国金融政策协调进行了研究，认为在 CAFTA 框架下构建区域内宏观金融政策协调机制具有可行性。在 CAFTA 成员国的货币政策协调进程中，应从加大货币政策国际协调的实际操作、实行 CAFTA 内部生产要素自由流通以及金融政策协调一致等三个方面着手进行。

万志宏、戴金平等（2005 年）从最优货币区指数法出发，对东亚地区 1982—2000 年期间的实际情况进行检验，指出影响东亚地区双边汇率波动的主要因素，构造了东亚地区的最优货币区指数评估东亚各经济体实行货币合作的经济成本。认为东亚地区存在小型开放经济构成的潜在的货币区，但区域整体差异较大，难以进行单一货币合作，而中国具有同其他国家加强货币合作的潜力。

何慧刚（2005 年）对东亚地区实施单一货币区的可行性进行了实证研究，认为东亚构建固定汇率区是基本可行的，但是由于各种经济和政治因素的制约，必须先易后难、循序渐进，分层次、分阶段、分区域，逐步推进。

刘宏松（2006 年）从主权因素、宗教文化因素和历史因素三个非经济约束条件和一体化进程中主导权（中美日）问题进行分析，认为东亚区域经济一体化不可能按照欧洲和北美的由“中心向外扩展”的模式发展。东亚地区在当前及未来可以预见的一段时期内只能以三个“东盟 10 + 1”次区域自由贸易区并列式发展的“三位并列式”模式推动自身的经济一体化进程。

周念利（2007 年）运用时间序列数据对中国大陆与港澳台之间的贸易一体化程度与结构性经济冲击对称性程度的相关性进行经验研究。发现 1997 年前两岸四地需求冲击与供给冲击的对称性程度较低，但自 1997 年逐渐趋于一致。两岸四地之间贸易联系的增强，不会降低他们彼此间结构性经济冲击的对称性程度，不会对货币合作造成负面影响，实体经济一体化程度的增强不会增加两岸四地开展货币合作构建“中元区”的经济成本。

齐绍洲（2007 年）在最优货币区理论的框架下，通过对中国与东盟人均 GDP 最高的 6 个成员国之间相互贸易依存度的回归分析和趋势预测，认为在目前和今后一段时期内尚不具备建立整个东亚货币区的条件。当前东亚货币区的建设值得考虑的路径应该是：两岸四地经济与货币一体化；组成“1 + 6”货币区；分阶段吸引韩国、日本和其他东盟成员国加入，最终促成东亚货币区的形成。

高海红（2007 年）采用一般购买力平价模型，运用 Johansen 的多变量协整分析方法，对东盟国家和中国、日本、韩国的货币合作程度进行经验研究。检验结果表明 10 + 3 国家基本具有形成最优货币区（OCA）的潜力。目前在该地区存在的非制度性货币合作形式，在事实上低估了该地区实际存在经济联系的紧密程度。

2.2.3 关于美元霸权的政治经济分析

从国际关系与历史领域对美元霸权的研究，实质上是对美元作为单一国际主导货币地位的形成、条件以及演变进行研究与理论阐述，其本身也蕴含了对国际货币体系演变的前景分析，为改革美元单极主导的货币体系提供了有益的借鉴。

金德伯尔格在《萧条中的世界：1929—1939》中最早提出了国际货币体系的霸权稳定论，他认为，30 年代之发生全球性经济危机的主要原因在于缺少一个稳定的霸权①，致使该体系处于不稳定的状况。因此，全球政治经济需要霸权国家来维持国际体系的稳定。金德伯尔格将“公共物品”这一概念运用到国际经济学当中，把各国的民族利益看做是私人商品，而把世界经济的稳定视为全球商品，只有那些大国才有能力提供国际上的公共物品，但这种物品的供给通常是不足的。霸权国家通过提供国际公共物品，保证国际经济体系持续和稳定的发展，防止出现全球性经济动荡和金融混乱。基欧汉在 1984 年出版的《霸权之后：世界政治经济的合作与斗争》一书中提出了“后霸权理论”，强调通过多国合作而形成的国际机制来维持国际秩序，用国际机制取代霸权，由国际机制来提供国际公共品。在国际关系理论著作中，认为霸权提供公共产品的观点相当显要。当霸权衰落后，公共产品的供应便会采取合作（cooperation）或协调（coordination）两种方式来进行。行为体在具有共同利益、预期或偏好的情况下，公共产品会以合作方式产生。无论哪一种模式下所产生的公共产品，都是国际关系行为最基本的环境与背景。国际货币就是一种国际公共产品，没有国际公共产品，也便无所谓国际体系，从而不会有正式和正常的国际关系行为。

---

① 英国由于霸权的衰退而没有能力，美国又不愿意承担责任以稳定国际经济体系。

美国学者廖子光在其著作《金融帝国》中系统地提出了美元霸权概念，指出美元霸权是指 1971 年尼克松宣布美元与黄金脱钩以来，美元作为一种没有黄金支撑、没有财政货币纪律约束、仅依靠军事和地缘政治实力支撑的不兑换纸币，却继续承担全球金融贸易的首要储备货币角色。美元霸权就其本质而言是一种地缘政治现象，已内化于全球经济增长并牵动世界和平与发展的主导性机制。在美元霸权下，全球众多的贸易顺差国沦为美国的“出口进贡国”。在美元霸权下，中国尽管已成为经济大国，但是却没有市场话语权和主要商品（石油、煤炭、矿石、甚至稀土）的定价权，在经济上依然对美国和美元具有较大依赖性；为了终结美元霸权，要求中国合理的金融权，中国必须把促进国内发展放到首位，不断提高低收入人群的收入水平，停止不惜一切代价对美出口的政策，切实提高劳动力价格，改善国内消费能力，消除生产能力过剩制约。

赫德森在其名著《金融帝国》（超级帝国主义）中指出了金融霸权的四个支柱：在军事和科技实力的基础上，通过国家的力量和战略安排，维持美元霸权机制，维持对全球资源和粮食的控制权①。为了维持金融霸权，鼓励各国经济金融化和虚拟化，以购买和垄断他国的资源公司和基础设施，极力阻止欧洲、亚洲构建区域性货币清算集团，操纵汇率、利率等。并提出主权国家崛起不能依靠华盛顿共识②，而应该创造

① 具体而言：一是美国以军事、科技实力为基础的国家主义力量，即美国政府对经济的严密控制，以让美国公司高度服从美国地缘政治利益安排（如瓦解英镑区）；二是货币帝国主义，即利用全球货币体系的美元本位，以及信奉货币主义的各国中央银行，将全球经济美元化，使全球特别是依赖于美国的国家为其提供赤字融资，从而成为其附庸；三是资源帝国主义，以金融政策配合全球资源政策，将全球资源转运到美国，使资源输出国陷入结构畸形和发展停滞，特别是通过资源以美元计价以及世界经济的金融化与资源私有化，直接占有他国资源，压制他国民生，剥夺资源生产国消费资源的能力；四是粮食帝国主义，鼓励发展中国家实行城市化和工业化，削弱农业发展基础，当农业不能自足时，再通过粮食贸易控制他国经济。

② 华盛顿共识（Washington Consensus），1989 年所出现的、一整套针对拉美国家和东欧转轨国家的、新自由主义的政治经济理论。该共识包括十个方面：①加强财政纪律，压缩财政赤字，降低通货膨胀率，稳定宏观经济形势；②把政府开支的重点转向经济效益高的领域和有利于改善收入分配的领域（如文教卫生和基础设施）；③开展税制改革，降低边际税率，扩大税基；④实施利率市场化；⑤采用一种具有竞争力的汇率制度；⑥实施贸易自由化，开放市场；⑦放松对外资的限制；⑧对国有企业实施私有化；⑨放松政府的管制；⑩保护私人财产权。

国家信贷为国内发展融资，促进投资和就业，向土地、资源、公共服务征收资源税补贴教育、科技和民生，对劳动和创造性资本实行低税，使个人预算的主要部分最小化（居住成本），建立区域货币体系替代美元。

许少强（2005年）认为美元霸权的生存基础是美元无可比拟的国际地位，维持美元地位的主要条件之一在于国际货币合作。在实践中，美元霸权给美国带来了诸多经济利益，同时给其他国家的经济造成了各种负面影响，乃至引发货币危机。基于美元霸权和浮动汇率制之现状，人民币汇率制度的改革思路应该是尽早放弃钉住美元，回归真正的管理浮动制。

鲁世魏（2006年）从美元霸权的历史演变入手，分析了美国经济实力、货币战略、国际合作以及制度变迁的路径依赖对美元霸权的影响，指出美元霸权与美国经济实力在变化方向上存在一致性和不同步性；人民币国际化是中国经济实力增强的自然要求，但是必然会受到现行国际秩序的阻碍以及美元的制约。旧制度的路径依赖以及大国崛起中经济实力向货币实力转变存在时间差，人民币国际地位的提高必然会滞后于经济实力的增长；因此，为了加快推进人民币国际化进程，国家有必要采取积极的举措。

张振江（2006年）深入研究了1933—1945年的英美经济外交，详细描述了英镑霸权的衰落和美元霸权的确立过程。尽管英国有凯恩斯、米德等一流经济学家在此期间担任要职，面对已经崛起的美国，依然只能依靠英国的帝国体系（英联邦）勉强延续英镑的国际地位；而美国尽管在19世纪末期已崛起为第一大国，但是由于战略准备不足，直到二战后才确立了美元霸权地位。美国由孤立到追求霸权的过程中，在战略安排上呈现出了一些新特点：重视通过多边国际安排落实自己的国际体系原则、规范、行为准则以及国际组织等，从而确保了美国以及美元霸权的制度化和合法化。美国与英国全球主导权的“和平”交接，对于处于上升阶段的中国参与国际经济体系具有重要的借鉴意义。

张明之（2008年）从国际政治经济角度出发，全球性金融危机对世界经济秩序产生前所未有的冲击，但现有国际机制仍然是后发国家融入全球生产体系、进而在全球化时代实现国家利益的重要途径；中国需要承担起更多的国际责任，加快体制机制改革创新步伐，调整战略储备样式和展开海外战略性资产和资源性资产并购，推动人民币国际化，增强我国在革新国际金融体系和重构国际经济秩序中的话语权，从而赢得更大的发展空间。

庞忠甲（2009 年）认为，美元的国际地位在于美国的强势，而美国的强势主要有三个决定因素：一是借助全球化的进程，主要通过自由贸易和互惠互利的原则，获得更为可靠和长久的利益；二是具有超强的软实力，即孕生于新教伦理的精神文明和相应的制度保障，具备强有力的制度纠错机制，比较容易及时发现和制止错误倾向，能够有效避免制度的路径依赖和“闭锁效应”，进行优化选择和自我完善；三是无可复制的科技创新能力优势，成为 20 世纪以后全球重大科技创新的引导者。此外，美国还拥有幅员、气候、历史、地理、资源、移民等多方面得天独厚的有利条件，支持其持续发展并维持全球领先的霸主地位。如果美国放弃美元霸权，主动改革国际货币，有助于继续维持和强化美国综合实力的强势地位。

2.2.4　关于国际货币体系和人民币国际化

关于人民币国际化早在 20 世纪 90 年代中期就已经引起理论界的关注，老一辈经济学家都曾对此作出过研究和论述。进入 21 世纪后，随着我国经济进入新一轮的增长周期，特别是加入世界贸易组织后国际贸易的快速发展，再次引发了人民币国际化的研究热潮。起始于 2007 年的美国次贷危机，暴露了当前国际货币体系的缺陷，人民币国际化的呼声空前高涨。2008 年我国开始签署多个双边货币互换协议，总金额累计达 6500 亿人民币；2009 年正式推出人民币贸易结算试点，但是未达到政策预期。可以说，在实践中人民币国际化已经进入初级阶段，但是对人民币国际化的理论研究仍将持续争论下去。这一部分的理论研究成果较为丰富，本书主要对近几年有代表性的观点进行梳理和归纳。

2.2.4.1　关于国际货币体系改革与人民币国际化

周小川（2009 年）认为，国际储备货币应币值稳定、调整灵活、不依附于主权国家的内部经济，由此提出改革现有国际货币体系，创造一个超主权国际货币，避免主权信用货币作为储备货币的内在缺陷；在过渡阶段，应逐步放宽 SDR 的使用范围，由 IMF 集中管理成员国的部分储备，增强国际社会应对危机、维护国际货币金融体系稳定的能力。许小年（2009 年）也认为，创建超主权货币是约束美元，改革国际货币体系的出路。

姜波克等（2005 年）区分了国际货币和国际中心货币，认为国际中心货币只有一个，成为国际中心货币将面临一系列两难选择。通过对国际货币两难分析，认为人民币国际化可能会因“两难问题”而承担巨大成本。特别是随着人民币国际化进程不断推进，“两难问题”会逐渐显现。在人民币成为国际中心货币之前，人民币国际化获得的利益都将很有限。人民币国际化不是经济政策目标，而是一个水到渠成的过程。因此，在人民币国际化过程中应尽量从降低成本的角度去缓解两难问题，从而减少国际化风险。当前，应努力增强中国的综合竞争力，应保持汇率的持续稳定，保持人民币输出规模的适度性。

哈继铭（2008、2009 年）认为，在当前国际货币体系改革以及人民币国际化方面，中国最主要的任务是打造人民币国际货币地位，而不是去削弱美元地位；即应通过创造一种新的加权货币（新 SDR），使美元等国际货币与之挂钩，让主要国际货币有一种纪律约束；这种新货币可由 IMF 发行并调整数量，避免布雷顿森林体系下黄金供给刚性的缺陷。一个国家国际金融事务话语权的提高，是伴随一国国力增强逐渐显现的；人民币未来国际地位关键取决于中国经济发展状况。

卢锋（2009 年）认为，美元的国际地位是美国综合国力形成演变的结果，美元真正的崩溃也应是美国整体经济长期慢性病和潜在崩盘的产物；在替代性经济体和货币成熟前，即便现有强势国际货币表现不佳，只要国际交易对货币等价物的真实需求仍然存在，那么现有国际货币就有机会继续支撑维持。

陈雨露等（2008、2009 年）认为金融危机为打破美元霸权创造了条件，只有改革国际货币体系，建立“以美元为主导、多种货币并举”的多元化国际货币金融体系，稳步推进国际货币体系多元化，才能共同维持国际市场的稳定。在国际金融秩序面临重建的背景下，中国应首先改革金融体系，以实现产业内部、外部监管和实体经济发展等多个方面的有机联系和互动支持，并通过适度的“开放保护”和国家控制，在全球金融体系重构的过程中赢得主动，同时又确保国内金融体系的稳定。在人民币国际化路径选择上，认为人民币国际化应遵循“周边国际化、亚洲化和国际化”的渐进过程。

谭雅玲（2009 年）指出，经历次贷危机后，美元的国际地位会得到进一步巩固，国际货币体系将由美元独大、欧元日元衰落的格局向美元、石油、黄金三足鼎立格局转变，并指出美国借助危机进一步巩固了其石油储备和黄金储备基础。

武建东（2009 年）认为，目前人类正进入第四个国际货币体系的前沿，即构建纸币通货与能量通货双本位制的时代①，国际货币体系应是代表全球经济增长核心力量 50% 以上的若干大国主权货币的整个体系。认为主权财政决定着主权货币必然是主要的国际货币形态，任何一个超主权货币都不具备可靠基础，世界货币和联合货币可以发挥局部的特殊目的的国际货币作用，补充主权货币体系的缺陷。由综合经济实力决定，美国、欧盟和中国三国货币体系应成为具有全球功能的国际货币主本位币；日元、英镑、卢布等则应该成为次位的国际货币本位币，并且这种次位货币越多，世界的货币和商品的交易结构越稳定。未来的国际货币体系将呈现美元、欧元和人民币并列竞争的局面，通过体系套利对主要国际货币进行财政纪律约束。

2.2.4.2　关于人民币国际化的条件与成本收益研究

姜波克（1994 年）以人民币输出来换取实际资源为出发点，测算出我国人民币国际化的巨大潜在利益，并提出了实现人民币国际化的条件。姜波克等（2002 年）提出了人民币资本账户可兑换总体原则，即对资金配置效率和利用效率要求相对较低的资本流动项目开放在先，相

---

① 能量货币是武建东的一个创造，能量通货本位制定义如下，即：它属于一种有管理的通货制度，是以国家发行的能量要求权作为金融要求权和债务凭证的一种通货体系、运转价值和市场权利形态。它作为一种金融要求权可以流通，需要具有无限法偿能力，是一个国家的基本主权，也是一种新型的信用通货，是从能源的物质资源中提升的一种能量权利，由此，它能够成为将其他商品连接起来的通货，成为在商品和服务支付及债务偿还时被一定范围内接受的债务凭证或金融要求权。而且，这种通货具有多途径释放和运转的可能性和创造性。

对较高的在后；不易引起逆向流动和投机攻击的项目在先，易引起的在后；容易进行短期调控的项目在先，不容易的在后。在此基础上，提出了分阶段推进人民币资本账户自由兑换。

陈雨露（2005 年）等认为货币国际化利益主要表现为国际铸币税收益以及运用境外储备投资的金融业收益，并通过实证方法估算了美元和人民币货币化的收益。指出可计量的美元国际化利益至 2002 年底已累计高达 9530 亿美元；若 2010 年实现人民币区域国际化，则到 2020 年内可获得近 7500 亿元人民币的货币国际化利益。

人民银行课题组（2006 年）测算了人民币国际化程度，以美元为 100，2002 年人民币国际化指数仅为 2①。指出在资本项目全面开放之前，人民币国际化应重点在五个方面进行：进一步扩大人民币在与周边国家和地区投资及双边贸易结算中的范围，把在周边国家和地区、东南亚华人比较多的地区实现人民币国际化作为近中期阶段性目标；充分利用香港和澳门与内地紧密的经贸关系，推动人民币国际化；继续积极稳妥地推进区域货币合作，加快资本项目下的人民币可自由兑换进程；继续稳妥地推进中资金融机构在境外的人民币业务；进一步建立健全人民币跨境流动监测制度。

曹洪辉（2006 年）提出以人民币区域化推动国际化，并研究了人民币区域化的成本收益以及实施步骤；提出发行以人民币计值的债券，培育开放式、区域性债券市场，可为人民币成为区域内关键储备货币创造金融市场方面的条件，为人民币国际化奠定基础。

张宇燕等（2008 年）从国际货币的成本收益出发，定性分析了人民币国际化的成本收益，指出人民币国际化所能带来的收益将是系统性和长远的，人民币的国际化应当被作为一项国家战略，针对中国现实稳步推进。人民币国际化需要从制度建设、政策策略和基础设施等方面入手推进实施，应当在稳健的基础上循序渐进推进货币国际化，从谋求在资本项目不完全开放条件下的、有限度的国际化开始做起，同时在时间上坚持对美元缓慢升值，在空间上侧重周边国家与地区、尤其是香港的人民币国际化，在顺序上先进行计价结算后成为储备货币。

---

① 同期欧元和日元分别为 39.4 和 28.2。

李稻葵等（2008 年）通过对各国央行国际储备、贸易结算，以及国际债券中的各国货币比重进行计量分析，认为决定一国货币国际化水平的显著因素包括经济发展总量、通货膨胀率、真实利率水平、汇率升贬值及波动幅度等。并模拟了未来人民币在国际货币中可能占据的比重，认为到 2020 年人民币在国际储备和国际债券中的比例可能达到近 20%。在此基础上，提出了采取双轨制战略推进人民币国际化进程，即充分发挥境内、境外两个市场的作用，在境内实行有步骤、渐进式的资本账户下可兑换，逐步改善金融市场的运作效率；在境外充分运用香港的优势，尽快扩大人民币证券市场规模。

陈志武（2008、2009 年）认为，让人民币成为主要储备货币的一个前提条件，就是中国的贸易顺差必须要消失；没有 10—20 年或者更长时间，即在市场化改革没有做完之前，人民币成为主要国际货币是很难实现的。在此基础上，提出人民币国际化需要“四步”走：第一成为国际贸易结算货币；第二自由兑换；第三资本账户放开；第四发达的债券市场和资本市场。

唐双宁（2009 年）、王元龙（2009 年）等认为人民币国际化要满足强大的综合国力、很强的体制竞争力、较高的市场化宏观调控能力、发达的金融市场以及货币自由兑换等五个条件，并提出了两个三步走的政策主张，即地域三步走（周边化、区域化、国际化）和职能三步走（结算货币、投资货币、储备货币），并认为最终实现全部三步走需要 30 年。王元龙（2009 年）认为中国经济金融改革与发展状况决定着人民币国际化的进程，现阶段中国大规模推进人民币国际化进程的基础还不稳固、内部准备条件还不充分，当前应从加快对外投资、实施货币互换、推进贸易结算、建设离岸市场、发行人民币国际债券等方面寻求突破。

2.2.4.3　关于人民币国际化的战略与次序研究

李华民（2002 年）将货币国际化视为铸币税税源的区域延伸，具有主权层面上的特殊意义，货币国际化存在可逆转性，因此主张在实力的基础上提高人民币的国际竞争力，以强势货币的姿态向周边国家和地区渗透。

姜波克等（2002年）通过对最优货币区理论的研究，认为人民币国际化应在彻底整合“一国四币”的基础上，人民币国际化不过是时间问题；黄燕君（2003年）等对人民币与港币实现一体化的顺序、模式和途径进行了研究。

钟伟（2002、2004年）提出了人民币国际化的四个阶段和四个命题，指出人民币资本项目可兑换进程和国际化进程的融合意味着以下一些基本思路：以双边协议为手段，以边境贸易为突破口推进人民币区域化；人民币国际化必须以人民币“资产池”国际化为支撑，即建立国际化的国债市场；正确处理日元与人民币的关系，推动亚洲货币合作；维持资本项目管制的长期性。美国次贷危机爆发后，钟伟（2008、2009年）提出要摆脱美元依赖，需要加速人民币国际化；为此，要“两条腿”走路，一是国外金融机构提供本地化的人民币服务；二是提供人民币金融市场（包括境内和离岸），可在香港建立离岸金融市场。

巴署松（2003年）提出人民币在区域化推动下的国际化进程，本身就暗示了人民币国际化将必然是一个渐进的过程，这不仅表现在人民币接受区域的逐步扩大，也表现在人民币履行国际货币职能的扩展也必然是逐步推进的。

李晓等（2004、2009年）认为人民币国际化的实现必须走区域化道路，将成为区域性关键货币、实现人民币亚洲化作为首要目标；通过实证分析指出人民币有条件成为本地区潜在的“锚”货币，但现阶段这一功能只能通过保持与美元汇率的相对稳定得以实现。人民币要想独立成为东亚区域性关键货币，取决于中国能否在某种程度上替代美国成为区域内最终产品的市场提供者。同时，现阶段东亚地区制度化的汇率合作应当缓行，但有必要进行某种程度的汇率政策协调。

朱孟楠等（2005年）从最适度货币区理论出发，提出人民币国际化应在整合港币、澳币与新台币的基础上，形成新的在两岸四地共同履行货币职能的“中元”，并在未来的亚洲货币合作中充当关键货币的角色。朱孟楠等（2008年）运用博弈模型对国际货币体系的变迁及现行体系的形成进行了解释，提出人民币国际化应采取与国际货币“合作”的策略，逐步在区域货币合作的基础上向国际货币合作推进。最为现实的选择是借助大中华经济圈以及亚洲经济区域走合作化道路，整合两岸三地货币，加强与东亚的货币合作。

徐明棋（2005 年）从日元国际化失败的经验教训出发，认为人民币要谨慎选择国际化方向；要选择合适的步骤，避免不切实际的设想和目标；国内金融体系强健之前，不适宜的货币国际化将付出较大代价。具体而言，人民币国际化方向应该首先是东亚区域内经常账户交易的结算货币，在此基础上阶段性地推进人民币国际化，逐步将人民币国际职能向金融领域计价和储备资产延伸。从国家利益出发，通过深化金融改革来推进市场发展，绝不能牺牲国内金融秩序的稳定或试图通过外部资金的供应来推动金融市场的发展和人民币国际化。

张斌，何帆等（2006 年）通过模拟人民币单一钉住美元与单一钉住亚洲货币单位，发现钉住亚洲货币单位更有助于维护人民币贸易加权汇率稳定；通过钉住 AMU，还能够借助国际金融市场为人民币合理定价和低成本规避汇率风险，有助于推进人民币汇率形成机制改革。何帆（2009 年）指出，人民币在贸易中的计价结算职能由国内金融体制改革的步伐决定，中国如果鼓励贸易伙伴国用人民币购买中国产品，就必须创造条件允许外国投资者购买人民币证券，因此高度发达、开放的国债市场是货币国际化的坚实基础。

何慧刚（2007 年）认为，人民币国际化既不能全盘效仿日元模式，也不能完全效仿欧元模式，必须根据本国实际发展需要和国际货币体系新的历史背景，以新的思维角度去探讨和创新国际化之路。在目前的现实经济条件下，人民币国际化应走“弱经济—强制度”模式，遵循“人民币周边国际化→人民币亚洲化→人民币国际化”的渐进路径，并在宏观经济政策（持续的市场化推动）和区域经济货币合作等方面作出具体的制度安排。

刘曙光等（2008 年）从国际金融合作角度出发，认为次贷危机对世界经济的严重破坏使各国认识到加强金融合作的重要性，中国的作用在新一轮的国际金融合作浪潮中将日益提升；提出中国应从提升在 IMF 中的话语权、注重加强东亚区域货币金融合作等方面积极参与国际金融合作，在合作中推动人民币国际化和区域化发展，避免承担超过自身实力的义务。

石杰（2008 年）认为人民币国际化要走一条从准区域化到区域化，

最后到国际化的发展道路。人民币区域化的突破必然从一些与我国经济上联系紧密、地理上接近的小国经济体开始。人民币的国际化历程取决于中国经济的战略发展进程，是一个由易到难的过程，经济实力持续增强是这一过程的主要推动力。同时，制度改革会极大影响人民币区域化发展。

刘锡良等（2008 年）从货币竞争的历史变迁入手，认为货币竞争是国家或超国家经济体之间综合实力的较量，不同货币根据竞争力大小占据着相应的势力范围。人民币国际化关系着我国的金融安全与国家根本利益，人民币要在国际货币体系中占据一席之地，就必须从国际政治外交、国家经济金融、货币建设及其竞争策略等层面来制定动态战略规划：短期通过在东盟“10 +3”框架下成为区内完全自由兑换的主导货币；中期赶超日元，取得在亚洲区域的主导地位；长期成为世界主要储备货币和国际货币体系中的一极。

石建勋（2008、2009 年）认为，随着中国经济连续高速增长、中国进出口贸易总额在世界贸易中所占的份额越来越大，人民币的重要性也必将越来越突出，在未来 15—20 年，人民币可在多极化的世界货币体系中扮演重要的一极。中国应当利用东盟区域经济发展的优势，加强多双边和区域经济合作，积极推进人民币经济区的形成，尽快使人民币成为亚洲区域的主导货币，实现中国从贸易大国向金融大国的转变、扩大中国在国际金融体系中的发言权，从而进一步成为一极重要的世界货币。在人民币国际化进程中，应遵循循序渐进的原则逐步开放，保证开放过程中整个经济体系的安全性。

罗斌（2009 年）用竞争和战略思维提出人民币国际化的战略目标应是世界一流国际货币，应放弃与日元合作建立亚元等想法，短期内不考虑两岸三地的货币合作，走一条独立自主的发展道路。并提出了人民币国际化应遵循的原则：遵循先实现境外人民币自由兑换，后逐步提高人民币自由兑换范围和程度；先放开在我国国际贸易等实体经济项目中使用人民币，后开放我国证券、期货市场；短期内不要完全实现人民币在资本项目的自由兑换。

沈明高（2009 年）认为，人民币国际化进程，初步应侧重在亚太地区实现区域化，且以区域内结算和支付货币开始；制约人民币区域化和国际化的主要因素是经济增长对美欧依赖性较大，同时缺乏一个发达的债券市场。

王建（2009 年）指出尽管当前国际与亚洲经济格局的变动对中国有利，中国仍需把握好经济崛起与货币崛起的战略，如果基于推出亚元对中国经济以及建立东亚经济区弊大于利；中国要走向世界，必须先走向亚洲，要适时推出中国的亚洲门罗主义；为此，能否解决好内部问题、启动中国内需来保持住中国的经济增长，才是所有问题的关键；中国只有保持住了经济增长的步伐，才能不断改变与主要发达国家的实力对比，对东亚来说，只有中国的内需扩大，才能吸纳他们的出口，拉动东亚的增长，加快构建以中国大市场为中心的货币经济区。

刘煜辉（2009 年）认为，当前尚没有任何一个国家的货币具备取代美元的实力，对现有国际货币格局进行实质性改革在短期内是不可能的。一国货币若要成为世界货币，必须首先成为本区域的结算货币、投资货币和储备货币；反过来讲，区域货币力量的形成并逐步加强，成为未来改革以美元霸权为主要特征的国际货币体系的重要前提，至少会对美元滥发形成有效制约。中国的重心应在依靠自身经济实力提升来改变既有利益格局并促使新格局的形成，要进一步强化以中国内陆为中心的东亚和泛太平洋地区贸易流。这对于中国经济能否成功转型、对未来国际新秩序的形成具有重要影响，只有中国经济内需真正启动，才能促使人民币与美元松绑；更重要的是只有中国需求成为全球经济贸易增长的驱动机，才能加深世界经济对于中国的依赖性，新的国际经济和金融秩序诞生才能具备现实基础。

穆西安（2009 年）分析了人民币国际化的制约因素，提出现阶段推进人民币国际化利大于弊，应借助美国次贷危机机遇，分阶段推进人民币国际化战略。短期内（5 年），逐步缩小资本项目管制范围；增强中国在国际金融组织的话语权；在香港建立人民币离岸金融市场；拓展人民币在边境贸易计价和结算中的使用范围。中期内（5—15 年），实现人民币完全可自由兑换，加强与日元的合作。长期内（15—30 年），做好两手准备，推动人民币成为国际核心货币，一是与日、韩、印等亚洲大国共同组成“亚元”竞争国际货币体系中的地位；其二充分做好人民币独自走向世界的心理和操作准备。

黄益平（2009年）认为亚洲创造统一的亚元不太现实，应走“以大带小”模式加快一体化建设。为此，应加快推进人民币国际化。第一是汇率制度改革，落实有管制的浮动体制，然后再向浮动汇率过渡；第二是资本账户改革，股市、债市的双向投资也应该逐步开放；第三是货币政策决策机制改革，落实中央银行独立性；最后是利率和汇率的自由化。

殷剑峰（2009年）认为在未来一段时期内，人民币走出去可按照“准周边化，正式周边化，准区域化，正式区域化，准国际化，正式国际化”的次序，分阶段推进。实现人民币走出去的最终目标和阶段性目标需要遵循适应性、主动性、渐次性和完备性等四个原则，据此并结合我国国际贸易投资的现状和需求，合理选择条件相对成熟的对象。从技术上讲，短期内应建立人民币流出—回流机制和消除人民币贸易结算的技术、政策障碍。

武建东（2009年）提出人民币成为主导货币的时间表以及实施战略，经过8年左右的时间，人民币将成为国际货币本位币。认为金融危机为中国创造的最大历史机遇就是可通过创新性的路径彻底改造中国货币体系，建造支撑未来三十、五十年货币体系的运转方式和国际货币的比价体系。由此，必须制定战略，将中国货币体系的核心力量投送到国际货币体系最高端的水平，并在5到8年之内，应与其他主要经济体合作造就一个稳定的、多元化的国际货币体系以拉动国际经济的再次崛起。其间，应关注如下问题：避免在中国发生金融危机、货币危机或较大的金融动荡；要强化中国的内需增长能力；完成发达的金融市场构建；应注重通过国际双边或多边协议，推进人民币进入国际市场；避免与美元、欧元、日元有较大的汇率之争，维持人民币币值稳定。

从当前的理论研究和监管层面看，加快实施人民币国际化步伐已基本成为共识。其中对于“周边化、区域化、国际化”发展路径以及“贸易结算、金融投资、国际储备”的发展次序等也基本取得一致意见；但是在区域化中的具体策略上，不同学者提出了不同主张，有的认为人民币应独立发展，构建人民币经济区；有的认为通过加强货币合作，先整合两岸四地货币，再谋求与日元合作建立亚元；有的认为内部经济基础和制度变革是人民币国际化的先决条件，决定人民币国际化结果；有的认为货币国际化需要快速推进，国内政治经济金融改革可随后配套进行。综上所述，在人民币国际化的总体目标上，学术界已基本达成共识，但在人民币国际化的具体目标、途径和策略等方面的研究仍需进行全局性的系统探讨。

尼尔·弗格森在《货币崛起》中提出，金融历史基本上是组织突变和自然选择的过程。这一判断是基于历史事实的，主权国际货币的形成与国际货币体系的演变也是如此。自然选择意味着任何一个新的、强大的主权国际货币的诞生必须满足一定的条件；组织突变意味着，新的国际主导货币的诞生和新的国际货币体系的形成必然是一个曲折的过程，需要重大历史事件的配合，需要长远的战略安排。

本书作者认为，人民币国际化离不开一个紧密、稳定的人民币经济区支持。人民币崛起的过程，也是新的国际货币体系形成的过程。在信用货币条件下，关键是如何处理与美元的关系，如同 20 世纪初叶美国如何处理美元和英镑之间的关系，这既需要经济地位格局演变的支持，也需要以中国强大的内部市场需求为基础，更需要政治智慧。如果中国不能很好地处理国内统一大市场的建设以及改革的市场化、民主化方向，就难以构建基于共同理念和愿景的紧密经济区，人民币也很难成为能够被主要国家和经济体广泛接受的主权国际货币。

真正的国际主导货币是以超强经济实力为基础的，更多地是一种水到渠成的结果。国际货币的形成尽管有主观推动的因素，更主要的是一种自然选择。以超强实力为基础的经济区形成和以内需为主的大市场崛起是一国货币成为国际货币的坚实基础。人民币成为主要国际货币必然是在中国成为国际事务的核心主导力量之后，而不是相反。在可以预测的未来，新的国际货币体系可能是多元竞争的，并通过竞争与选择维持均衡关系。进一步展望，这种竞争也同时蕴含着危险的因素，如果出现巨大的破坏性事件（如世界大战等），全球统一的信用货币或许能够形成，但是这已经超出本书的研究范围。

第3章

主要经济区及其货币地位的历史考察（一）

超越国家主权界限的经济区是开放经济体系下的产物，是在全球经济金融一体化加深条件下，相关国家和地区为维护区域经济稳定和可持续发展的一种战略抉择。国际主导货币必然孕育于强大的经济区。对人类历史上主要经济区的形成、发展及其货币成果进行梳理，总结与借鉴其经验教训，对促进中国经济区的诞生与人民币国际化更具指导价值。

3.1 早期中国经济区的形成与银本位制的确立

典型的前资本主义经济区是以中国大陆中央政权为中心的、主要地理区域涵盖亚洲东部（东北亚、东亚、东南亚）古中国经济区，朝贡体系对古中国经济区形成发挥了关键作用，白银贸易对以中国为中心的全球银本位制的确立发挥了重要作用。

3.1.1 朝贡体系的形成、发展及其经济影响

朝贡体系是国际关系领域的一个概念，特指自秦汉时期至清朝末期，存在于亚洲东部和中部地区的，以中国中原帝国为主要核心的等级制网状政治秩序体系。朝贡体系与条约体系、殖民体系并称，是历史上主要的国际关系模式之一。

朝贡体系的雏型始于周朝、成于秦汉、兴于唐宋，到明朝时期随着郑和七下西洋以及随后的地理大发现而达到顶峰。秦汉时期，中原地区建立了强大的中央集权制帝国，并确立了与周边国家的“册封”关系，各受封国对中原政权按照不同的要求负有进贡和提供军队等义务。汉朝的政策非常务实，册封关系仅限于可以控制范围内的政权，如南越、朝鲜、中亚地区等，而对于安息（波斯帝国）、大秦（古罗马帝国）等西亚、地中海国家都试图开展平等贸易，并不试图进行册封。在隋唐时期，朝贡体系开始呈现出多元的网状特征，在中央政权之外，日本等国也逐步成为次级的朝贡中心。

明朝立国后在对外关系方面重新确立了一度中断的朝贡体系，并成为东方世界的通行国际关系体制。在这个体制中，中国中原政权成为一元的中心，各朝贡国承认这一中心地位，构成中央政权的

外藩[1]。15世纪前期，随着对北方蒙古势力的扫荡以及郑和强大船队对印度洋的巡航，朝贡体系达到了巅峰，向明朝政府朝贡的国家和部族一度达到了65个，地理范围最远一度延伸至非洲。1644年，清朝取得了对中国大陆地区的统治后，保留了明朝的朝贡体系。

朝贡体系与中原王朝的对外贸易发展是相辅相成的，各使国多借助朝贡时机与中原王朝开展贸易、互通有无，对外开放的政治经济体系是古代中国长期居于世界前列的重要因素之一。唐代地理学家贾耽记载，中国海船从广州经南海到波斯湾的巴士拉港，全程需时三个月，这条航线把中国和三大地区，即以室利佛逝（今印尼苏门答腊）为首的东南亚地区、以印度为首的南亚地区、以大食为首的阿拉伯地区，通过海上贸易连接在一起。这些地区是中国商品的集散地，也是当时世界上政治、经济、宗教和文化的中心。通过陆路与海上丝绸之路，中国先后从西域、东南亚、美洲引进了多种农产品，极大地提升了中国农业产出；并且通过海外贸易改进了纺织、瓷器制造、兵器制造等工业技术，促进了工艺水平的提升；同时，随着对外贸易实现技术扩散，中国先进的农耕灌溉技术、纺织技术、瓷器制造以及“四大发明”都逐渐扩散到了南亚和欧洲，并对欧洲文艺复兴和随后的地理大发现起到了推动作用。为了管理对外贸易，自唐玄宗始（公元8世纪早期），唐、宋、元、明四代，都先后设置过市舶司机构，主要用来检查出入海港的贸易船舶、征收关税、收购政府专卖品、管理进出口货物贸易以及其他对外事务。市舶司是海关的原始形态，其设置标志着海外贸易性质的转变，政府已开始将贸易作为财政经济上的一项重要收入。

根据国内外历史学家的研究，中国宋代时期经历了一次生产力的大发展，农业产出效率和科学技术与文化都有了显著的跃升，人均实际收入的提高幅度是古代中国历史上最为显著的时期。这些都为宋朝以谈判和贸易手段处理边境争端奠定了坚实基础，同时由于北方战乱，海上对外贸易进入了大发展时期，并逐渐形成了杭州、泉州、漳州、澳门、广

---

① 1371年明太祖朱元璋明确规定了安南、占城、高丽、暹罗、琉球、苏门答腊、爪哇、湓亨、白花、三弗齐、渤泥以及其他西洋、南洋等国为“不征之国”，实际上确立了中国的实际控制范围，并且确定了“厚往薄来”的朝贡原则。

州等世界性贸易中心。市舶贸易对宋政权的财政收入起了很大作用，其关税收入是当时国家财政的重要来源之一，在南宋初年占财政收入的比重约为 20%。[①] 这也从一个侧面反映了当时中国对外贸易的繁荣程度。除官方贸易外，民间的海外贸易也开始蓬勃发展，但是民间海上贸易在明朝初期遭到了中央政权的严格限制和打击。

表 3-1　中国古代人均收入和总收入与欧洲的比较

单位：1990 年国际元[②]

年份	1	960（宋初年）	1300（宋末元初）	1700（清康雍乾）	1820（工业革命）
中国人均	450	450	600	600	600
欧洲人均	550	422	576	924	1104
中国总量	268.2 亿	247.5 亿	600 亿	828 亿	2286 亿
欧洲总量	165 亿	135 亿	299.5 亿	924 亿	1868.7 亿

资料来源：安格斯·麦迪森著，伍晓鹰等译：《中国经济的长期表现》（公元 960—2030 年），上海人民出版社 2008 年版；安格斯·麦迪森著，伍晓鹰等译：《世界经济千年史》，北京大学出版社 2003 年版。这里的欧洲概念不包括俄罗斯和土耳其。

到了明朝初期，亚洲各国对于明朝的朝贡进一步演变成了一种贸易往来，尤其是明朝中期之前的海禁政策（15 世纪中叶），使得朝贡几乎成为这些国家同中国进行贸易往来的唯一手段。这一时期，由于新航路的发现和西方重商主义的兴起，逐步形成了全球性的贸易往来，出现了早期的全球化。由于朝贡体系具有思想认识的封闭性、贸易交往的不等价交换和非战争性等特点，与全球日渐开放的贸易体系与全球化趋势产

① 陈炎：《论海上丝绸之路与中外文化交流》，北京大学出版社 1996 年版。

② 这里的国际元指以货币购买力平价和商品国际平均价格为基础，按照盖里—凯米斯多边比较法得出的 1990 年美元。本章出现的国际元单位如无特别指出，均沿用这一含义。

生了新矛盾①。在中国长期执行的朝贡体系面前，以葡萄牙、西班牙、荷兰等为代表的欧洲贸易商通过不断的实践和探索，通过军事、贸易与传教等多种手段获得了商业上有限的成功。因此，虽然参与大航海的西欧国家已进入新的历史发展阶段，但中国并未适应与积极参与推动新的历史发展潮流，反而是欧洲商人为了谋求与中国贸易的巨额商业利润在不停地适应朝贡体系。尽管明朝中国已开始融入世界，但是由于战略决策的失误，未能抓住在全球贸易中的初始有利地位，逐步丧失了在首次全球化中巩固政权的机遇，并成为中国盛极而衰的转折点。

3.1.2　明朝银本位的形成、隆庆开放与白银贸易

从大历史的观点和全球视野考察，明朝在中国历史上占据重要地位。这一时期中国和西欧先后开始了大规模的远洋活动，之后东西方走上了不同的发展路径。现有文献表明，直到鸦片战争之前，以中国为核心的亚洲区域贸易仍是全球贸易的主要组成部分，特别是在16—18世纪，白银贸易在东西方贸易中占据重要地位，并成为带动这一时期全球贸易发展的主要推动力（如奴隶贸易、普通商品贸易等）。中国在全球白银贸易体系中长期处于核心地位，其中明朝中期的白银货币化改革和银本位制的形成起了关键作用，并形成了白银贸易体系下的早期全球产业分工格局。

我国宋元时代，多以纸币作为社会交易媒介，白银等金属货币并非主要的交易媒介。明朝建国后，沿用了信用货币制度，以宝钞（纸币）和铜钱（小额交易）作为法定货币，并禁止使用白银。但是随着后来政府发行货币失控，出现了严重的通货膨胀，虽经多次改革，依然不能改变官吏利用发行营私舞弊大肆谋求利益的弊端，致使在日常交易中“宝钞”逐步退出流通渠道，货币职能逐渐由白银取代。到了明中后期，白银逐步通行于全社会，占据了货币流通领域的主导地位，成为一个客观的事实。隆庆初年（1567年），正式颁布法令解除白银禁令，承认了白银的货币地位；1581年张居正开始“一条鞭法”的财政改革，

---

①　从明清政府看，传统的“华夷”之分观念占据统治地位，对于西欧使节来华仍然坚持按照朝贡体系处理。这一点从18世纪末期英国马戛尔尼时的礼仪之争就能得到充分展现。

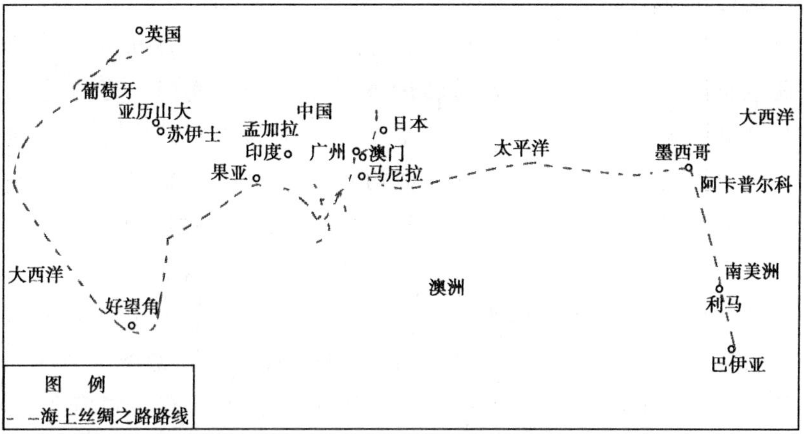

图 3－1　明代海上丝绸之路环球航线示意图

把一系列赋役折银征收，进一步加快了白银货币化进程，明朝时期中国形成了事实上的银本位制。

随着白银货币化步伐的加快，白银渗透到社会生产生活的每一个角落，使得市场前所未有地活跃起来，整个社会产生了巨大的白银需求。由于人口增加、商业发展以及国内银矿资源的局限，明朝末年的社会白银存量已远远不能满足货币需求，出现了全国范围内的“银荒”和货币紧缩现象。据全汉升（1967 年）估计，明代白银购买力约为宋、元时代的两倍。因此，从海外输入白银成为满足当时社会货币需求的一个重要来源。隆庆初年（1567 年），明朝以法权形式确立了白银主币地位的同时，取消了维持近 200 年的海禁政策，在福建漳州开海和在广东澳门的开港，连同明初以来一直特赦允许非朝贡国进行贸易的广州，逐步形成了明朝重要的对外贸易港口。隆庆开放，突破了朝贡贸易的局限，不仅大大推进了中国与世界市场的联系，并且改变了中国白银供应不足的情况。明代白银货币化产生了对于白银的巨大需求，当白银的海外来源成为当时中国社会白银的重要来源时，中国市场的极大扩展并超出国界、走向世界，由此通过白银贸易带动了早期的全球化和产业分工的形成。

隆庆开放后，中国的海上贸易重现了大繁荣局面。万历 17 年（1589 年）漳州港年出海帆船数量为东洋 44 艘、西洋 44 艘共 88

艘，这一限额很快就增至110艘[①]。到17世纪初年，每年从福建漳州出海的船舶达到300艘，遍历东西方47个国家，西班牙、葡萄牙和荷兰也通过其在亚洲的贸易转运港（马尼拉、澳门、万丹等）与漳州开展大规模的转口贸易，大量海外白银和中国的商品通过闽南商人进出港贸易。从当时的贸易结构看，进口的商品多是社会上层需要的高级消费品以及白银等，多达160多种[②]，在明后期白银成为主要输入商品；出口商品中，计有236种之多，包括手工业品、农副产品、矿产品、动物和肉制品、干鲜果品、中草药品和文化用品等八大类，其中手工业品（如瓷器、纺织品等）占总数一半以上。这就说明，明代中国的手工业产品在国际市场上具有很强竞争力。[③]海外贸易的开展，很快扭转了明朝财政（太仓银库）赤字居高不下的状况，到了隆庆5年，财政基本实现了收支平衡，此后出现了大量盈余。

套利交易是白银贸易兴起的主要经济因素。到了明朝中期，随着银本位制的确立和国内对白银需求的大量增加，国内外银价出现了巨大利差。1560年，欧洲的金银比价是1∶11，墨西哥是1∶13，而中国仅为1∶4。这就是说，把美洲的白银运到中国，马上可得到3倍利润[④]。西班牙人很快发现了白银贸易是当时世界利润最高的贸易，因此开辟了西班牙—墨西哥—菲律宾—中国的航线。而中国商人也发现，到菲律宾（马尼拉）出售中国产品，利润极为丰厚。随后，葡萄牙、荷兰都加入了16世纪的白银贸易，逐步形成了三条贸易干线：中国—东南亚—日本、中国—马尼拉—美洲、中国—果亚（印度）—欧洲。多数学者研究表明，整个16世纪全球约1/2—2/3的白银通过贸易渠道流入了中国[⑤]，葡萄牙学者马加良斯·戈迪尼奥将中国形容为“吸泵”，形象地说明了中国吸纳了全球的白银。

---

① 《明神宗实录》卷二一。

② 申时行：《明会典》卷一〇五至一〇八，《朝贡一至朝贡四》。

③ Robert Hart. *These from the Land of Sinim.* Essays On Chinese Question, P. 61.

④ Alfonso Felix. *The Chinese in the Philippines.* Manila: Solidaridlad Publishing, Vol 1 1966 .

⑤ 贡德·弗兰克，《白银资本——重视经济全球化中的东方》，中央编译出版社2000年版。

表 3－2　　0—2030 年主要国家 GDP 占全球总量的比重　　单位：%

年份	0	1000	1500	1600	1700	1820	1870	1913	1950	1978	2003	2030E
中国	26.2	22.7	25.0	29.2	22.3	32.9	17.2	8.9	4.5	4.9	15.1	23.1
印度	32.9	28.9	24.5	22.6	24.4	16.0	12.2	7.6	4.2	3.3	5.5	10.4
日本	1.2	2.7	3.1	2.9	4.1	3.0	2.3	2.6	3.0	7.6	6.6	3.6
英国	—	—	1.1	1.8	2.9	5.2	9.1	8.3	6.5	—	—	—
西欧	10.8	8.7	17.9	19.9	22.5	23.6	33.6	33.5	26.3	24.2	19.2	13.0
美国	—	—	0.3	0.2	0.1	1.8	8.9	19.1	27.3	21.6	20.6	17.3

资料来源：安格斯·麦迪森著，伍晓鹰等译：《世界经济千年史》，北京大学出版社 2003 年版；安格斯·麦迪森著、伍晓鹰等译：《中国经济的长期表现》（公元 960—2030 年），上海人民出版社 2008 年版。

注：（1）货币单位为 1990 年购买力平价国际元；（2）一些关键时点对应的主要事件：1500 年欧洲文艺复兴（明朝出现银荒），1600 年地理大发现（银本位制确立），1700 年欧洲革命（康雍乾时期），1820 年第一次工业革命完成（鸦片贸易兴起），1870—1913 年第二次工业革命（中国社会动荡），1950 年战后经济恢复（新中国时期），1978 年中国改革开放再次融入世界体系。

作为当时世界最大的经济体，中国白银货币化的完成与银本位制的确立，促使白银成为世界货币，形成了世界范围的货币流动形态，可以说早期的国际货币体系是由中国需求主导完成的，只不过这种主导不是政府有意识的战略行为。围绕中国市场巨大需求的白银贸易，推动了早期的全球化发展、要素流动和产业分工的形成。中国海外贸易的开展，直接刺激了日本银矿和美洲银矿的发现和开发，而美洲矿业的兴起又带动了大西洋奴隶贸易的发展，逐步形成了以亚洲制造业（纺织、瓷器等）和农业（香料、茶叶）、美洲的农业和矿业、非洲的矿业和劳动力输出、欧洲的商业为主的早期全球产业分工体系。

以亚洲为中心的早期产业分工格局形成，是以古代中国经济区庞大的市场需求和先进的生产力为基础的。在 1500—1800 年期间，中国的 GDP 约占全球的 30%，亚洲地区占比超过 1/2。18 世纪末期英国工业革命是从纺织业开始的，并经过很长的阶段（19 世纪中晚期）才逐步扩散到其他制造业，而纺织业一直是亚洲的优势产业，这也是鸦片战争以前欧洲对中国长期贸易逆差的根本原因。在葡萄牙、西班牙和荷兰称霸大西洋时期，全球贸易的中心仍在亚洲；直至英国工业革命完成后，欧洲才彻底扭转了贸易和工农业生产力上的落后局面。

在地理大发现后世界历史形成一个整体的进程中，白银贸易将中国市场与世界市场连接起来，滚滚而来的世界白银，推动着正在进行之中的中国白银货币化的最终完成。作为当时世界上最大的经济体，中国银本位制的确立，促使白银成为世界货币，围绕白银形成了一个世界贸易网络。当世界逐渐形成一个整体之时，明代中国曾积极参与了世界经济体系的初步建构，为早期的全球化和整体世界的出现作出了重要贡献。只不过，由于文化和战略意图的差异，中国并不是主动引导全球贸易格局的力量，并未将自己的比较优势转化为对全球贸易的主导权，反而逐步走上了一条保守和衰落的道路。西欧国家在重商主义和高额商业利益的驱使下，通过建立庞大的殖民体系，逐步成为全球贸易的主导力量，并为后续的技术革命（工业革命）奠定了必要的基础，在发展上彻底甩开了长期领先的东方主要国家。

3.1.3 古中国经济区形成发展与银本位制确立的启示

现代经济史表明，地理大发现是西方世界兴起的开端。但是，无法否认推动地理大发现的首要动因是探索通往“东方”传奇大国（中国、印度）的新商路，以谋求与东方的贸易。特别是当我们把研究的视野从大西洋海域拓展到全球时，一个基本事实呈现在面前：直到工业革命蓬勃兴起时（1800 年前后），西方对于东方的经济竞争优势并未形成。以中国为核心的亚洲经济区（朝贡体系）在全球处于领先地位的主要标志有五个：

1. 全球贸易的中心仍在以中国为主的东亚和南亚地区。中国（明清，1500—1800 年）仍是全球制造业的中心，在早期的主要工业门类（纺织、瓷器、造船、火药等）以及农业（胡椒、香料、茶叶等），中国仍具有不可比拟的竞争优势，这也是地理大发现之后到鸦片战争之前（1500—1800 年）西方对中国贸易处于长期逆差的根本性原因。在这一阶段，西方能够大规模输往中国的贸易品几乎只有白银，从而形成了东西方的商品—白银贸易（跨大西洋的贸易主要是奴隶与各类资源品）。当然，由于中国统治阶层重农轻商的传统，在郑和下西洋之后，承担全球贸易流的组织引导力量已变成西方国家垄断公司（葡萄牙的印度国家贸易公司、荷兰的东印度公司和英国的东印度公司）；朝贡体系的贸易活动已日渐衰落。

2. 全球货币流仍以中国为中心。由于明朝张居正推行的“一条鞭”法改革废除了纸币在中国境内的流通，改为全面实施银本位制，中国货币供给远远不能满足经济发展的正常需要，由此带动了地理大发现后日本及美洲白银的大规模开发，并通过商业套利大规模输入中国。正是由于明朝主导的全球性银本位币制度以及后期的对外开放政策，促成了一个维持了近 300 年的“白银—商品”的东西方贸易，并在人类历史上形成了第一次全球范围内的产业分工与商品流动，而这个流动的需求中心就在中国。大量的研究表明，这一时期中国聚集了全球大约 1/2—2/3 的白银，如同美国在二战后聚集的黄金一样。

3. 中国仍是全球重要的技术扩散中心。这一阶段，全球处于资本主义萌芽阶段，全球生产仍以农业为主，工业主要集中于纺织、航海、瓷器生产等领域，在这样的生产阶段，中国仍处于全球技术的前沿。中国的航海技术（指南针、航海定位、造船等）、纺织技术和瓷器制造仍处于全球最领先的地位，这些技术连同其他重大发明如造纸、印刷、火药等随着海上贸易的扩展向西方扩散，如瓷器制造就逐步沿着印度洋商路（主要是葡萄牙和荷兰商人）向印度和西方扩散，而印刷术与造纸对文艺复兴以及西方科学技术的扩散起了重要的推动作用，为资本主义在西方的兴起积累了必要的技术准备和物质基础。

4. 中国仍是区域性文化中心。在朝贡体系影响下，东亚地区逐渐形成一个以汉字、儒家、佛教为核心的东亚文化圈。中国长期以来就是亚洲区域文化的中心，如中国的制度、文化向周边传播，促进了日本奈良时代的雕塑、建筑、医学、美术、书法、文学等的发展，也对大化革新的成功起了重要作用。

5. 中国的综合军事实力仍居于世界最前列。即使在葡萄牙、西班牙、荷兰在大西洋处于相对军事实力顶峰的阶段，他们在东方特别是中国仍未取得军事优势，在东方的贸易活动仍受中国政府的制约。如16世纪初期葡萄牙舰队到达中国沿海，1514—1548年，明朝多次击溃葡萄牙殖民者；17世纪在“海上马车夫”称霸大西洋的时期，郑成功成功击溃荷兰军队（1661年），收复台湾，中国成为东亚地区区内贸易的主导力量之一。

正是不可替代的综合实力使明朝中国在早期全球化中处于中心环节，是全球银本位制形成的主导力量。但是，盛极而衰，自西方文艺复兴、重商主义崛起、特别是以君主立宪等为代表的现代政治制度的确立，为资本主义的产生发展创造了必要的制度条件，这注定其在追赶过程中会后来居上。中国自汉唐以来形成朝贡贸易体系以及维持近2000年的竞争优势被西方在200年内全面超越。中国的人均GDP在南宋末年达到600国际元后，长期维持不变，GDP总量的上升几乎全部由人口的增长实现；进入19世纪后，中国的人均GDP以及GDP总量开始双线下滑，直至新中国成立之时，人均GDP仍未恢复到1300—1800年间的水平（据麦迪森估计，1952年中国的人均GDP为538国际元）。中国自1500年到1800年的发展停滞和1800年以后的快速倒退，教训是深刻的。

表3-3　　关键时点的东西方主要事件列表

时间	中国	西欧
15世纪（大航海时代）	1407—1430年，郑和七下西洋，最远到达非洲；朝贡贸易达到顶峰。 15世纪早中期，政府纸币（宝钞）发行失控，通货膨胀严重，良币驱逐劣币显现。 1436—1487年，民间白银货币化基本完成，白银成为主要交易媒介。	1473年，葡萄牙船只经赤道到达刚果河口。 1487年，迪亚斯绕过非洲进入印度洋。 1498年，达迦马船队到达印度西南部的卡利卡特，开辟了从大西洋绕非洲到印度的航线，打破了阿拉伯人控制印度洋航路局面。 1492年，意大利人哥伦布在西班牙王室的支持下开辟通往美洲的新航路。

续表

时间	中国	西欧
16 世纪（白银贸易兴起）	16 世纪初期，明朝社会“银荒”出现并日益加剧。 1514—1548 年，明军在东南沿海多次击败葡萄牙。 1567 年（隆庆元年），以法律形式确立了白银的货币地位；同年在福建漳州开放海禁，白银贸易大规模开展。 1581 年，明朝财政改革，“一条鞭法”全面推行，进一步强化白银的货币地位。	1519—1522 年，葡萄牙人麦哲伦完成了穿越大西洋、太平洋、印度洋的航行。 16 世纪早期，日本发现大型银矿，并于 1542 年开始大规模开采。 1545 年，西班牙秘鲁波托西发现了储量接近 20 万吨的巨大银矿。 1553 年，葡萄牙殖民者在明政府管辖下开始在澳门开港进行贸易。 1570 年，西班牙殖民抵达马尼拉，建立东亚贸易基地；后被荷兰取代。
17 世纪	17 世纪初至中叶，西班牙大规模屠杀马尼拉华商，约 5 万华商被杀。 1629—1644 年李自成起义，中国陷入近半个世纪的社会动荡与发展倒退。 1644 年清朝成立，社会秩序恢复。 1661 年郑成功击败荷兰，收复台湾。 1681—1796 年，清朝康雍乾时期。	1600 年英国东印度公司成立； 1602 年荷兰联合东印度公司成立； 1640 年英国革命与共和国成立； 1694 年英格兰银行成立。
18 世纪及以后	1793 年，英国公使马戛尔尼使华，从广州登岸沿途考察进京，视清朝为“一艘破烂不堪的头等战舰”。 1840 年，鸦片战争。	1783 年北美殖民地独立，美国建国。 1770—1840 年，英国工业革命。 1865 年南北战争结束，第二次资产阶级革命完成。

资料来源：根据相关资料整理。

中国在全球主导力量的涨消兴衰表明了制度和文化开放性的极端重要性。汉唐时期，中国在文化上是开放包容和多元的，史料记载，当时各国人员均可来华经商甚至为官；自宋以来特别是明代理学的强化，将儒家思想的弊端发挥到了极致，严格的等级制度和秩序观念排斥了创新，对商业利润的极端排斥抑制了经济活力，程朱理学对教育的垄断排斥了科学，除了农业以及和农业密切相关的天文外，几乎没有什么进步，导致中国在进入明朝后出现了科技发展史上的“李约瑟之谜”，即科技发展突然中断。回顾中国古代的兴衰，强盛的王朝是和统治者的开明政治密不可分的，突出地表现了“人治”的不稳定性和周期性。以“人治”为中心强调等级与秩序的中国行政管理体制，在农业文明时代非常有助技术的扩散，但是却排斥了“契约精神”的诞生和商业文明的普及，遏制了竞争与创新，并在人类社会进入工业文明后成为阻碍中国资本主义发展的重要体制因素。

3.2

战前经济区的形成与发展：贸易与自由市场力量的推动

资本主义世界早期经济区的形成实际上源于政治联盟和国际关系。随着资本主义生产方式的确立，贸易以及对经济利益的追逐逐步成为经济区形成的核心推动力。

3.2.1 金融革命、自由贸易与英帝国经济区（殖民体系）的形成

英帝国（殖民体系）在鼎盛时期（19 世纪末 20 世纪初）包含 50 多个国家和地区，总人口 3.45 亿，是英国本土人口的 8 倍，占当时世界总人口的 1/4 和陆地总面积的 1/5。依托庞大的帝国经济区，英国综合实力远远超过同时代其他国家。英国崛起是在欧洲崛起的大背景下实现的，但是英国能够在 17—19 世纪激烈的竞争中脱颖而出，并最终建成英联邦经济区是与其独特的地理优势、制度优势和技术优势密不可分的。如果不是孤悬于欧洲大陆之外的地缘政治优势，同时又与欧洲大陆具有天然的文化与经贸关联，英国的崛起也很难避免西欧其他强国遭遇到的系列约束。

3.2.1.1 欧洲崛起的经济地理与地缘政治因素

根据保罗·肯尼迪的研究，地理和地缘政治因素是近代欧洲崛起的主要因素。由于欧洲的地形复杂，没有广阔的平原，众多的山川森林将

主要人口中心分割开来；欧洲气候无论从南到北还是从东到西都是复杂多样的。这种复杂的地理状况直接导致了政治上统一的困难，长期以来形成了以城邦为主的多元经济区域。气候的多样与政治的割裂促进了交易与分工以及与此相关的票据、信贷、保险制度的产生与现代银行业的发展。城邦经济和生存竞争促进了要素特别是人口的流动，主要城邦逐步与现代市场经济形成了一种共生关系，为城邦经济发展提供了国内秩序和遏制特权及垄断的法律制度，并建立起了现代财政金融体系。为了保卫各自国家的利益，各主要国家不断改进军事技术，最终使欧洲获得了海上霸权。

欧洲的优势是经济自由放任、政治分裂与多元化以及知识与技术扩散等因素的综合体现，这些因素在相互作用中又相互促进，最终使欧洲创立了适合工业革命与资本主义发展的一系列制度，并在很短的时间内成为世界的中心。

地理因素在欧洲各国的先后崛起中发挥了重要作用。由于沿海地区与边缘地区的宗教约束较弱、远离欧洲大陆长期的中心战乱地带，加上海洋优势，西班牙、葡萄牙、荷兰、英国等等边缘地带国家反而率先实现了崛起。但是，随着技术的扩散、交通与通信手段的改善以及交易与分工的发展，具有显著资源优势的欧洲大陆国家纷纷崛起，并逐步取代资源较为贫瘠的岛国成为新秩序形成的主导力量。

英国的崛起和主导世界政治经济格局，是人类社会历史发展特殊阶段的一个个别现象，资源贫瘠的岛国无论是在此前还是此后，尽管仍可能屹立于世界强国之林，但是绝无再次主导世界的机会。随着民族国家的崛起和毁灭性军事技术的进步，英国崛起时具备的一系列得天独厚的条件（如制度优势、技术优势、市场优势等）已不可能再在陆权之外的岛国复现。随着英帝国的解体，支撑英联邦体系及其超级大国地位的土地和人口等两个主导因素同时丧失，英国彻底、永久性地丧失其超级大国地位。同样的因素也是制约日本成为世界主导国家不可逾越的天然障碍。

由地理经济和地缘政治因素决定，未来的全球主导国家只有可能在资源丰富、市场广阔的陆权国家诞生，如中国、印度、俄罗斯、美国、巴西、加拿大、澳大利亚、阿根廷等。如果西欧不能成为一个紧密政治经济实体，也很难出现再次领导世界的可能。在潜在和现实的主导性大国中，谁的制度能够刺激和保护竞争与创新，谁就有可能主导全球技术前沿，并逐步发展为主导性大国。

3.2.1.2 金融革命、英国崛起与工业革命

工业革命是欧洲在18—19世纪全面赶超亚洲的决定性因素。工业革命在英国产生，有其深刻的历史背景和必然性，英国崛起体现了经济增长、金融发展与制度变迁的一系列因素的完美耦合，在17—19世纪走上了经济社会发展的最优动态路径。回顾历史，可以清楚看到英国崛起的脉络，即先有金融革命、后有英国崛起、最后才是工业革命，而工业革命的率先完成又强化了英国作为世界技术中心和生产中心的地位，同时确立和巩固了伦敦全球金融中心的地位。

地缘政治优势（孤岛效应与避难所效应）与开放开明的宗教政策[①]，使英国逐步取代意大利、法国、西班牙等大陆国家，成为欧洲的文化与知识中心。由于欧洲大陆的宗教迫害与种族压迫，大批知识精英先后汇集到英国，使英国逐步成为欧洲的知识中心，极大地促进了应用技术的进步，为工业革命兴起积累了充足的知识储备。由于地理上远离大陆，英国推翻专制统治的革命虽然也有反复，但是经过“光荣革命”后得到了巩固，其君主专制制度的彻底破除不但比法国早了近130年，而且没有像法国革命遭受其他维护专制的陆权强国军事干预，特别是1795—1815年席卷大陆的革命战争与拿破仑战争不但未对英国产生破坏性影响，反而促成了其崛起和霸权地位的确立。此外，光荣革命后(1688—1689年)，荷兰君主威廉二世成为英国的实际统治者，进一步确立了面向大海的国家发展战略，彻底放弃了英法“百年战争”期间征服大陆的思想，英国陆军数量长期维持在10万人之下，多数时期不足法国规模的1/4，使英国能够集中优势资源发展海上力量，积极拓展对外贸易与海外殖民，并逐步确立了海上霸权，为工业革命完成了必要

---

① 英国在宗教政策上相对于大陆一直较为开明，亨利八世与罗马教皇彻底决裂后，创建了一个奉行温和新教的国家教会。清教强调勤奋和节欲，既鼓励人们追求财富，又反对人们不讲信义。

的原始资本积累。

表 3－4 大西洋列强 17 世纪末至 19 世纪初的海军实力

（主力舰数量）

年份	1689	1739	1756	1779	1740	1815
英国	100	124	105	90	195	214
法国	120	50	70	63	81	80
俄国	—	30	—	40	67	40
西班牙	—	34	—	48	72	25
荷兰	66	49	—	20	44	—
丹麦	29	—	—	—	38	—
瑞典	40	—	—	—	27	—

资料来源：保罗·肯尼迪著，陈景彪等译：《大国的兴衰》，国际文化出版公司 2006 年版，第 96 页。

光荣革命后，英国通过“金融革命”探索完善了一套现代公共财政体系与金融体系，逐步实现了经济领域以及政府管理的现代化。光荣革命后议会制定了《权利法案》，确立了议会高于王权的政治原则以及议会在国家政治中的主导地位，它根本性地改变了千年以来王权的性质，君主权力受到了法律约束，私人产权神圣不可侵犯得到了法律确认。君主立宪制的确立为财政改革和现代金融体系的形成创造了制度基础。由于荷兰是当时世界的金融中心、航运中心，已经逐步形成了一套较为成熟的财政金融体系，来自荷兰的君主威廉二世带来了当时最先进的政府治理理念、商业制度和财政金融体系。在经济领域和公共管理领域，英国开始废除易滋生腐败的各类税务承包制度，先后进行了关税、消费税和土地税改革，开始设立专业部门和岗位、大量起用专业人士管理财政，[①] 并且以市场化的激励约束机制控制官员的道德风险，税收的合法性、低负担和公正性在国会控制下得到了保证。1694 年英格兰银行成立，1696 年开始发行信用货币，随后货币政策实现了现代化，信誉良好的公债市场逐步形成，政府以税收担保、以终身年金形式承担了

① 如一大批著名学者和科学家如格列高里·金、格雷欣、配第、培根、牛顿、哈雷、莱布尼兹等都是公共政策和实际事务的具体参与者和政府官员。

对大部分公债的偿付能力（金边债券）。经过一系列变革，到18世纪英国已成功构建了始于荷兰的、稳健的现代财政金融体系。尽管在1720年出现了“南海泡沫”，但是英国政府在当时对信誉的恪守使其能够以低息吸引外部资金特别是荷兰资金用于经济军事建设；内部的稳定和战争的刺激产生了巨大而持续的需求，促进了工业生产和一系列技术突破，从而实现了经济的快速发展，又形成了可持续的内部资本积累渠道，就这样形成了一个“信誉—外部资本—生产—积累—信誉增强”的良性机制。在工业革命前，财政实力和动员资源的能力是一国在大规模战争中取胜的关键因素，相对于第一次“百年战争”的失败[①]，制度优势以及由此而衍生的财政优势和经济实力是取胜的关键。威廉二世时代的“金融革命”，不但使英国逐步扭转了对法国的劣势，在第二次英法“百年战争”中彻底击败了法国；而且，金融与财政的结合，使英国能够调动国内外资源，促进了英国经济的持续增长，这一切都为在工业革命前英国成为大西洋霸主奠定了经济基础。

地缘政治优势和金融革命为工业革命创造了必要的基础条件，英国充分利用了大陆国家长期战争出现的海上力量真空，在重商主义政策的引导下，通过一系列的争霸战争夺取了荷兰、西班牙、葡萄牙以及法国大量的殖民地，确立了海上霸主和贸易霸主地位，历经一个多世纪创造了工业革命需要的所有条件。在1700—1820年重商主义以及海上争霸期间，英国经济社会实现了平稳持续增长，其人口增长率是欧洲最快的，人均收入增长是欧洲平均水平的两倍，出口年均增长2%，经济结构发生了重要的变化。同期，荷兰的大量资金通过购买英国公债的形式流向了英国，为英国的经济增长提供了必要的资本支持。以邻为壑的贸易策略、免受革命战争和拿破仑战争的直接破坏、交通发展与国内统一市场的形成、专业化分工以及财政金融体系的发展导致资源配置效率的提高等诸多因素的综合作用以及战略运用得当，使英国迅速成为大西洋的霸权国家。争霸期间英国航运能力占世界总量的比重由20%上升到

① 指的是1337—1453年，英法两国间先为王位继承问题展开争权夺利，诺曼征服后，法国力图把英国人从法国西南部（基思省）驱逐出去，从而消除英在法境内的最后一个堡垒，而英国则力图巩固它在基思的地位，夺回早先失去的诺曼底、曼恩、昂茹和法国的其他一些地区。战争以英国的失败和丢失了欧洲大陆所有领土而告终。

40%，同期主要竞争对手荷兰则由 25% 下降到 2%。

表 3－5　　1700—1890 年工业革命前后荷兰、英国和美国的就业结构

（各产业占就业总人数的比重）　　　　单位:%

	1700			1820			1890		
	农业	工业	服务业	农业	工业	服务业	农业	工业	服务业
荷兰	40	33	27	43	26	31	36	32	32
英国	56	22	22	37	33	30	16	43	41
美国	—	—	—	70	15	15	38	24	38

资料来源：安格斯·麦迪森著，伍晓鹰等译：《世界经济千年史》，北京大学出版社 2003 年版，第 87 页。

战争与海外需求促进了生产的扩大与长期投资，并最终促成了工业革命的发生。第一次工业革命发生于 1770—1870 年间，主要在纺织、交通、采矿和冶金等行业展开，其重要标志是蒸汽动力的大规模应用。从历史上看，工业革命是一个渐进的过程，18 世纪 70 年代开始出现苗头，19 世纪初叶大规模展开，到 19 世纪 20、30 年代英国率先完成第一次工业革命，以蒸汽动力大规模代替人力进行生产，生产力有了质的飞跃，工业革命前后英国单个纺纱机的生产力提高了 300—400 倍。由于在 18 世纪英国已经在重商主义时期完成了制海权、财政信用、商业才能和结盟外交策略的巧妙结合，因此工业革命既是上述因素的自然结果，也使英国在全球竞争和综合实力的优势进一步扩大。到 1830 年，英国的工业产值占到欧洲增量的 2/3，在世界制造业中的份额迅速上升到 9.5%①。由于英国最早完成工业革命且在 19 世纪一直处于全球技术的前沿，其 1820—1913 年期间的人均收入增速达到了重商主义时期（1700—1820 年）的 3 倍以上，而且随着工业革命的进一步扩展和第一次全球化的出现，英国的综合实力逐步在 19 世纪末期达到了顶峰。

① 保罗·肯尼迪著，陈景彪等译：《大国的兴衰》，国际文化出版公司 2006 年版，第 147 页。

表 3-6 1750—1900 年工业革命前后世界制造业产值的相对份额　　单位：%

	1750	1800	1830	1860	1880	1900
英国	1.9	4.3	9.5	19.9	22.9	18.5
法国	4.0	4.2	5.2	7.9	7.8	6.8
德国	2.9	3.5	3.5	4.9	8.5	13.2
意大利	2.4	2.5	2.3	2.5	2.5	2.5
俄国	5.0	5.6	5.6	7.0	7.6	8.8
欧洲合计	23.2	28.1	34.2	53.2	61.3	62.0
美国	0.1	0.8	2.4	7.2	14.7	23.6
日本	3.8	3.5	2.8	2.6	2.4	2.4
中国	32.8	33.3	29.8	19.7	12.5	6.2
印度	24.5	19.7	17.6	8.6	2.8	1.7

资料来源：保罗·肯尼迪著，陈景彪等译：《大国的兴衰》，国际文化出版公司 2006 年版，第 144 页。

3.2.1.3 殖民体系、全球化（自由贸易）与英联邦经济区的形成

整个重商主义时代（16—18 世纪），奴隶贸易、商品贸易和掠夺是欧洲在全球的主要经济活动，战争和以邻为壑的商业政策阻碍了技术扩散和资本流动。这些因素随着拿破仑的失败和英国工业革命的深入开展都在发生重大变化。拿破仑战争结束后，欧洲经过深刻反思，进入了以经济建设为主的百年稳定发展期，直到一战前，没有发生大规模的战争。亚当·斯密在《国富论》中宣扬的自由贸易思想已逐步为英国统治者接受①，自由贸易逐步成为英国的国策。这一阶段，英国利用绝对领先的工业优势，在全球范围内积极推行自由贸易政策，到了 19 世纪 60 年代，主要资本主义国家之间逐步建立起了自由主义的经济体系，极大地推动了全球贸易发展和第一次全球化进程：保护性关税取消、先进技术的出口禁令被解除、以备战为主的《航海法》被废除等。英国以率先采用取消贸易限制、敞开国内市场的方式来扩大国外市场。

① 亚当·斯密认为，英国可以继续通过（贸易）保护主义、征服（其他领地）以及保持独有的垄断地位来赚取金钱，但是如果选择了自由贸易，可以挣到更多的钱。而且，如果英国能够让别国实现了经济富裕，他们就能够向英国购买更多的产品。

尽管英国与主权国家大力推行自由贸易，但是殖民主义一直是其扩大出口的重要手段。在工业革命与自由贸易的双重推动下，以殖民为主要特征的英联邦经济区逐步形成。19 世纪 70 年代，英帝国版图先后扩展到埃及、加纳、肯尼亚、尼日利亚、苏丹、南非、阿拉伯、缅甸、印度、马来西亚、澳大利亚、新西兰、加勒比、加拿大等地区。在这个帝国体系里，一个以英国为核心的商业贸易圈逐渐形成。殖民体系的扩张和海外贸易，反过来又极大地推动了英国工业化的进程。到 19 世纪中期，英国已成为名副其实的世界工厂。

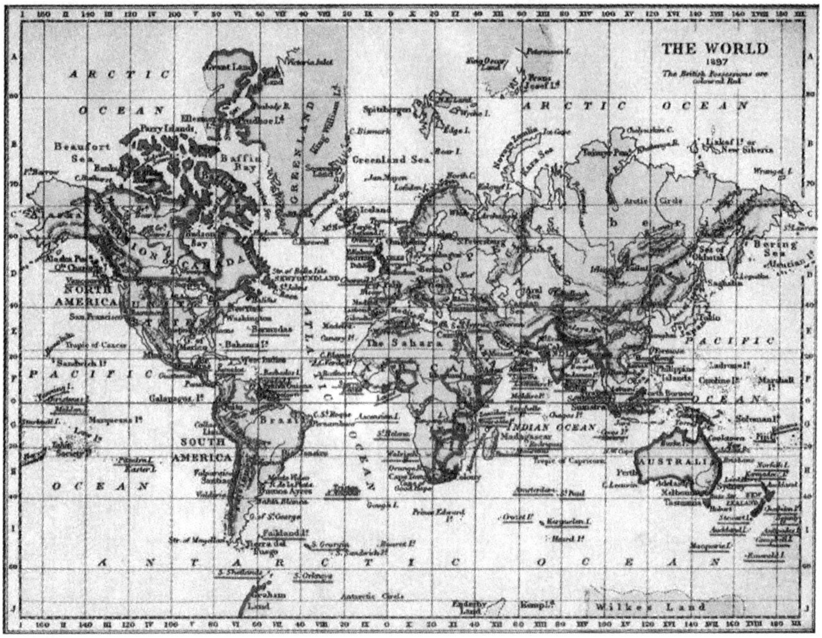

图 3－2　1897 年英帝国地图

需要指出的是，19 世纪由英国主导的经济自由化是在其已取得在工业领域绝对的领先地位后才得以实现的。英国采取的自由开放政策，有力地促进了技术进步和扩散，对世界经济产生了重要影响。1820—1913 年经济增长的主导因素是技术进步，与此前 200 多年重商主义追求贸易盈余（价格差）为主导的模式截然不同，英国通过直接投资主导的全球性技术扩散促进了产业组织结构的改进、产业分工与资源配置效率大幅度提高。根据麦迪森的估计，英国在 1914 年大战之前在全球境外投资中的比重超过40%。技术的扩散促进了全球经济的快速增长，扩大了有效市场规模，又反过来加快了技术积累与进步，推动工业革命进入第二个阶段（电气革命）。

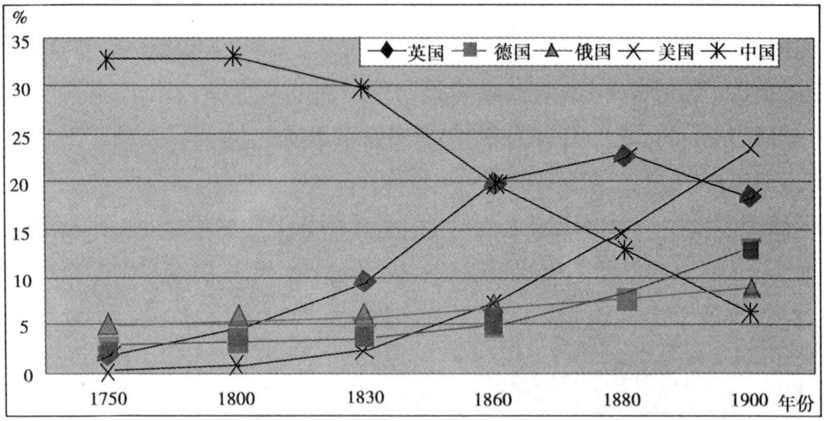

资料来源：根据表3－6绘制。

图3－3　工业革命前后主要国家工业产值份额变动趋势

3.2.1.4　英联邦经济区的货币成果：金本位制确立与英镑霸权

光荣革命后，为了适应战争融资与经济社会发展需要，英国引进了荷兰的财政金融体系，特别是随着工业革命进行，英国的财富积累呈现了加速上涨趋势，成为全球财富中心和资本输出中心。伦敦金融市场是随着英法战争早期政府的庞大融资需求蓬勃发展起来的，1695年，皇家交易所就已交易政府公债以及东印度公司和英格兰银行的股票；到18世纪后半期，英国已经形成了以中央银行、全国性商业银行、地方性商业银行、乡村银行、商人银行、保险公司等组织形态多样、金融功能完备的现代金融体系，伦敦的资本市场开始超越阿姆斯特丹的资本市场，确立了其在全球资源配置的主导地位。伦敦金融市场的繁荣，扩大和深化了政府债务市场，英国政府债券规模急剧扩大；同时，包括美国、印度、中国等在内的国家，也都在伦敦发行债券进行融资；特别是大规模的铁路债券融资，极大地促进了伦敦金融市场的繁荣。

英格兰银行的成立以及随后 100 年一系列金融制度的完善，为英镑成为国际主导货币创造了制度条件。1694 年，以威廉二世夫妇为首，伦敦 1000 多名商人以股份制的方式成立了英格兰银行，为政府融资；同年，英格兰银行开始发行英镑，作为记录黄金的单位流通；1717 年，皇家铸币局在牛顿领导下确立了黄金和英镑的固定比例兑换关系，金本位制雏形出现；1720 年"南海"股票泡沫事件成为英国完善金融制度和加强金融监管的开端，英国用了 100 年的时间来不断完善货币发行、监管制度。首先，英国议会通过了《取缔投机行为和诈骗团体法》（反泡沫法），规范股票发行，遏制市场投机行为。其次，正式确立了金本位制，规范货币发行，1816 年通过了《金本位制度法案》，从法律的形式承认了黄金作为货币的本位来发行纸币，1821 年英国正式启用金本位制，英镑成为英国的标准货币单位。再次，建立了中央银行制度，加强金融监管，维护金融稳定，1844 年，英国颁布了《英格兰银行条例》，英格兰银行成为唯一能够发行英镑的银行；1872 年，英格兰银行开始为其他银行在困难时提供资金支持，确立了最后贷款人角色，从而维护了英国经济与金融体系的稳定，有效地维护了英镑的国际地位。此外，英国政府通过英格兰银行还可以有效地调节国内货币流通与信用活动，支持经济的高速发展。

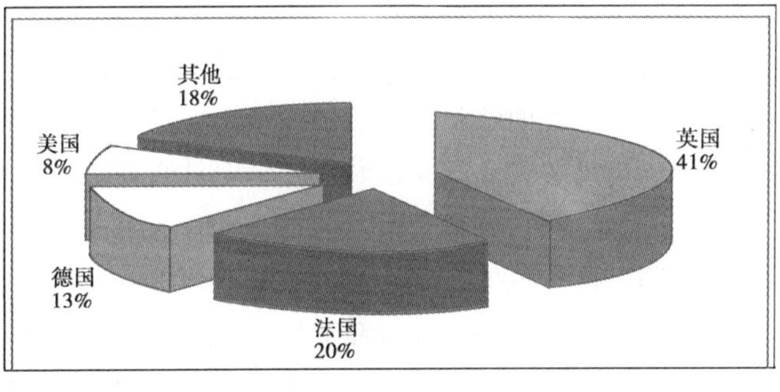

图 3－4　1914 年主要国家对外投资情况

凭借高效的财政货币体系、日趋成熟的金融市场、稳定的金本位制度，再加上英国世界政治经济强国地位，英镑逐渐成为全世界普遍接受的国际货币。英国当局要求殖民地国家使用 100% 的英镑准备金作为货币发行储备，英国政府对储备支付利息。依托庞大的英镑经济区，凭借其经济、军事优势，英国在国际经济交往中对许多国家的货币制度施加影响，最终促成了国际金本位体系在19世纪70年代的形成，40%以上的国际贸易用英镑结算，英镑成了最主要的国际储备货币和结算货币，世界货币进入了英镑世纪。

英镑的崛起并代替黄金成为世界主导货币，其启示主要有以下三个：

一是主权货币的崛起要有坚实的物质基础。19世纪50年代，英国城市人口已经超过了60%，铁产量占全球1/2以上，煤碳产量占全球2/3，棉布产量占全球的一半以上；工业化和生产力度大幅提高，使财富剩余越来越大，储蓄与资本积累进入快速上升阶段；英国在19世纪80年代以前，是全球创新中心、技术前沿和资本中心①。

二是主权货币的崛起要有坚定的信心基础。货币发行国要有强大的国家机器，有坚定、清晰的国家意志，这样其他国家的持币者才能有持有英镑的坚定信心；如19世纪的英国，成为全球自由贸易和金本位制的坚定推行者和维护者。

三是主权货币的崛起要有良好的市场基础和制度基础。主导国际货币需要有一个良好的信用环境、完善的金融体系和发达的金融市场，英国凭借百年来的努力形成了完善的金融制度和法制化的金融监管，为英镑的国际信用奠定了坚实的市场基础。

岛国固有的资源禀赋缺陷随着资本输出与技术扩散逐步显现。英国逐步失去了全球技术中心的地位，美国和德国后来居上，成为第二次工业革命的引导者。英国在商品贸易领域的竞争力日渐衰落，即使在本土也面临美国和德国产品的强有力竞争。但是，庞大的帝国体系和殖民贸易掩盖了这些缺陷。由于英国在资本输出中长期处于主导地位，每年大量的资本账户盈余维持了其强国地位和英镑的稳定，进入19世纪70年代后，每年资本输出的利息和红利收入已稳定超越5000万英镑。自由贸易促进了英国的崛起，同样日益依赖国际贸易使英国经济发展的战略

---

① 第一次工业革命阶段，由英国主导的技术革新和组织创新主要集中在以下领域：动力系统（蒸汽机）、纺织、造船、铁路、电报、冷冻技术、现代邮政、现代财政、产权制度、专利制度、中央银行、自由贸易、金融市场、公共信用与货币体系、产业分工与海外投资等。

性弱势已经开始显现[①]。长期的繁荣与和平使英国丧失了警惕性，全球经济一体化发展趋势使主流观念普遍认为大规模战争已不可能发生，面对德国的崛起，英国的舆论普遍讨论的是如何构建一个“英德共生体”，即使这个时候英国庞大的殖民体系已经受到后起国家的强力冲击。

表 3－7　　第二次工业革命前后主要国家相对总的工业潜力

（以 1900 年的英国为 100）

	1880 年	1900 年	1913 年	1928 年	1938 年
英国	73.3	100	127.2	135	181
美国	46.9	127.8	298.1	533	528
德国	27.4	71.2	137.7	158	214
法国	25.1	36.8	57.3	82	74
俄国	24.5	47.5	76.6	72	152
日本	7.6	13	25.1	45	88

资料来源：保罗·肯尼迪著，陈景彪等译：《大国的兴衰》，国际文化出版公司 2006 年版，第 195 页。

英国的衰落始于第二次工业革命（1870—1914 年），[②] 但是英镑霸权的解体是以英帝国（英联邦经济区或英镑经济区）解体为现实条件的，英镑霸权使英国在全球的主导地位延续了 20 多年。一战爆发后，金本位制解体，盛行百年的自由贸易体系也随之解体，贸易保护主义在全球范围内兴起，第一次现代意义上的全球化以战争形式终结了。战后

① 到了 19 世纪中叶，英国的出口已超过 GDP 的 20%，特别是其发展最快的部门已经不再是工业，而是银行、保险、贸易、海外投资等服务业，而这些对世界市场和稳定的国际经济环境依赖尤其严重。

② 美国和德国是第二次工业革命的中心和引导者，并超越英国，站到了世界技术的前沿。以德国为例，从 1851 年到 1900 年，在重大科技革新和发明创造方面取得的成果达到 202 项，超过英法两国的总和，仅次于美国居世界第二位，电气时代的众多发明在德国诞生。在 1871 年统一后德国经济出现了跨越式发展，到 1910 年，德国的工业总量、煤炭和钢铁产量跃居欧洲第一，化工产品总产量跃居世界首位。同时，俾斯麦开启了后发国家赶超先进国家的发展模式：把国家视为推动经济发展的强大力量，由国家制定政策和法律引导经济运行的方向，坚决推行全民教育，用国家的力量建立起全世界最早的社会福利制度，在某种程度上克服了英国开创的自由市场经济的弊端。

英国强行恢复金本制的努力已力不从心，战略失误使其已经相对落后的经济雪上加霜，削弱了英国的竞争力，导致贸易逆差不断增加，英镑的国际地位开始下降。由于经济地理条件的限制，在时空转换之后，英国已无法维持帝国经济区的正常运转，两次世界大战使帝国经济区彻底解体。土地和人口两大强国基础要素的丧失，使英国彻底丧失了其独立的超级强国的地位，也动摇了英镑霸权的基础，自此，英镑告别了全球主导货币的地位①。

3.2.2 大国崛起、地缘政治与美国经济区的形成

美国经济区的形成与英帝国经济区存在显著差异，它是以美国国土扩张与国内统一市场的延伸为基础的。由于美国在二战前长期奉行孤立主义战略，美国崛起主要依托深度开发和拓展其庞大国内市场，美国经济区的战略外延主要限定在美国周边的美洲地区。

3.2.2.1 美国统一市场建立奠定了美国经济区的基础

欧洲移民到来之前，尚处于氏族部落时代的美洲，是一片人口稀少、广袤、荒芜而又富饶的土地，未能像亚洲那样建立起强大的中央集权式的民族国家（如中国、印度等），整个大陆缺乏一个集中对抗殖民者的政权。得天独厚的地理条件、历史条件和独特的地缘政治优势，使美洲成为欧洲移民名副其实的“新大陆”和冒险家的乐园。以欧洲文明为基础，以制度优势和政策活力为推动力，新大陆移民走出了一条独创性的发展道路，实现了一个最年轻大国的成长和崛起。

1. 政治统一与治国原则的确立

1620 年一批殖民者在登陆北美大陆之前，自愿签署了《五月花号

---

① 英国在现代经济史上具有极端特殊的重要地位，如果不是英国率先抛弃重商主义并凭借其强大实力推行的金本位制和自由贸易体系，如果不是英国主导的大规模海外投资与技术扩散，很难想象第二次工业革命会在何时展开，人类社会的进步又会遭遇何种挫折。在重商主义时期，英国禁止先进技术输出，18 世纪末美国第一家先进的纺织工厂的建立，就是一个英国偷渡的技师凭着记忆复制了珍妮纺纱机。进入 19 世纪后，英国主动开放了市场和技术输出限制（如 1825 年废除了禁止出口机械的法律），并凭借其强大的实力，使全球进入了一个开放和自由贸易时代，极大地促进了人类社会的进步。

公约》。公约规定，船上的人到达北美新大陆后，自愿结为一个民众自治团体，并制定和实施有益于团体利益的公正法律、法规、条例和宪章，全体成员保证遵守和服从。《公约》被历史学家确认为美国历史上第一份政治性契约文件，奠定了美国治国原则的雏形，其所蕴涵的精神成为推动美国独立、南北统一以及西部开发的精神动力。在《公约》精神的指引下，北美殖民地的管理不同于其他殖民地，具有较高的自治权利，通过选举产生组成议员殖民地议会，成为殖民地人们解决现实问题、实行自我管理的重要机构，并制定了自己的法律和税收体系。18 世纪中叶，连年的战争使英国财政紧张，于是英国议会绕过北美殖民地议会，决定在北美殖民地增加税收，以化解财政危机。殖民地人民认为这种行为背离了《公约》中最根本的原则，侵害了殖民地利益，导致殖民地与英国关系日趋恶化，最终爆发了持续 8 年的美国独立战争。1776 年 7 月 4 日，13 个英属殖民地联合签署了《独立宣言》，宣布组成美利坚合众国，进一步确立了“人人生而平等，造物主赋予他们一些不可剥夺的权利，其中包括生命权、自由权和追求幸福的权利”的治国原则，完成了形式上的政治统一。

2. 制宪会议、南北战争与美国统一市场的初步形成

独立战争创造了美利坚合众国，废除了带有歧视色彩的殖民封建法规（如长子继承法、续嗣限定法及代役税等），同时对奴隶制进行了限定。独立初期的美国 13 个殖民地事实上处于割裂的状态并没有改变，没有统一的中央政权、没有总统、没有最高法院、也没有统一的货币，对内各州之间难以进行贸易和交换、对外无法制定统一的外交政策，独立并没有带来美国的繁荣和稳定，资本主义发展还缺乏基本的制度基础、要素基础和市场基础。为了最终完成国家的统一，1787 年华盛顿主持召开了制宪会议，各州代表围绕如何建立一个有权威的联邦政府、同时又能充分保障个人自由这一难题进行了充分的辩论，历时 3 个月的制宪会议最终达成了代表各州意见的宪法。在宪法的确认和保障下，国家主权由州政府转移到联邦政府，同时规定由各州保留的自治权利，联邦政府不得干涉；宪法中界定了个人、州政府和联邦政府在经济运行中的分工，为美国的经济发展提供了法律保障。宪法把美国从一个受制于英国商业限制的

殖民地经济体制，转变成一个可以保持经济长期发展的体制。依据宪法，新国家设立了统一的政府①、统一的货币、统一的税收，为统一市场的最终形成创造了必要条件。

但是，《宪法》是一个各州妥协的结果，初期资本主义发展必需的土地、劳动力（奴隶制）等基本的生产要素问题没有得到根本解决。独立战争后经过近半个世纪发展，美国仍然是一个农业国，特别是广大奴隶被限定在庄园上无法成为自由劳动力，美国农业就业人口仍占据了全部就业人口的70%，而同期的英国已经完成了第一次工业革命和工业化。土地、劳动力等问题随着美国国土的扩张日益严重，奴隶制和庄园经济在新开发的土地上与工业资本产生了直接冲突，最终导致南北战争爆发。可以说尽管美国在政治上的统一始于制宪会议与宪法的颁布，但是经济上完成统一是在南北战争之后（19世纪70年代）。正如列宁所说："现代美国的历史，是由一次伟大的、真正解放的、真正革命的战争开始的。"南北战争的结束标志着美国统一市场的形成，其间颁布的相关法律，如《解放黑人奴隶宣言》、《宅地法》等，最终完成了土地与劳动力等生产要素的解放，也在全国范围内彻底根除了制约资本主义与大工业发展的最后障碍。南北战争使美国宪政机制中南北分裂的主权得到了统一，奠定了美国在20世纪成为世界第一强国的制度基础。自此，美国经济区的核心部分已经建成，美国经济起飞的一切条件已经具备，1890年美国农业人口已快速降低到全部就业人口的38%，工业产值逼近英国。

3. 西进运动与美国统一市场的拓展

在美国统一市场的扩展中，由政府主导的西进运动发挥了重要作用。西进运动实质上就是殖民过程，也是国土和市场的拓展过程。作为一个移民国家，早在殖民地时期就已经开始向西移民，以寻求新的发展空间。美国独立后，废除了1763年英国阻止移民西进的规定，政府通过一系列军事行动与政策引导，大力开发西部广阔的土地和市场空间。随后，美国出现了三次向西移民的高潮，一是美国政府购买法国的路易斯安那地区后，移民拓殖活动有了政府保障，大量移民涌向西部，为西

① 1789年4月，华盛顿正式就任美国第一任总统，美国统一的中央政府正式诞生。

部产粮区的开发和美国农业的发展奠定了基础；二是 19 世纪前期向西北和西南的移民，向西北地区的移民开发大湖平原地区，建成了美国谷物生产和牧畜业的基地，向西南的移民扩大了棉花基地和奴隶制经济；三是伴随 19 世纪中叶美国领土扩张和兼并出现的移民高潮，加利福尼亚金矿的发现将西进运动引向高潮，这一阶段，美国移民达到了太平洋沿岸，美国的国上几乎被全部开发。

西进运动与西部大开发在美国经济发展史上存在两个显著阶段，南北战争以前以农业开发为主，南北战争以后以工业化为主。在两个阶段，政府政策引导均发挥了重要作用。一是鼓励性的土地政策。如 1784 年的土地法令，规定西部土地为美国全体国民所共有，同时明确了建立新州的条件、程序和规定；1785 年的《土地法令》（对公有土地的丈量和出售作出规定）、《土地条例》（按低价出售公有土地）、1787 年的《西北准州地区条例》极大刺激了对当时西北部大湖地区的开发；1802—1832 年，美国国会又通过了多个《救济法》，以延缓未付土地被没收的期限，并逐步降低公共土地的价格，使贫苦农民能够获得土地；1862 年颁布《宅地法》，规定年满 21 岁的公民只要付 10 美元的费用就有权取得 160 英亩或 160 英亩以下的土地。总之，这一时期美国政府的土地政策，为农民取得土地和进行农业开发提供了制度和政策保障，促进了美国西部的开发，使美国能够快速发展成为一个农业大国。二是开放性的移民政策。1787 年的土地法令规定美国公民具有自由迁徙的权利，极大地促进了西进运动的开展；设立土地管理局和移民局，在欧洲宣传美国移民政策，并对新移民给与信贷优先以及其他必要的援助吸引外国优秀劳动力弥补美国人口的不足；1878 年颁布《木材石料法》，准许任何公民和已提出申请加入美国国籍的侨民，按一英亩 2.5 美元的价格购买 160 英亩的木材石料地段，以满足修建铁路对木材和石料的大规模需求。移民到达美国以后，多数迁居中西部寻求就业机会。在 1820—1860 年间，大约有 500 万欧洲移民来到美国，为美国的西部开发提供了充足的劳动力；1861—1914 年，到美国国外移民超过 2700 万，这些移民不同于上一阶段移民，往往拥有一定的资金和技术，在开发西部、繁荣美国的历程中做出了重要贡献。三是注重基础设施建设。美国在西进运动中非常注重通过优惠政策吸引各类资本参与公路、铁路、运河等基础设施开发。在铁路建设方面，规定投资方可以得到铁路沿线一定面积的土地，并给与一定的政府贷款资助；在公路建设上，优先发展收费公路以缓解建设资金的不足；在水运开发上，由纽约州政府资助开发伊尔运河，把东部的哈得逊运河和西部的大湖区联系在一起，使运费降低了95%。南北战争后，美国政府为了进一步加强基础设施的建设，采取了更加优惠的补贴措施来吸引私人投资公司和外国资本建筑运河和铁路。如大幅度提高补贴额度、增加铁路周边土地所有权、税收减免、提供政府担保等[①]，这些优惠措施吸引了大量外商对基础设施进行投资。19世纪80年代初，欧洲资本家（主要是英国资本家）对美国的投资高达20亿美元，其中15.35亿美元投资在铁路的修建上。到了1900年，美国营业的铁路里程达到19万英里以上，占全世界的1/2；到1913年，美国的铁路总里程又增长了一倍。大规模的基础设施，极大地降低了交通物流成本，使美国统一市场的深度和广度无限延伸。四是注重可持续发展。随着西部矿产的开发和农业的发展，人口快速增加，土地破坏比较严重，美国政府适时对土地政策作出了调整，开始注重环境保护，特别是水土保持和植被保护。1873年美国政府颁布了《育林法》，鼓励植树造林；1877年的《沙荒地法令》鼓励兴修农田水利，增加灌溉土地；1894年《凯里法》拨给各州一百万亩的公地从事水利工程建设，并允许私人参与经营灌溉事业；1902年的《新垦荒法》建立灌溉工程基金，增加西部水利建设资金。五是重视扶植发展教育。美国政府十分重视教育在西部开发中的基础作用。美国建国后就颁布了《全民教育法案》，要求每个公民都要接受教育，并把受教育的权利当作人权的一部分。根据1785年的土地法令规定，西部地区建立的每个州都可获得一片土地兴办公共学院，州立大学先后在南部和西部各州建立，并且开展免费教育。1862

① 如平原地区每修筑一英里补助16000美元，丘陵地区每英里32000美元，山岳地区每英里48000美元，此外，铁路公司还可得到沿线两侧宽各十公里的土地所有权。各州为了鼓励本州内铁路的兴建，往往免征铁路公司的税项，给予有利的建筑权特许状，提供贷款，购买铁路公司的股票或债券，有的则对铁路公司所发行的债券提供责任担保。

年，美国国会又通过《莫里尔法》，决定由政府把至少 3 万英亩公地永久赠予每个州的有关院校，并建立了一批农学院和工学院，如伊利诺斯大学、麻省理工学院、康奈尔大学等，为美国西部农业机械化和工业化培养了大批专门人才。1887 年《哈奇法》规定每年拨给各州 1.5 万美元，为农业试验和科学研究提供了新的联邦基金，随后这一津贴提高到 5 万美元，以扩大农业科学研究与推广。

西进运动使美国的领土增加到建国初期的 10 倍，为美国社会的稳定、繁荣提供了安全保障，扩大了发展工业所需的各种基本资源，吸引了大量移民，建成了一个覆盖 7000 万人口的大市场，统一市场无论是深度还是广度都出现了质的跨越。到 19 世纪末，美国国内贸易大约等于对外贸易的 20 倍[①]，甚至超过了世界各国对外贸易的总和，除了明代中国外，没有一个国家具有像美国这样庞大的国内需求市场。美国统一大市场的形成与延伸，诞生了一个庞大的主权经济区，对美国社会制度和资本主义的发展产生了巨大的影响。

3.2.2.2 第二次工业革命、美国工业化与经济崛起

作为一个新兴的陆权大国，美国幅员辽阔、人口众多、工农业资源丰富，具有发展经济极为优越的自然条件，是世界上可耕种面积最多的国家之一；从地缘政治上看，美国周边没有能够威胁其安全的其他权力中心，可以将所有资源用于经济发展。作为一个后发国家，美国积极吸取并发展了欧洲先进政治经济制度和技术，确立了制度优势和活力。特别是南北战争结束后，美国经过近百年的积累，已初步具备了依托国内市场进行大工业生产的条件。

尽管美国错过了第一次工业革命，但是凭借其特有的资源禀赋和制度优势吸引了大量的欧洲移民和剩余资本。这些移民带来了欧洲工业化进程的最新成果，并在美国找到了最适宜发展的广阔空间。如同早期欧洲大陆向英国的移民，美国的开放体系、共同的宗教背景、注重教育的传统和对知识产权的保护使其成为欧洲移民向往的

---

① 事实上，到 1939 年美国的出口额占其制造业产值仍不足 8%，而其生产能力早已超过其他六大工业国总和，庞大的内需市场是美国维持独立发展、成为超级强国的坚实基础。

圣地，爆炸式的移民增长，不但解决了劳动力和资本的短缺，更主要的是促成了科学和技术引进和跨越式发展，全球的知识中心和技术中心逐步由英国向美国转移。人口、资本、技术、教育、制度等多种因素迅速扩大了美国市场，共同激发了第二次工业革命，使美国成为电气时代工业革命的引导者。

19 世纪 70 年代开始的第二次工业革命是以电力的广泛应用、内燃机和新交通工具的创制、新通讯手段的发明和化学工业的建立为主要标志，其主要推动者由第一次工业革命时的熟练技师转向了科学家。高等教育、自然科学的理论体系的建立以及由此而产生的重大理论研究成果为资本主义的发展所要求的新技术革命准备了条件，而一批发明家和企业家将新技术革命的成果广泛应用于工业生产，从而引起了第二次工业革命。尽管在第二次产业革命初期以德国为代表的欧洲在理论研究方面尚处于领先地位，但是美国政府十分重视科技成果的商业运用和产业化，再加上美国独有的原材料、资本、劳动力、市场等竞争优势，致使美国在应用技术领域以及组织管理变革等方面处于领先地位。仅 1865 年至 1900 年，美国批准登记的发明专利超过了 64 万多种，远远领先于欧洲。电气、飞机等一批重大应用成果在美国诞生，以标准化和装配线为典型代表的大规模生产的主要组织方法均是美国人的创造。

美国经济在一套比较成熟的制度体系的保障下（如专利保护、反垄断、劳动者权益保护、听证制度、社会保障等制度），实现了跳跃式发展。依靠强大的科技实力和超强的应用转化能力，美国在第二次工业革命中很快就后来居上，成功实现了农业国向工业国的转变，在 19 世纪末迅速赶上并超过了欧洲强国。1894 年，美国的工业总产值超越英国、德国，成为世界第一经济强国。这一年，距离南北战争结束不足 30 年，距离建国仅约百余年。1913 年，美国的工业产值已占世界总量的 1/3，比英、德、法、日四国的总和还要多。美国从欧洲汲取营养发展自己，克服了早期自由市场经济的缺陷，合理地确定了政府和市场的边界，创造了政府引导和鼓励市场竞争相结合的发展模式。

表3-8 1914年主要国家的国民收入、人口以及人均收入

	国民收入（亿美元）	人口（万）	人均收入（美元）
美国	370	9800	337
德国	120	6500	184
英国	110	4500	244
俄国	70	17100	41
法国	60	3900	153
意大利	40	3700	108
日本	20	5500	36

数据来源：保罗·肯尼迪著，陈景彪等译：《大国的兴衰》，国际文化出版公司2006年版，第236页。

3.2.2.3 门罗宣言与基于地缘政治的美国经济区形成

美国独立对美洲殖民地产生了重要影响，各殖民地都纷纷开始了谋求独立建立民族国家的运动，新的民族国家一经成立就得到了美国政府承认。但是，拉美独立运动导致西班牙、法国、葡萄牙、荷兰等西欧宗主国的武力反对与干预，同时俄罗斯也开始在北美东北部进行殖民扩张，并试图延伸至美国国土①。在这种背景下，为了保护美国在美洲的潜在利益，美国1823年排除了英国的影响，独立发布了自己的地缘政治原则——门罗宣言。

1823年12月2日，门罗正式向国会递送了一份关于美国反对任何欧洲殖民势力干涉美洲大陆的政策咨文，详述了美国对于欧洲列强干涉美洲事务的立场和态度，其内容主要有三个：一是美洲非殖民化原则，要求欧洲国家不在西半球殖民，这一原则不仅表示反对西欧国家对拉美的扩张，也反对俄国在北美西海岸的扩张；二是不允许欧洲干预美洲事务原则，要求欧洲不干预美洲独立国家的事务，否则是对美国和平和安全的威胁以及不友好态度的表现；三是不介入政策原则，保证美国不干

① 1822年，俄国沙皇亚历山大一世悍然宣布：自白令海峡到北纬51度的太平洋沿岸陆地属于俄国，并规定所有外国渔船不得在其100海里以内水域作业。按照这一要求，俄国将触角直接深入到了美国西北部的俄勒冈地区。门罗当即表示美国不承认俄国的无理要求，表明了“美洲大陆再也不是哪一个新式欧洲殖民主义团体的猎场”的态度。

涉欧洲事务。

门罗宣言的发表，标志着美国作为一个新兴大国登上国际舞台。门罗宣言以及由此而诞生的门罗主义成为美国对外政策的基石。门罗主义是美国在国力弱小时期以美洲大陆作为其发展区域的一个战略选择，也是基于对民主共和制领先欧洲君主专政制度的认识，和对先进制度的一种本能维护。门罗宣言发表后，美国的大国地位才开始得到列强的接受。由于门罗宣言的对象具有不特定性，因此没有遭到普遍反对，为美国带来了重大的和平发展机会。以此为基础，历经各届政府补充完善，特别是1912年确立的“金元外交”战略，美国通过经济手段加强了对美洲的控制，逐步确立了以美洲作为战略利益的依托和美国经济区的延伸范围。以美国本土为核心、以北美大陆为依托，辐射范围涵盖整个美洲的美国经济区逐步形成。

美国的统一与美国经济区的形成与扩展，为美国经济的腾飞和美元崛起奠定了坚实基础。尽管在英、法等欧洲传统强国的干预下，一战后美国试图主导世界秩序的努力失败了。但是，二战的爆发以及凭借强大工业实力与金融实力、周密的战略安排，美国最终成为全球新的霸主，并通过布雷顿森林体系开启了美元时代。

3.2.2.4 早期的美元与美国财政金融体系发展

美国是当前世界上金融体系最发达的国家，美元也是唯一的、主导性的国际货币。但是美国金融体系的发展和美元的崛起并不顺利。由于资源禀赋过于优异，美国建国后的前100年主要靠资本投入支撑财富增长，金融的作用主要是提供资本支持。19世纪中期之前美国经济发展很不平衡，以农业和自然资源为基础的贸易是当时的经济命脉和创造财富的主要方式，而用于结算的货币五花八门，现代经济发展所必须的财政金融制度还处于空白状态。由于根深蒂固的自由主义思想在各个领域和各个区域都占据了主导地位，尽管美国建国伊始就大力引进英国的财政金融制度，但是其进程十分艰难和充满反复，直到“进步时代”（1880—1920年）才有了突破性进展，建成了功能较为完备的现代财政金融体系。

1785年美国国会决定用“元”作为美国的货币单位，美元诞生。

由于货币制度经常反复，而且发行制度也杂乱无章，早期的美元即使在美国也没有一个统一的形式，也并未取得绝对主导地位，根本谈不上承担国际货币职能。从货币制度看，20 世纪之前的美国先后实行金本位、信用本位（南北战争期间）、金银复本位、最后又回归到金本位。从发行储备看，黄金、白银、国债等都承担过发行储备功能，流通中的纸币从形态上出现过大陆币（独立战争时期）、银行券（建国初期）、绿背钞（内战时期）、国家券、银元券、金元券等。从美元的含金量看，也不像英镑长期固定，初期为 1 美元含 1. 6038 克金；1879 年恢复金本位制时调整为 1. 50466 克金；大危机后再次调整为 0. 888671 克金。尽管根据 1789 年颁布的美国宪法，禁止各州发行自己的货币，但是美国缺乏一个统一的货币发行主体，各州、各银行都可以发行货币，导致经常出现信用泛滥和通货膨胀。因此，除了形形色色的纸币外，白银、黄金以及欧洲主要国家货币都曾在美国流通。直到 1913 年美联储成立后，依照联邦储备法案，由联储统一发行规格一致的“联邦储备银行券”，并逐步在流通中取得主导地位。1934 年其他各类形态的美元券已经退出了流通领域。1945 年 6 月“联邦储备银行券”停止发行，随之发行“联邦储备券”，作为日常货币。至此，美国货币才基本定型。

从财政体系看，1789 年美国宪法颁布后，美国财政部随即依此成立。早期的美国财政部处于非常弱势的地位，国家信用远低于英美的贸易公司和殖民地金融集团，为了挽救濒于破产的政府信用，美国政府以高于市场的利率发行了 8000 万美元的国债，以解决独立战争的债务问题，恢复国家信用。依此为契机，美国的国债制度、偿债基金制度、税收制度等主要财政制度开始建立。但是，税种多、支出混乱、入不敷出、抵消与腐败等问题成为美国财政体系痼疾，一直未能得到根本性扭转。在“进步时代”，美国从收入和开支两方面对其财政制度进行了彻底的改造。在收入方面，实施累进性个人所得税和公司所得税。到 1913 年，50 个州中的 42 个州批准了宪法第十六条修正案：“国会有权对任何来源的收入规定和征收所得税。”新所得税简单、公平、高效等显著优势很快缓解了美国当时面临的严峻财政问题和因两极分化而日益加深的社会矛盾。在支出方面，建立了现代预算制度。在预算改革者的敦促下，纽约市在 1908 年推出了美国历史上第一份现代预算，国会在

1921年通过了《预算与会计法》。以所得税为主的现代税收体系以及财政预算制度的确立，标志着美国现代财政体系建设初步完成。

从金融体系的发展看，与英国一样，战争也是影响早期美国金融发展的主导因素。金融市场的形成以战争融资为主要推动力，从1775—1782年的独立战争、1812—1815年的美英加战争、1846—1848年的美墨战争、1861—1865年的南北战争等，为了筹集战争款项，美国政府发行了大量政府债券，美国政府发行的第一笔国债直接催生了美国的资本市场，这些债券也构成了美国早期投资银行业务以及金融市场交易品种的主体。1791年2月，美国第一家全国性银行诞生（承担中央银行职能的第一国民银行），几乎与此同时，初期阶段的证券市场、交易所和股份公司开始出现，1817年纽约证券交易所成立。在金融中介发展方面，除了短暂存在的前后两个国民银行外，美国没有全国性金融机构，各州发放营业执照的商业银行大量存在。因此，早期美国的金融主导权主要控制在外资手中，如第一国民银行（首个中央银行）80%的股本被英国、荷兰投资者控制；债券的主承销和购买者也被外资控制，1853年新泽西、波士顿一半以上的政府债券、纽约1/4以上的政府债券都被外国人持有。直到1864年国民银行法制定和颁布后，美国才开始着手建立统一的国民银行体系，美国本土的金融机构才开始快速发展，并逐步形成了以外资金融机构（如巴林银行、罗思柴尔德集团、荷兰商业银行等）、美国本土机构（如摩根财团、花旗财团）、犹太人机构（如高盛、所罗门兄弟）为主体的金融中介体系。在中央银行建立方面，美国的中央银行几经废立，在1836—1913年间长期缺位。美国失去了监管经济、调控经济周期的最基本手段。由于缺乏一个中央银行，尽管南北战争后美国建立了统一的商业银行体系，美国金融货币体系仍相当混乱和脆弱。如第二国民银行被关闭后的25年内，美国就出现了4次大的衰退和6次小规模衰退。1907年，美国再次发生严重金融危机，作为对金融危机的反应与深刻反思，1913年美国颁布了联邦储备法，1914年美联储成立，美国最终建成了一个能执行积极货币政策，并且能作为最终贷款人的中央银行。美联储的成立，标志着美国现代金融制度开始确立，保证了美国在经济腾飞过程中拥有一个灵活、安全和稳定的金融体系，为美元逐步登上国际舞台创造了条件。

早期美国金融体系对经济发展的支持主要体现在融资方面。尽管波折不断，但金融体系对美国财政的稳定和经济发展，特别是对战争融资、西部开发、基础设施修建（公路、铁路和运河）发挥了重要的作用，筹集了必要的资金。

从美国的崛起过程看，制度完善是一个超级大国地位确立的基础。尽管美国在19世纪80年代已成为全球经济实力最强的国家，但是在国际经济政治格局中仍是一个二流国家，美元的国际地位远不及欧洲国家的货币，更不用说英镑了。19世纪中后期的美国，快速增长的经济与社会秩序的混乱并存，社会转型的无序和各类社会问题非常严重。在社会进步力量和政治领袖的推动下，美国社会进入了一个以制度建设为主的“进步时代”（1880—1920年）。在这一阶段，诞生了许多基本的涉及到人权、财政、金融、司法、政党和议会的制度和法律，[①] 这些法律和制度的出现维持和发展了美国的民主制度，也进一步推动了经济和技术的发展，使美国在20世纪初期完成了由农村社会向现代城市社会转型，并奠定了美国崛起为超级大国的基础和美元霸权的基础。

---

① 如颁布《文官改革法》，扩大民主选举范围，建立现代政府管理制度，给与女性公民选举权，以童工法、雇主责任法（确立8小时工作制）、铁路工人工时法等为主的劳动者权益保护制度，以累进所得税法、预算与会计法为主的现代财政制度，以联邦储备法为代表的现代金融制度，以反垄断、反欺诈和价格歧视等为主的现代社会经济管理制度等，都在这一阶段得到确立。

第4章

主要经济区及其货币地位的历史考察（二）

二战结束后，全球政治经济格局进入雅尔塔体系阶段，出现了两大阵营的对抗。美元区在马歇尔计划支持下得到扩展，并随着国际货币体系的演变逐步形成了美元霸权。对抗也催生了以前苏联为首的华约组织，形成了前苏联经济区。随着欧洲的复兴以及日本的快速发展，经济区域化发展逐步成为一种趋势，不同于此前资本主义经济区形成的殖民性和掠夺性，基于共同利益诉求的国家利益和国家战略成为经济区发展的主要推动因素。

4.1

战后经济区的新发展：国家利益与国家战略的推动

4.1.1　战后美国经济区发展以及美元霸权的形成与强化

在两次世界大战之间的 20 年，国际货币体系分裂成几个相互竞争的货币集团，各国货币竞相贬值，金本位制处于解体状态，国际货币体系呈现出前所未有的混乱（称为无体系的体系）。1914 年，美联储成立与一战爆发，美元作为国际货币的新星开始积蓄力量、寻求崛起的历史机遇，但是直到二战期间，美国才借助强大的经济实力，通过适当的战略，成功地瓦解了英镑区，并在政治和经济上逐渐取代英国，成为继英国之后的全球霸主，美元成为新的国际货币体系的核心。随着布雷顿森林体系的解体和黄金非货币化，美元不但没有走向衰落，反而有惊无险地进一步巩固了自己的国际地位，形成并强化了美元霸权。

4.1.1.1　英镑的衰落与国际主导货币的转移[①]

一战使英国国力遭到了严重削弱。特别是战争期间金本位制的崩溃，使其在国际贸易以及货币体系中的地位受到了美国根本性的冲击。战后，美国借助一战积蓄的力量和财富率先恢复金本位制，向英镑的国

① 两次世界大战之间特别是大萧条爆发后，是英镑与美元国际地位转变的关键阶段。英美两国围绕世界经济贸易主导权的争夺，采取了一系列针锋相对的举措，这些举措有效遏制了美国的挑战，延续了英镑的国际地位。但是全球经济以及金融主导权已经不可避免地向美国转移，尽管美国在这一阶段的国际经济贸易主导权的争夺中处于不利地位，但却最终取得胜利。二战的爆发，使美国有机会迫使英国接受其自由贸易主张，并最终摧毁了帝国特惠体系，成功瓦解了英联邦紧密的经济贸易区，确立了美元在国际货币体系中的主导地位。关于这段历史以及英美两国在经济外交领域的一系列政策，本书仅一带而过，详细可参阅以下著作：张振江著，《从英镑到美元：国际经济霸权的转移（1933—1945）》，人民出版社 2006 年版；以及罗伯特·斯基德尔斯基著，《凯恩斯传》生活读书新知三联书店 2006 年版。

际地位发起了挑战。为了维护英镑的国际地位，英国不顾自身经济实力和黄金储备状况，强行按照战前比价关系恢复了金本位制，致使英镑币值显著高估，抑制了国民经济和贸易的恢复，极大削弱了英国产品的国际竞争力，持续的贸易逆差和资本外流基本耗尽了英国的黄金储备。在大危机的冲击下，英国在 1931 年 9 月被迫放弃金本位制。同时，英国在原帝国经济区（联邦经济区）的基础上，建立了英镑区和帝国特惠制双边贸易体系，英镑在英镑区内继续维持自由兑换，对区外实行外汇管制与贸易管制，以此尽力延续英镑的国际主导地位。英镑逐步由国际主导货币退减为区域性国际货币。

受地缘政治因素影响，尽管美国在一战后成为最大的工业国和债权国，但是其试图主导国际政治经济秩序的努力，在英法等传统大国的制约下，没有达到预期目的；同时国内孤立主义仍占据主导地位，美国登上国际政治舞台中心的时机还未成熟。大危机爆发后，美国开始实施罗斯福新政，并在对外经济贸易领域实施了一系列战略举措，逐步削弱英国的国际影响力，并借助二战基本瓦解了英镑经济区，摧毁了英镑霸权。大危机使欧洲主要国家形成了区域性经贸集团（如英镑区、法郎区），内部借助区域内的自由贸易作为延续其国际地位的基础，对外重新回归贸易保护主义，试图通过贸易战尽快恢复国内经济。与此截然相反，借助雄厚的实力以及 20 年代积累的庞大生产能力，美国内部自由贸易主义逐步占了主导地位，自由贸易原则成为美国贸易外交的中心。美国认为，只有实行开放的国际贸易，才能复兴世界经济，解决国内衰退，维护世界和平。这样的观点与政策主张与 18 世纪初期的英国极为相似，类似的境况也摆在了当前中国的面前，不同的是中国在技术、制度、文化等关键领域与当时的英国和美国仍存在较大的差距。

表 4－1　　1870—1929 年英美两国经济实力的变化

年份	美国		英国	
	世界贸易份额	相对生产能力	世界贸易份额	相对生产能力
1870	8.8%	1.22	24.0%	1.63
1880	8.8%	1.29	19.6%	1.50

续表

年份	美国		英国	
	世界贸易份额	相对生产能力	世界贸易份额	相对生产能力
1890	9.7%	1.37	18.5%	1.45
1900	10.2%	1.42	17.5%	1.30
1913	11.1%	1.56	14.1%	1.15
1929	13.9%	1.72	13.3%	1.04
1945	>1/3	—	<1/20	—

数据来源：转引自张振江著：《从英镑到美元：国际经济霸权的转移（1933—1945）》，人民出版社 2006 年版，第 42 页。

注：1945 年数据根据历史资料估计。

在以邻为壑的时代，美国率先改变了建国以来长期坚持的高关税等贸易保护主义政策，于 1934 年通过了《贸易互惠法案》，废除了 1930 年的关税法案，互惠法案的主要精神是“机会均等、平等待遇和无条件最惠国待遇”。其主要目的是为美国过剩的生产能力寻求全球贸易的机会。贸易互惠法案，为美国告别孤立主动融入全球经济、创建新的国际经济秩序铺平了道路，为美元的崛起发挥了重要作用。该法案的主要精神被充分融入到了 1947 年的关贸总协定（GATT）及后来的 WTO 原则中，成为美国确立起世界经济领导权的重要工具。

与美国不同，经济实力日渐衰落的英国，为了维护自身利益，借助英国长期以来形成的国际优势，在 1932 年渥太华帝国经济会议上确立了“帝国特惠制”体系，即通过联邦经济区内一系列双边和多边贸易支付条约（关税互惠、英镑结算、实物还债等）确立了带有贸易歧视色彩的英镑经贸集团。帝国特惠制的确立，意味着英国彻底放弃了秉承一个世纪的以金本位制和英镑为基础的开放性国际经贸战略。尽管帝国特惠制加快了英国经济的恢复，延续了英国在国际经济政治格局中的主导地位，有效遏制了美国的崛起速度，但也是英国衰落的标志。在二战后新的全球化条件下，两种不同战略的必然结果是显而易见的。

为了瓦解以英国为核心的旧的国际经济秩序，在整个 20 世纪 30 年代美国不断向英国施加压力，但是没有取得实质性进展。随着欧洲局势的日渐紧张以及“柏林—罗马—东京”轴心的形成，战争一触即发，英美谈判的所有有利条件都在向美国倾斜，英国不得不步步退让以求得美国在战时的支持。迫于政治需要，僵持多年的《英美贸易条约》在二战爆发前夕签定，此后美国又通过《大西洋宪章》、《租借法案》以及租借补偿条款和《怀特计划》，一步紧扣一步，逐步瓦解英联邦经济区和英镑集团。1944 年布雷顿森林体系确立，美国成为在 IMF 唯一拥有否决权的国家，在法律上确立了美元在国际货币体系中的主导地位。

事实上，美元的国际化要远远早于美国经济霸权的确立。理论上，自美国确立了金本位制开始，美元就具备了国际货币的职能，这是由金本位制的特性所决定的。但是美元大步走向国际舞台的步伐起始于一战。美元在一战后已经成为国际经济的润滑剂，没有美国资本的支持，战后国际金融体系的运转非常困难。当时，英国还是净债权国，一方面因为战争以及战后重建欠下美国巨额债务，另一方面又是其主要欧洲盟国以及战败国的债权国。这样就形成了一个“三角循环”，美国的资本支持恢复德国等战败国经济，德国把美元支付给英法等战胜国，英法又把它支付给美国偿还欠债。1929 年美国大危机爆发后，大量美元回流，导致了欧洲各国黄金储备的快速下降，欧洲各国先后取消自由兑换，进行外汇管制，最终摧毁了恢复不久的金本位制。面对危机，美国率先提高关税以及美元贬值引发了贸易战与汇率战，美国借助雄厚的经济基础大肆囤积黄金且实行外汇管制，大量抽回在欧洲的投资，直接限制了全球货币供给的基础。此后不久，美国又率先推出自由贸易主张，恢复美元与黄金的比价，再次打击英镑的国际地位。由此可以看出，尽管英镑仍在勉强维持其国际主导地位，但是没有美元的支持，全球经济贸易体系将失去稳定发展的基础和动力。

回顾美元与英镑国际地位的转换过程，经济实力毫无疑问是决定货币国际地位的必要因素和先决条件，但是一国货币的崛起单靠经济实力是不够的，还需要充分的准备和长期战略策划，以及崛起的战略契机。一个体系一旦形成，就拥有自我维持和强化的内在机制，因此新旧体系的转变是一个长期过程。美国自南北战争后，形成了统一的大市场，在高关税保护下，庞大的内需有力促进并引导了第二次工业革命，仅用约

30 年时间就完成了工业化，成为资本主义世界最强大的国家[①]。但是在国际政治地位和经贸体系中，美国仍无法与英国抗衡。在美国成为第一大国后，曾经有三次主导世界政治经济格局的机遇。一战的爆发提供了第一次机遇，美国成为最大的资本输出国和债权国之一，但是由于国内在意识形态以及战略资源准备不足，美国在巴黎和会上试图主导战后新秩序的意图遭到了英法等传统大国的坚决抵制，美国还未做好准备就试图登上世界舞台的核心必然遭遇旧秩序的“围剿”。1929 年大危机的爆发彻底摧毁了英国主导的国际经济体系，为美国提供了第二次机遇，特别是随着“新政”的实施，美国在国际经济战略上逐步由保守主义向自由贸易转变，并提出了“互惠贸易体系”以挑战英国的“帝国特惠体系”，两国经过了近十年的较量，但一直未能扭转对英国的战略劣势[②]。二战爆发后，美国主导世界的第三次机遇出现，与前两次不同，美国为此作了充分的准备，特别是 30 年代与英国的角逐，建立以美国主导下的国际经济秩序已成为朝野共识，并为此作了充分准备[③]。历经近 30 年的反复，美国成功地抓住了二战的机会，凭借占有压倒性优势的经济军事实力[④]，迫使英国接受和支持了美国主导的国际经济新秩序。

---

① 20 世纪 20 年代，美国工业产值相当于其他六大国的总和，人均产值约是英、德的 1 倍，意大利、前苏联的 10—11 倍，具有占压倒性优势的生产能力；农业产量居世界首位，是全球最大的债权国。

② 到 1939 年，美国互惠贸易体系仅涵盖了以美洲地区为主的约 20 个国家；而同期帝国特惠体系则以英联邦国家为主，涵盖了包括欧洲在内的大部分国家。

③ 1939 年底，美国就成立了以政、商、农、工、教育等各领域精英组成的专门委员会，开始对战后国际秩序以及美国的地位进行战略研究，到战争结束时共召开 362 次会议，为美国总统和国务院提交了 628 份重要研究报告。美国参战伊始，又成立了以怀特为首的美国技术委员会，开始设计新的国际金融秩序，并形成奠定战后国际金融新秩序的《怀特方案》。美国深刻反思了一战后的战略决策的失误以及国际秩序乱局的原因，为避免二战后重蹈覆辙并确立自己战后在政治经济金融领域的主导地位作了充分的准备和周密的部署。

④ 第二次世界大战彻底改变了世界政治经济格局。1945 年战争结束时，美国的工业制成品占世界总量的一半，海外贸易额占世界总额的 1/3 强，海外投资超过了英国，成为世界上最大的债权国，黄金储备约占资本主义世界黄金总储备的 59%（1948 年进一步增至 74.5%）。相比之下，英国的民用消费品生产不到 1939 年的一半，出口额不到战前的 1/3，黄金储备不及美国的 1/2，海外资产大量流失，成为第一大债务国。

4.1.1.2 马歇尔计划与美国经济区的扩展

尽管布雷顿森林体系确立了美元在国际货币体系中的中心地位。但是，英国并不甘心放弃英镑的国际地位。特别是英国在战争爆发后，在帝国特惠体系内部进一步建成了英镑区①，对区外实行严格的外汇和外贸管制，以法律形式将英联邦成员国之间的货币关系固定下来。正是依靠英镑区，在布雷顿体系确立后英国依然在国际金融领域保持了强势地位，即英镑仍是主要的国际储备货币，国际贸易的40%还用英镑结算，伦敦依旧是最大的国际金融中心之一。如果不能彻底瓦解英镑区，美元独霸的国际货币体系就难以确立。

二战摧毁了欧洲，流动性短缺使整个欧洲生产生活陷于停滞状态②，恢复重建急需大量资本品和生活品，但是缺乏基本的支付手段，不得不求助于美国；而美国人均收入已经达到世界最高水平，主要产品消费已接近饱和，但过剩生产能力庞大，为了避免过剩的生产能力引发经济动荡，客观上也需要开辟外部市场复兴被战争摧毁的欧洲，马歇尔计划应运而生。1946 年，美国政府一次性借给英国 37.5 亿美元的贷款，但提出了苛刻的条件，包括英国必须批准布雷顿森林协定并承认美国以及美元在国际货币体系的领导权，对美国贸易实施无差别待遇，恢复英镑以及英镑区内各国货币和美元的自由兑换。由于当时存在“美元荒”，英国的黄金储备不到 1 个月就流失 1/10 以上，英镑彻底失去了与美元抗衡的能力。

马歇尔计划于 1947 年 7 月正式启动，持续了 4 年。期间，西欧各国总共接受了美国包括金融、技术、设备等各种形式的援助合计 130 亿美元（相当于 2006 年的 1300 亿美元）。借助该计划，美国商品和资本顺利占领了英联邦经济区以及西欧市场，带来了巨额贸易顺差，并将全

---

① 其主要特征有：区内各成员国和地区的货币同英镑保持固定比价，相互之间一般可以自由兑换，并且成员国基本上实行英国的外汇管制条例；区内贸易、非贸易及其他金融往来均用英镑结算；区内资金转移不受限制，而对区外的转移则须经英国管汇部门批准；区内成员国或地区收入的黄金和美元外汇必须按官价出售给英国财政部或外汇指定银行，存入美元黄金总库，作为英镑区的共同外汇储备；英镑区的主要参加者包括英国、英联邦国家和地区。

② 详细情况可参阅马丁·迈耶著：《美元的命运》，三环出版社 2000 年版。

世界 70% 以上的黄金集中到了美国。同时，借助在 IMF 中的主导地位，美国迫使主要资本主义国家废除外汇管制、取消商品以及资本进口限制，并将货币与美元以固定汇率进行挂钩。随着马歇尔计划的推进，美国成功将其经济势力延伸至资本主义主要国家，从而把西欧国家纳入了美元体系之内，美元作为普遍的国际支付手段和储备货币被广泛接受，以美元为中心的国际货币体系最终形成，英镑彻底退出了国际舞台的中心。

4.1.1.3　布雷顿森体系解体与美元霸权形成及强化

根据保罗·肯尼迪的观点，大国的衰落必然会以军事扩张巩固地位，但是军事扩张又会进一步加剧大国衰落，因为资源必然会被大量损耗在不创造价值的领域。随着美国越来越多地卷入全球范围内的局部战争，美国的国力受到了严重消耗，其相对地位日益下降，美国逐步由债权国向债务国转变，美国的黄金储备大量外流。为了维护美元的国际地位，美国最终切断了美元与黄金的联系，维持了近 30 年的布雷顿森林体系宣告解体。布雷顿森林体系解体后，尽管马克和日元曾先后对美元的国际地位产生过一定程度的冲击，但由于经济实力的不足并未从根本上动摇美元霸权的基础。从 20 世纪 80 年代中后期起，美国调整对内、对外经济政策，成功瓦解了日元以及马克的挑战，美元的国际地位在进入 90 年代后随着美国经济的再次崛起得到了显著加强。

在布雷顿森林体系下，尽管美元处于中心货币的地位，但是仍受到黄金兑换的制约。布雷顿森林体系的解体和黄金的非货币化为不受约束的美元霸权形成创造了条件，美元发行失去了原有的本位约束和兑换黄金的义务。国际货币体系由“美元—黄金本位”转变为“美元本位”，全球货币体系也由此进入了以美国政府信用为基础的本位时代。美国以债务国地位管理世界经济，塑造了一种以美国国库券为本位的全新的国际金融体系，形成并逐步强化了美元霸权。

美国学者廖子光指出，美元霸权指的是自 1971 年以来，美元作为一种没有黄金等实物支撑、没有货币财政纪律约束、只依靠军事、科技实力和地缘政治实力支撑的不兑换纸币，却继续在全球金融贸易体系中担当首要储备货币地位，引导塑造一系列有利于美国领导和支配全球的制度安排。特别是与主要产油国达成协议，使美元成为石油等大宗资源品唯一的计价和结算货币，不但在很大程度上消除了资源价格波动对美国的影响，还迫使其他资源进口国不得不保留足够的美元储备以支撑本国经济增长对资源的需求。在这样的体系安排下，美国成为唯一一个国际收支逆差不受限制的国家，美国向世界大量输出美元，并以进口的形式吸收外国的物质输出，从而提高国内消费水平以及对外国资产的所有权，并使全球对美国市场产生依赖，同时为美国财政赤字和国际收支赤字融资。美国的国际收支赤字越大，其他国家中央银行体系中积累的美元就越多，由于美国对外国资本购买本国的生产性资产和技术设置了严格的限制，这些美元不得不持续地大量购买美国的各类债券，特别是财政部债券。随着美元无节制的发行，全球经济运行逐步进入美国原财政部部长萨默斯所说的“金融恐怖平衡状态”①。

美国的货币霸权已“完全颠覆了传统的经济世界”。借助美元霸权，美国步入金融资本主义，而其贸易伙伴落入工业资本主义。这种局面的出现除了布雷顿森林体系产生的强大路径依赖因素外，还在于美国经济规模的庞大与活力，美国的人口、国土等经济要素与欧洲相当，但是却有更为高度一体化的市场，美国具有灵活的劳动力市场和移民政策、具有发达的资本市场能够为创新提供资本支持、具有发达的金融市场能够为各国美元储备提供可交易的资产、具有强大的金融创新能力成为各类大宗基础产品（资源品和农产品）定价的主导者，美国庞大的进口市场是全世界最终需求的重要组成部分，并通过大量进口使经济结构单一的国家产生了强大的美国依赖症，逐步成为其经济附属。

---

① 主要表现在三方面：一是美国日益增长的贸易逆差和政府财政赤字对应于新兴国家特别是中国日益增长的贸易顺差；二是美国日益扩大的负储蓄对应于新兴国家特别是中国日益扩大的净储蓄；三是美国日益强劲的需求增长对应于新兴国家及中国日益强劲的供给增长。尽管在全球范围内，美国总需求和新兴国家总供给的不断增加相互支撑，保持了一定的平衡性和互补性，但这一平衡实际上是以牺牲新兴国家居民福利为代价的。从本质上讲，“金融恐怖平衡”是国际经济结构失衡的一个表现，具有很大的脆弱性和多变性。

表 4－2　　1989—1998 年主要国家海外净资产存量　　单位：10 亿美元

	1989 年	1990 年	1991 年	1992 年	1993 年	1994 年	1995 年	1996 年	1997 年	1998 年
美国	－49	－168	－263	－455	－182	－174	－423	－547	－1066	－1537
日本	294	329	385	515	612	690	818	891	958	1153
德国	269	349	328	294	205	195	119	79	64	—
英国	82	－16	6	34	53	35	－8	－3	－14	－17

资料来源：IMF，International Financial Statistics；转引自安格斯·麦迪森著，伍晓鹰等译：《世界经济千年史》，北京大学出版社 2003 年版，第 127 页。

表 4－3　　1950—2000 年主要国家进口量的增长速度、进口/GDP 以及经济实力

	年均进口增速（%）		进口/GDP（%）			GDP/美国 GDP			
	1950—1973 年	1973—1998 年	1950 年	1973 年	1998 年	1950 年	1975 年	1990 年	2000 年
美国	6.6	5.6	3.9	6.9	13.0	1	1	1	1
日本	16.0	4.0	2.5	9.7	12.4	0.10	0.33	0.53	0.49
德国	12.6	4.7	4.1	17.6	36.1	0.14	0.23	0.26	0.19
法国	9.3	4.6	6.1	15.2	27.7	0.14	0.19	0.21	0.13
英国	4.8	4.0	11.4	17.2	28.2	0.22	0.19	0.17	0.15
意大利	11.3	4.0	4.9	16.3	24.9	—	—	—	—

资料来源：安格斯·麦迪森著，伍晓鹰等译：《世界经济千年史》，北京大学出版社 2003 年版，第 127 页；鲁世巍：《美元霸权与国际货币格局》，中国经济出版社 2006 年版，第 66 页。

信用本位下的美元主导国际货币体系在路径依赖力量的自我强化下，处于一种恐怖平衡状态，任何实质性变革可能导致全球金融体系的崩溃，致使在一般条件下任何一个主权国家都难以提出具有实质性内容的国际货币改革方案以改变美元独大的格局。从国际货币体系演变历史看，新的国际货币体系形成需要重大外部事件的冲击，以“不能再坏”的力量打破路径依赖和恐怖平衡，破除已经形成的制约改革的因素。

以美国经济区为基础①，借助两次世界大战，美国凭借独特的地理

① 美国经济区与美元经济区的地理范围是不一致的，美国经济区在地理上是已由其国内单一市场逐步扩展到以北美自由贸易区为核心的中北美地区，但是美元区则要大得多，跨越了多个经济区，如拉美区、东亚区、中亚区等，美元在这些地区扮演着重要的角色，如贸易的结算货币、金融市场的交易货币（如 B 股）、储备货币以及银行的流动性来源等。

位置和强大的生产能力，实现了经济上的超强，并在信用本位之时代使美元成为全球占统治地位的货币。尽管美元为促进国际经济恢复与繁荣做出了贡献，但也逐步导致了全球经济失衡等一系列深层次矛盾，威胁着全球经济的平稳安全运行。

4.1.2 两次世界大战的反思与欧盟经济区

欧盟经济区是人类社会基于共同诉求的平等联合与发展的重要尝试，它既不同于英帝国经济区（联邦经济区）的殖民体系，也不同于美国以本土市场为核心的经济区，更不同于苏联以意识形态控制为主的经互会经济区。欧盟经济区形成产生了重要的货币成果，促成了欧元的诞生，为未来的国际货币格局转变和改革作了重要探索。

4.1.2.1 基于共同诉求的平等联合与发展：欧洲统一市场的形成

欧洲作为现代文明的发源地，长期以来在世界政治经济舞台上处于中心地位。但是，地缘政治因素、宗教因素、资源限制、市场限制等，使得自新大陆发现以来，欧洲的主要商业与工业强国无论在海上还是在陆上，持续处于战争状态。这种局面直到19世纪英国确立了主导地位，以及自由贸易原则得到普遍实施后，才有所缓解。但是，随着技术的扩散，陆权大国的优势越来越显著，大陆国家的崛起改变了欧洲的传统地缘力量格局，连同各国重大战略失误等一系列因素，欧洲再次成为全球战争的策源地，并最终将自己的优势毁于战争。

其实，在欧洲历史上，战争和结盟的思想就一直并存。1776年，美国独立战争爆发，当时就有欧洲人设想欧洲仿效美利坚合众国，建立欧洲合众国。两次世界大战彻底惊醒了欧洲的战略决策者，在战争还未结束时，欧洲的政治家就开始筹划欧洲的未来，渴望重建损失惨重的欧洲，避免欧洲再度陷入战争泥潭。1946年，丘吉尔就呼吁建立一个“美利坚合众国式的欧洲”。为了有效落实马歇尔计划，英国、法国等18个国家在1948年成立了欧洲经济合作组织，开创了欧洲经济合作的先河；同年由荷兰、比利时、卢森堡三国组成关税联盟，主要是免除关税，开放原料、商品的自由贸易。

但是欧洲经合组织是一个分散的主权联合，每一个成员国都拥有否决票，在推动经济合作上难以发挥实质性作用。因此，客观上需要建立一个超国家的机构，来促进经济一体化的深入发展。在这一过程中，由于英国过于依恋英镑区而不愿承担推动欧洲经济统一的责任，法国则顺势抓住时机，成为欧洲走上经济统一的主导力量。二战后欧洲重建的两大关键是如何处理德国问题以及欧洲和美国的平等关系问题，而这两大问题的妥善解决，都有赖于统一的欧洲联盟的建立。基于这种认识，法国政治家莫耐（Jean Monnet，欧盟之父）起草了“欧洲煤钢共同体”的方案，其要旨是将法、德煤炭和钢铁资源共同置于一个“超国家机构”的监督管理下，同时邀请其他欧洲国家自愿参加。

莫耐的方案抓住了当时出现的一切有利条件，以煤钢等关键经济领域为突破口，提出了各方均能接受的局部统一方案，为欧共体以及后来欧盟的成立创造了必要条件。1951 年 4 月，荷兰、比利时、卢森堡、法国、意大利、西德成立欧洲煤钢共同体，8 月，正式成立超国家的“联营”最高权力机构，莫耐担任首任主席。欧洲煤钢联营促进了成员国冶金工业的发展，为“欧洲共同市场”的建立奠定了基础。

煤钢联营建立后，各成员国认为还有必要在该联营的基础上，建立一个更为完整和广泛的经济共同体，以巩固各成员国的经济地位，增强与美国、前苏联等强国的抗衡能力。1955 年 6 月，六国外长建议将煤钢共同体的原则推广到其他经济领域，并建立共同市场。1956 年 10 月，六国在巴黎讨论成立“欧洲原子能联营”和建立欧洲“共同市场”问题。1957 年 3 月，六国在罗马签订了建立欧洲经济共同体与欧洲原子能共同体的两个条约，即《罗马条约》，于 1958 年 1 月 1 日生效。1965 年 4 月 8 日，六国决定将欧洲煤钢共同体、欧洲原子能共同体和欧洲经济共同体统一起来，统称欧洲共同体，旨在创造共同市场，取消会员国间的关税，促进会员国间劳力、商品、资金、服务的自由流通。1986 年，欧共体成员签署《单一欧洲法令》，决定在 1992 年底之前建成统一大市场，在此区域内，实现货物、人员、劳务与资本的自由流动。此后，欧共体逐步向欧盟过渡，并着手建立统一的货币与中央银行，实现经济发展更高层面上的统一。

《罗马条约》被成员国视为共同体法律，其宗旨是在欧洲各国人民之间建立不断的、日益密切的、联合的基础，清除分裂欧洲的壁垒，保证各国经济和社会的进步，不断改善人民生活和就业条件，并通过共同贸易政策促进国际交换；欧共体及欧洲合作旨在共同切实促进欧洲团结的发展，共同为维护世界和平与安全做出应有的贡献。以此为基础，欧共体经过多年共同努力，在以下五个方面取得了显著成效：一是实现关税同盟和共同外贸政策。1967 年起对外实行统一的关税率；1968 年成员国之间取消商品的关税和限额，建立关税同盟；1973 年实现了统一的外贸政策；1994 年取消大部分进口配额。二是实行共同的农业政策。1962 年 7 月开始实行共同农业政策；1968 年 8 月开始实行农产品统一价格；1969 年取消农产品内部关税；1971 年起对农产品贸易实施货币补贴制度。三是建设内部统一大市场。1985 年欧共体首脑会议批准了建设内部统一大市场的白皮书，目标是逐步取消各种非关税壁垒，实现商品、人员、资本和劳务自由流通；1993 年初，统一市场基本建成。四是建立政治合作制度。1987 年把在外交领域进行政治合作正式列入欧共体条约，讨论并决定欧共体对各种国际事务的立场。1993 年 11 月《马斯特里赫特条约》生效后，政治合作制度被纳入欧洲政治联盟活动范围。五是建立政治联盟。1990 年 10 月欧共体罗马特别首脑会议进一步明确了政治联盟的基本方向。1991 年 12 月通过了政治联盟条约《马斯特里赫特条约》（简称《马约》，也称《欧洲联盟条约》），将实行共同的外交和安全政策，并将最终实行共同的防务政策。此外还实行了共同的渔业政策、建立欧洲货币体系、建设经济货币联盟等措施。《罗马条约》实施至今的结果表明，欧洲共同体大大超过了经济范畴，而发展成为西欧独立的经济政治集团。

经欧共体各成员国批准，《马约》于 1993 年 11 月 1 日正式生效，欧共体开始向欧洲联盟过渡。目前欧盟已发展成为最强大的地区性国际组织。成员国已将部分国家主权交给欧盟组织（主要是经济方面，如货币、金融政策、内部市场、外贸），使欧盟在经济上越来越向联邦制国家靠拢。

欧盟经济区和统一市场的建立，既是欧洲应对国际竞争的需要，也是欧洲联合发展的需要。西欧国家经济恢复和发展后，为摆脱美国的经济控制，扩大相互间的贸易，增强竞争能力，要求建立一个紧密型经济贸易集团。同时，随着经济恢复和迅速发展，跨国公司大量出现，生产和资本得到高度集中，客观上要求各成员国资本、劳动力和技术互相跨越国界自由流通。以统一市场为依托，走向联合的欧洲（欧共体和欧盟）迅速成长为全球重要经济力量。在 20 世纪 90 年代，欧共体已超越美国成为世界上最大的贸易集团；进入 21 世纪后，随着欧盟东扩，统一市场的区域和人口规模进一步扩大，成为经济实力最强的经济联合体。

反思欧盟经济区的形成过程，法德合作是欧盟走向成功的关键。法、德两国一直是欧洲大陆最主要的战争策源地和宿敌，二战后法国很清楚如果重复一战后的对德政策，很有可能再次陷入战争。法国提出建立煤钢共同体的一个重要战略意图就在于约束德国，通过经济的合作消除双方的历史积怨；而德国也很清楚，不合作也很难快速恢复国民经济，融入国际舞台。随着德国的快速崛起，欧盟的主导权逐步由以法国为主向以德国为主转变，这在很大程度上得益于德国对历史的深刻反思和勇于承担责任，从而重新获得了欧洲的信任。尽管德法博弈的过程贯穿整个欧盟发展的历程，但是共同的目标使得双方博弈一直未脱离共同的框架，从而成功摆脱了积重难返的囚徒困境。

4.1.2.2　欧盟经济区的货币成果：马克崛起和欧元诞生

统一货币是经济一体化和共同市场发展的高级形态。在统一市场建成后，主要成员国首先通过建立货币同盟来探索统一货币的道路。

1957 年的《罗马条约》就提出了要“建立经济和货币联盟”的长期目标。随着经济社会环境的变化，建立货币同盟的主客观条件日趋成熟。一是随着共同体市场的发展，资本和劳动在区内逐步实现了自由流动，建立货币联盟是充分发挥市场机制作用，实现共同利益最大化的必然选择。二是美元危机连续发生，布雷顿森林体系的固有缺陷暴露无疑，欧洲各国都遭遇了不同程度的损失，建立货币联盟是摆脱对美元的过度依赖、保持欧洲货币独立与稳定的重要举措。三是最适度货币区理论已较为完善，为欧洲建立货币联盟提供了理论基础。1969 年，欧共体正式决定把建立经济与货币联盟作为共同体的奋斗目标。布雷顿森林体系解体后，欧共体为了维护共同市场的汇率稳定，避免浮动汇率的潜在风险，首先采取了钉住美元的“蛇形浮动机制”，但是由于各国经济发展的实力与周期等并不相同，维持固定汇率的协调成本过高，在石油危机的冲击下，英、法、意等主要国家被迫退出了这一机制。这一阶段，德国已经迅速崛起为欧洲最大强国，马克成为国际货币，蛇形浮动机制逐步由钉住美元转向了钉住马克。到1976年，蛇形浮动机制实际上已经成为一个以欧洲共同市场为基础的马克经济区，各成员国都跟随马克的走势保持货币的稳定，德国中央银行实际上承担了欧洲央行的职能。这种局面一直保持到欧元的诞生，马克在欧洲以及国际货币体系中的地位被欧元继承和发展。

1978年法、德在欧共体首脑会议上，联合提出了建立欧洲货币体系的建议，在两国的推动下，决定于1979年建立“欧洲货币体系”，以削弱美元在欧洲货币市场上的作用。为落实欧洲货币体系，欧共体创立了统一的货币记账单位——欧洲货币单位（ECU），建立了欧洲汇率机制。欧洲货币单位是依据所有成员国的货币加权平均计算出来的，并通过定期调整权重以反映成员国经济贸易实力的相对变化，德国统一后，马克的权重超过了30%，成为中心货币。欧洲货币单位在欧洲汇率机制的运行中起到了重要的作用，是成员国制定中心汇率的依据。创立欧洲汇率机制的主要目的是限制成员国货币的汇率波动，使汇率在中心汇率上下一定的幅度内波动。欧洲汇率机制的预期目的就是，在欧元诞生之前抑制欧洲汇率的不稳定性。因此，为了确保欧洲汇率机制的有效运转，成员需要协调彼此的货币政策和财政政策，并实施经济结构改革计划。事实上，由于各国面临的主要问题不尽相同，使得这种协调实施起来非常困难。旨在稳定汇率的这一机制，反而成为货币投机的目标，导致欧洲汇率不稳定并创下了历史最高水平。从1979年3月开始直到1999年初欧元的诞生，欧洲汇率机制总共遭受了18次的调整，影响了56次中心汇率，引发了两次大规模的货币危机。

欧洲货币体系内在的缺陷使得实现单一货币联盟的设想再次被提起。1989年底，欧共体主席德洛尔提出了建立欧洲经济和货币联盟的计划，提出以一种新货币取代各国货币。1991年12月，欧共体签订了欧洲货币联盟的纲领性文件——《马斯特里赫特条约》，决定最迟不超过1999年，要建成统一的欧洲货币欧元。欧元的产生既有推动欧盟一体化深入发展的需要，也有经济上的现实基础。统一市场已经运行多年，各成员国之间的经济联系日益加强，到了 90 年代初，欧盟内部贸易成为全部贸易的比例已超过 60%，尽管固定汇率能够在一定程度上防范汇率波动风险，但是交易费用仍然较高，不利于统一市场建设的深入推进①。经过成员国近半个世纪的共同努力，1999 年 1 月 1 日，欧元终于诞生，一个新的国际货币出现了。

欧元的诞生是欧洲政治经济长期演化的结果，在这一过程中，各成员国在宏观经济目标、实际经济指标、经济运行周期等各方面都逐渐趋于一致，维持了比较稳定的财政状况和比较充裕的外汇储备，具有较强的调控能力，为欧元诞生提供了必要条件。

欧元的诞生也是最适度货币区理论的一次成功实践。但是这并不意味着最适度货币区理论就是建立强大经济区的唯一指导思想。事实上，回顾历史上最成功的经济区——英联邦经济区和美国经济区，并不符合蒙代尔提出的系列趋同条件，其运行反而更为稳定。欧元在与美元的竞争中一直处于劣势，从根本上在于蒙代尔的经济趋同思想使经济区内缺乏一个稳定的核心，从而也就难以形成一个稳定的秩序。特别是货币主权与财政主权难以在最适度货币区内得到有效统一，必然会制约以欧元计价为主的金融市场发育，从而使欧元成为国际货币失去财政基础、政治基础和市场基础。至少从短期看，欧元作为国际主导货币的先天缺陷很难克服。

20 世纪 80 年代末期以来全球主要储备货币在外汇储备资产中的比重变动表明，由于欧元内在的不稳定性以及对于欧元前景的担心，欧元区货币在全球储备资产中的比重快速下降，并在欧元启动前的 1998 年达到了最低点 17%，甚至低于马克在 80 年代末期的水平。随着欧元的逐步企稳，其国际地位也在稳步攀升，但仍未达到其成员国在 90 年代初期的水平。缺乏统一的财政与税收体系，意味着欧元是一个主权残缺的货币，具有先天的不稳定性。尽管在经济总量以及贸易总量上，欧元

---

① 在法国曾有人作过这样的测算：如果一个旅行者拿着 100 法郎从巴黎出发去欧洲各国旅行，每到一个国家就换一次当地货币，在旅行过程中，假设一分钱都不花，当他回到巴黎的时候，口袋里就只剩下不到 50 法郎——仅仅是换汇就让这个旅行者损失超过一半。

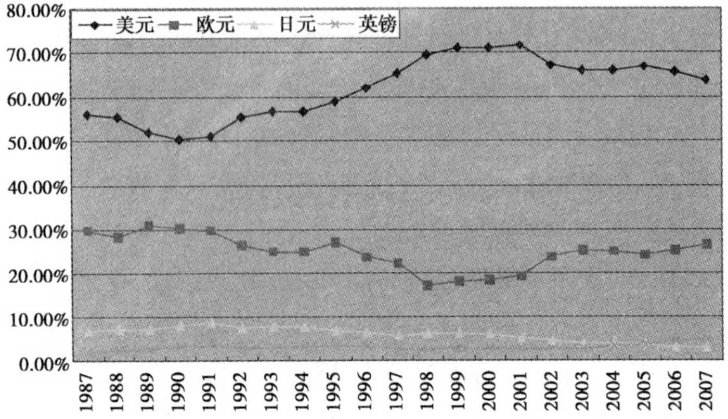

数据来源：IMF 年报（1996、2002、2005、2008 年）。1998 年之前的欧元数据为马克、欧洲货币单位、法国法郎和荷兰盾的总和，其中马克和欧洲货币单位占比在 90% 以上。

图 4－1　主要储备货币在全球外汇储备中的比重

区早已超越美国，但是作为一个主权国家的联合体，欧盟不具备征税和制造信贷的权利，无法开发一个庞大的欧元高等级债券市场，如无财政上的统一，在信用本位时代，欧元难以对美元构成实质性威胁。而财政上统一，则意味着要让出大部分国家主权，也意味着欧盟在政治上的统一，显然欧盟的现状距此目标还很遥远。

4.1.3　冷战与前苏联经济区（经互会）

从历史演进看，前苏联经济区是涵盖两个层次的区域经济联盟。核心区是以俄罗斯为中心的前苏联地区，即由 15 个加盟共和国组成的联邦制国家；第二层次是以苏联为核心，涵盖所有经互会成员国的紧密经济区。1991 年，在欧共体成员国签订《马约》以推进深入合作之际，前苏联经济区随着苏联解体、德国统一与东欧剧变而分崩离析。以史为鉴，欧共体和前苏联经济区不同命运对于新兴经济区建设与发展具有深刻的警示作用和借鉴意义。

4.1.3.1　计划经济与前苏联经济区的形成

受国土、人口、资源等经济地理因素影响，俄罗斯在彼得和叶卡捷琳娜改革后就逐步进入世界大国行列，但是一直是大国中实力较弱的国家①。尽管一战前俄罗斯工业产值已列世界第 4 位，但是整体上依然是个农业国，80% 的人口以农业为主，人均工业化水平不足美国的 1/4 和英国的 1/6，人均收入远远低于其他欧美工业国（参见表 3 - 8）。农业主导和气候多变，使俄罗斯的经济发展很不稳定，各类高压政策导致经常出现社会动荡。一战使俄罗斯的社会矛盾极度激化，1917 年十月革命爆发，直到 1920 年才结束内战和外国武装干涉，确立了新生的政权；1922 年底，由俄罗斯、白俄罗斯、乌克兰等联邦组成的苏维埃联邦（“苏联”）正式成立。

表 4 - 4　　1913—1938 年世界制造业生产指数

	1913 年	1920 年	1925 年	1926 年	1930 年	1935 年	1938 年
世界	100	93.6	121.6	126.5	137.5	154.5	182.7
苏联	100	12.8	70.2	100.3	235.5	533.7	857.3
美国	100	122.2	148.0	156.1	148.0	140.3	143.0
德国	100	59.0	94.9	90.9	101.6	116.7	149.3
英国	100	92.6	86.3	78.8	91.3	107.9	117.6
法国	100	70.4	114.3	129.8	139.9	109.1	114.6
日本	100	176.0	221.8	264.9	294.9	457.8	552.0

资料来源：保罗·肯尼迪著，《大国的兴衰》，第 293 页。

一战和国内革命战争基本摧毁了俄罗斯脆弱的国民经济。1920 年前苏联的工业产值仅为战前水平的 1/8，农业生产更是处于崩溃状态。列宁政府感觉到必须改变战时共产主义政策，决定实施新经济政策（1921—1927 年）②。列宁的新经济政策在社会主义经济建设中引入了商

---

① 地缘因素使其本土在一战前较少受到战争的直接影响，并逐步开始了工业革命，1860—1913 年，俄罗斯工业产值保持了年均 5% 的快速增长，但主要集中于纺织、食品、能源、冶炼等有限领域。外国资本在俄罗斯工业中占据重要地位，20 世纪初已是世界最大债务国，1914 年，90% 的采矿业、几乎全部炼油业、40% 的冶金工业、50% 的化学工业以及 28% 的纺织业的所有权都归属外国资本。自始至终，俄罗斯并未有效融入全球世界，其关税一直是最高的，直到一战前其出口产品中农林产品仍占到 3/4。

② 1921 年 3 月开始实施，主要内容有：变余粮收集制为粮食税、允许多种经济并存、大力发展商品经济、恢复国内自由贸易、允许小型企业存在、重新建立银行系统等。主要目的在于利用市场经济，来迅速恢复生产、发展经济，为社会主义的建设准备条件。

品、货币、市场经济等现代经济要素，国家的经济政策具有相当的弹性，到1926年苏联的农业生产基本稳定，工业生产恢复到战前水平，新生的政权得到了巩固。但是，相对于欧洲发达国家，前苏联的工农生产和工业化水平仍处于绝对落后地位，直到1928年，前苏联工业产值还不足德国的1/2，美国的1/8，全国99%的耕种要靠畜力和人力来完成。为了尽快摆脱落后局面，前苏联决定集中一切资源，严格地按照计划加快工业化进程。第一个五年计划（1928—1933年）完成后，前苏联由农业国变成工业国，建起了独立的国民经济体系；第二个五年计划（1933—1937年）完成后，前苏联的工业产值已经超越欧洲所有国家，跃居世界第二。在西方世界处于停滞不前的30年代，前苏联依靠计划经济以及得天独厚的资源禀赋，快速实现了工业的赶超，并使整个前苏联地区成为了一个受俄罗斯中央集权以及计划控制的紧密经济区，为其在二战中的崛起与取得最后胜利奠定了工业基础。

但是在计划经济时代，前苏联以工农业“剪刀差”的方式进行原始资本积累，实行重工抑农抑商政策，轻工业发展严重滞后，致使工农结构、工业结构都严重失衡。由于前苏联经济发展的起点太低，依赖丰富资源（唯一可以与美国媲美的国家）与高度计划下的粗放增长所带来的潜在问题在二战前表现得并不严重，经济社会的深层次矛盾被高速发展的国民经济掩盖了。长期以来前苏联的增长速度和产业规模掩盖了质量的不足①和效率的低下以及农民生活的极度贫困。20世纪30年代末期，随着欧洲以及远东局势的日趋紧张，前苏联工业生产开始全面向战争靠拢，工业结构以及工农业结构进一步失衡②。

---

① 由于前苏联以严格的计划指导工业化，工厂规模和生产程序都呈现“巨型化”发展趋势，因此对于调整产品结构和引进新技术改进质量产生了严重制约。以生产的坦克和飞机为例，其产量在30年代曾一度超越其他主要工业国总和，但是到1941年苏德战争爆发时，2.4万辆主战坦克中能达到德国坦克同等水平的仅有967辆。更为重要的是，极度贫困和低素质的农业人口以及熟练劳动力的匮乏，都无法满足装备处于落后水平的空军和坦克部队的需要。这些都从侧面说明，尽管苏联工业生产取得了显著成就，但是显然是粗放式增长的结果，存在着巨大的浪费，并未转变成为居民生活水平同等幅度的提高。

② 统计表明，计划经济时代，前苏联个人消费支出仅占国民生产总值的51%—52%，远低于其他工业国80%的平均水平，国民产出中的大部分被用于积累和再投资，广大居民生活并未得到同步提升。

表 4－5　1950 年主要国家的国民生产总值（1964 年美元价格）

	美国	苏联	英国	法国	德国	日本	意大利
GNP（亿美元）	3810	1260	710	500	480	320	290
人均 GNP（美元）	2536	699	1393	1172	1001	382	626

资料来源：保罗・肯尼迪著，陈景彪等译：《大国的兴衰》，国际文化出版公司 2006 年版，第 363 页。

二战使前苏联有计划的工业化进程被迫中断。战争使前苏联损失了约 2000 万—2500 万人口，全社会的资源几乎全部集中到军事工业，1945 年的前苏联已经成为军事上的超级大国，但是在经济上已丧失了生活必需品的生产能力。为了克服困难，苏联进一步加强了计划控制，并借助战争对西欧大陆国家各类生产设备与技术的掠夺，仅用五年时间（1945—1950 年）就实现了重工业产值翻番。但是军事工业和重工业取得辉煌成就的代价是，广大居民的生活水平快速下降到建国前的水平，农业生产继续受到忽视，为经济的均衡可持续发展埋下了重大隐患，并最终导致了国家解体。

4.1.3.2　经互会的成立与前苏联经济区的扩展

大危机时代前苏联在计划经济体制下取得的显著成就引起了很多国家特别是落后国家的关注，在资本主义国家的包围下，前苏联无力输出其意识形态和计划经济模式。二战后期，随着苏联在对德战争的节节胜利，其势力范围逐步遍布整个东欧地区。二战后，在前苏联主导下，东欧各国都脱离了资本主义体系，采取了类似苏联的政治经济体制。1946 年，丘吉尔发表“铁幕演说”后，冷战在以美苏为首的两大集团之间展开。

为了帮助西欧各国的经济恢复，同时抗衡苏联在欧洲的进一步渗透和扩张，美国在 1947 年开始实施“马歇尔计划”。苏联为了加强对东欧的控制，相应提出了“莫洛托夫计划”，主要包括了对东欧社会主义国家的经济援助以及发展东欧国家对苏联的贸易，该计划构成了后来经济互助委员会（经互会）的雏形。1949 年 1 月前苏联等 6 国正式成立经互会，此后，又陆续有一些东欧及其他地区社会主义国家加入该组织，最终成为一个拥有 10 个成员国、跨越三大洲的国际政治经济贸易集团。经互会的成立，标志着前苏联经济区的范围延伸到了以东欧为主的大部分社会主义国家。

经互会成立后的东欧的经济合作大致走过了这样几个阶段：20世纪50年代主要在流通领域进行合作，在东欧各国和前苏联之间建立密切的经济联系；60年代中期经济合作扩大到生产领域，由前苏联主导对各国经济计划进行协调，实行专业化分工和协作；70年代初开始实行经济一体化，提出利用15—20年时间实现生产、科技、外贸、货币金融等经济领域一体化；80年代将合作与分工推进到科技领域。经互会成立初期，各成员国之间的经济合作关系比较正常，对经济发展起到了一定的推动作用。但是，随着前苏联主导的经济一体化开始实施，各成员国与前苏联经济日益紧密地联系在一起，国民经济的独立自主发展受到约束，各成员国与前苏联的矛盾开始积累并日益尖锐，并最终导致经互会的解散。

二战在欧洲催生了两大经济区，如果说欧共体是基于共同的诉求而成立的一个主权平等的政治经济联合体，而前苏联经济区的形成则更多地体现了一种新时代的殖民主义和霸权主义。前苏联经济区实际上是前苏联经济模式的扩大，是一个以意识形态控制为主、极端排斥市场机制、相对封闭的经济贸易区，前苏联在区内处于绝对主导地位，其他成员国不具备平等对话的权利。如苏联要求其他成员国的经济计划必须同苏联的计划“相协调”，并借此对成员国进行经济干预，使其国家经济处于从属地位。

尽管经互会内部也建立了一些金融合作机制①，但是由于过于强调计划而排斥市场的作用，货币金融等市场经济要素在经互会内部并没有得到应有的发展。经互会规定相互之间的贸易以转账卢布进行结算贸易差额②，但实际结算时并不以货币形式出现，而是以实物商品抵偿。到

---

① 如1964年，经济互助委员会建立国际经济合作银行；1971年，经济互助委员会建立国际投资银行；也提出了实现货币金融一体化的长期目标。

② 转账卢布是经互会国家的集体货币，它是作为相互交易的结算单位，也是经互会唯一的国际货币，各种商品价格都用转账卢布来规定，各国货币的投资也折算为转账卢布来计算，经互会内部的全部债权和债务都用它来表示和结算。它虽和卢布的含金量是等值的，但既不能与各成员国的货币进行兑换，也不能与西方货币兑换。

了20世纪70年代，经互会基本建成了一个半封闭的自给自足的经济贸易体系。鼎盛时期的经互会人口占世界人口的1/10，国民收入占世界的1/4，工业生产占世界的1/3，是世界上一支重要的经济力量。但是，封闭的、排斥市场的经济体系也将卢布隔离在了国际货币舞台的中心之外，并未取得与其经济地位相适应的国际地位。

4.1.3.3 前苏联经济区解体的教训：制度僵化与市场缺失的必然结局

前苏联经济区的崩溃根源于前苏联的解体，尽管其原因较为复杂，涉及政治、经济、军事、文化等多个层面，但是就经济因素而言，前苏联的解体是制度僵化与市场缺失的必然结局。

从经济总量上讲，前苏联以及经互会国家都取得了显著成效，其战后平均增长速度长期快于西欧国家，但是其主要原因在于过低的经济起点：即贫穷和落后。随着时间的推移，粗放发展的后遗症越来越显著。一是主要依靠劳动和资本的大量消耗实现的经济增长率不可持续，出现长期下降趋势。进入20世纪60年代前苏联GDP增速降到10%以内，70年代进一步下滑到3%—4%，其中农业净产量增速已不足2%；由于人口的快速增长，人均GDP增速下降更快。二是消费过低和投资的低效率，国民经济出现了相对停滞趋势，计划和管制抑制了创新，产业结构得不到升级，使前苏联经济相对于美德日等国家出现了相对停滞。三是经济结构严重失衡，重工业、军事工业快速发展，但是轻工业、农业发展缓慢，1980年前苏联农业生产率不足美国的1/8，作为全球可耕作面积最大的国家之一，粮食却越来越依赖进口，人民生活陷入低水平徘徊。

表4-6　　前苏联和东欧国家人均GDP增长表现

	1950—1973年	1973—1990年	1990—1998年	1998年人均GDP（1990国际元）	1998年GDP（1990国际元）
前苏联	3.36	0.74	-6.86	3893	11324.3亿
东欧地区	3.79	0.51	0.06	5461	6608.6亿

资料来源：安格斯·麦迪森著，伍晓鹰等译：《世界经济千年史》，北京大学出版社2003年版，第147页。

表 4-7　部分前苏联和东欧国家贫困人口比例（1993—1995 年）　单位：%

国家	俄罗斯	乌克兰	波罗的海三国平均	中亚四国平均	波兰	罗马尼亚	保加利亚
贫困比率	50	63	29	66	20	59	15

资料来源：安格斯·麦迪森著，伍晓鹰等译：《世界经济千年史》，北京大学出版社 2003 年版，第 150 页。

优异的资源禀赋、僵化的制度、利益集团的"绑架"等共同构成了前苏联解体的内在原因。地大物博、人口较少，使前苏联的集权专制制度与计划经济的弊端被长期掩盖，强化了粗放型增长的路径依赖，最终未能走上动态最优的制度变迁路径，而是导致社会矛盾日积月累，终致崩溃。从现有披露的资料来看，一些当政者也能预知到极端的社会后果，苏联的执政者也尝试了一些改革，但是在维护统治地位与优化制度、提升效率、改善民生之间，没有找到一个较好的结合点。执政者深知，作为现有统治阶层，在崩溃后的新秩序构建过程中，能够以其先发优势地位享有更高的潜在收益。为此一些学者提出，苏联的解体在某种程度上是上层社会的有意识推动①。这就是"休克疗法"实施后，整个俄罗斯的能源、金融等主要行业的主要企业全面被原执政者攫取、形成了大量寡头垄断的内在原因。

从博弈论的角度分析，前苏联是一个典型的逐步滑向囚徒困境的国家。执政者背弃了建国初期社会建设的成功经验，逐步走向并强化了极权、计划与严格的控制，逐步形成了强大的既得利益集团，直到最后发展到为了维护政治的稳定与既得利益阶层的利益而牺牲社会效率与社会福利的改进②。尽管在斯大林之后，苏联历届执政者也尝试了一些改革

① 详见大卫·科兹、弗雷德·威尔：《来自上层的革命——苏联体制的终结》，中国人民大学出版社 2008 年版。

② 在苏联，党政官员是典型的权贵阶层。党的政治局成员属于国家的特权阶级，享受专门的医疗保健，可以去特供商店购买免税低价的西方进口奢侈品，住国家提供的公寓和别墅，有专用的车队和专用快车道以及专用的狩猎林区和疗养海滩；其子女能够在很大程度上世袭这种阶层地位，如可以轻易地入党，进入名牌大学深造，并在党政系统获取优先就业的工作。这个阶层还包括军队、克格勃首脑，以及各加盟共和国的领导官员；次一等的阶级为工厂厂长、银行经理、地方党政领导。整个权贵阶层控制物资的分配和地方的特权；特权的存在具有很强的自我强化特征，从根本上丧失了深化改革的动力。

举措，如全民就业、全民福利、免费医疗等制度，但是这些避重就轻与回避社会主要矛盾的改革，在没有坚实经济基础的条件下，反而进一步加剧了社会矛盾，社会生产力和居民生活水平长期停滞并呈现绝对下滑态势，经济结构畸形发展，各类资源极度浪费。当社会矛盾倒逼深层次改革不得不进行的时候，执政党政权的存在已经失去了社会基础，改革已丧失了弹性空间，最终以执政党地位的丧失和国家毁灭为代价开启一个新的时代。从这个角度讲，前苏联的崩溃并非戈尔巴乔夫改革的结果，而恰恰是社会改革的开始，要破除僵化体制以及由其衍生到后社会主义时代的垄断阶层对经济社会进步的桎梏，俄罗斯还有很长的路要走。

前苏联以及经互会和欧共体截然不同的结局，揭示了建设一个可持续发展的、成功的经济区需要注意的几个原则：

一是政治因素不能长期代替经济因素主导社会变迁。政治因素是前苏联、经互会和欧盟成立的最初推动力，但是政治因素与意识形态不可能成为维持经济区稳定的主导力量。经济区的发展必须建立在成员国福利改进的基础上，要在帕累托最优路径上才有可能实现长期可持续发展。一味强调政治和意识形态而压制民主和民生，必然导致社会畸形发展并最终崩溃。正如俄罗斯高尔基文学院谢·叶辛院长在评价苏联实施新经济政策时所说的，“当（社会）问题表现在要一碗粥、还是要理论的时候，人们通常会选择那碗粥。”

二是改革不能回避主要矛盾，必须不断推进制度变革向最优路径靠拢。经济增长率的不平衡是一个动态过程，如同前苏联一样，“计划经济＋重工业和国防工业”造就了其国民经济的快速增长，但终因制度缺陷、效率低下、结构失衡、消费滞后等导致人民生活水平日益相对落后。与民主和市场相比，计划与极权具有更强的自我维护力量，路径依赖的惯性与“闭锁效应”非常强大，由于自身缺乏内在纠偏机制，前苏联最终未能走上制度变迁的动态最优路径，致使哈耶克预言成真，崩溃于奴役之路。因此，改革就是要破除制约社会进步的主要矛盾，避免矛盾激化引发社会动荡，不断促进制度变迁向动态最优路径演化。

三是要坚持平等互利与开放共赢。不同于欧盟和其他国际经济区，前苏联经济区是一个较为封闭的体系，长期对西欧经济共同体采取

“不承认、不接触、不谈判”的政策，主要依靠内部经贸往来发展，设立有自己的金融机构以及贸易机构，但是更多的是强调计划、排斥市场，强调配给、排斥竞争，强调政治、排斥民生。前苏联经济区具有冷战下的殖民主义和大国沙文主义色彩，其内部的权力结构处于一种严重的不均衡状态，前苏联长期忽视其他成员国的利益和发展诉求，且通过计划安排不断将区域内的资源向苏联集中，以支持其与美国争霸的战略[①]；整个经济区内缺乏一种共同利益诉求，也就失去了平等互利的基础。

四是要善于构建集团认同与利益协调机制。建立一个紧密经济区必须构建成员国的集团认同和共同利益，这是协调集团内部行为、构建利益协调机制的基础。战后初期，东欧多数国家（如捷克斯洛伐克、波兰、罗马尼亚、南斯拉夫等）最初希望通过参加马歇尔计划迅速恢复国民经济，但遭到了前苏联的粗暴干涉，经互会的成立并非各国自愿选择的结果，必然导致缺乏“集团认同”。当区域内成员国出现矛盾冲突时，解决办法不是平等协商，而是前苏联裁决后依靠强大实力迫使其他国家服从安排，一直未能建立起公正平等的利益协调机制，导致内部矛盾日积月累，最终崩溃。

五是必须坚持市场导向与分工协作。前苏联把国内高度集中的计划经济模式扩展到了整个前苏联经济区，区域内贸易背离价值规律规则，形成市场缺失的典型特征，商品价格长期与国际市场严重脱轨。在产业分工上，背离比较优势原则与互补互利，根据前苏联需要通过计划进行生产专业化，意识形态和霸权主义两种力量相交织，使区域内国家缺乏必要的竞争机制，无法有效应对第三次工业革命（新技术革命）的挑战，工业技术水平和生产效率长期落后于欧共体国家。而欧共体则坚持按市场原则进行资源的优化配置，依据市场因素制定协议和决议，通过生产要素的自由流动建立统一的大市场。坚持市场导向和平等互利的分工协作是欧共体不断取得发展的基石。

---

① 前苏联控制了东欧国家的战略原料和稀有金属，其中捷、匈、保、东德的铀矿几乎全部为苏联所控制；前苏联自己能大量生产机器设备，其他成员国不许生产或压缩生产；在贸易价格上，抬高出口产品价格压低进口产品价格，以攫取高额利润。

4.2

日本经济区梦想与日元国际化尝试

作为一个资源贫瘠、发展空间有限的岛国，日本在历史上是一个善于向强者学习、同时具有强烈军国主义色彩和武力扩张倾向的国家。近代日本是率先向欧美资本主义靠拢并实现工业化的非欧美国家，并将侵略触角伸向了亚洲大陆其他国家特别是中国，试图通过武力构建日本经济区。岛国心态和儒家文化传统的缺陷，使日本一直不能直面历史，并在欧亚之间来回摇摆，未能真正融入亚洲。随着亚洲国家的整体崛起，日本的相对优势越来越弱，日本经济区的梦想也渐行渐远。

4.2.1　日本构建东亚经济区的尝试

为了克服地理条件的制约，日本历史上就没有中断过建立经济区的努力。在以中国中央王朝为中心的朝贡时代，日本就迫使周边小国向其朝贡，建立了二级朝贡体系（朝贡子体系）。入侵大陆，试图通过武力实现扩张的思想在明治维新前就已形成①。明治维新后，日本加紧了向大陆入侵的各项准备，向南占据台湾，向北占据朝鲜半岛。二战前夕，日本政府（1938 年 11 月）发表建立《大东亚新秩序》的宣言，欲树立“中日满三国相互提携，建立政治、经济、文化等方面互助连环的关系”。1940 年，近卫文麿首度指出中国、朝鲜、日本、伪满洲国、法属中南半岛、荷属印尼、新几内亚等地区，及澳洲、新西兰、印度及西伯利亚东部等地为大东亚之范围；其中，日本本国与伪满洲国、中国为一个经济共同体；东南亚作为资源供给地区；南太平洋为国防圈。

日本构建东亚经济区的首次尝试是以军事和侵略为基础的，同时也

① 大东亚理念在日本由来已久，其理念创始人佐藤信渊（1769—1850 年）曾说过：“皇国欲开拓他邦，必先吞并支那国。如果强大的支那尚且不敌我皇国，更何况其他夷狄乎。”他的扩张思想为近代日本大陆政策的形成奠定了思想基础。

是对亚洲维持了2000多年的稳定国际秩序的一次颠覆性挑战。但是，殖民主义已经不符合当时的国际政治潮流，日本自身也不具备绝对的经济军事优势，其失败的结局很难避免。二战前，尽管日本已经进入发达国家行列，但从绝对量上看，明治维新后二战前的日本仍是一个小国，不但远远低于中国，也显著低于西方列强，综合实力基础不足以支撑其建立和主导东亚经济圈。

二战后，日本在美国的扶植下，国民经济很快恢复并创造了增长的奇迹。在日本历史上，战后30年是增长最快同时也是由二流强国向一流强国挺进的过程。过低的起点（1950年日本人均GDP仅相当于同期西欧的1/3）、基本没有军费开支从而可以集中精力发展经济、朝鲜战争的刺激、高投入率（资本投入与劳动投入）、高储蓄率、出口导向和贸易保护以及政府强有力的主导因素，使日本能够充分利用后发优势迅速实现了经济赶超①。

表4-8　　明治维新与二战前后日本经济发展状况

日本GDP总量（亿，1990国际元）				日本GDP占世界份额			
1820年	1870年	1913年	1950年	1820年	1870年	1913年	1950年
207.4	253.9	716.5	1609.7	3.0%	2.3%	2.6%	3.0%
日本人均GDP（元，1990年国际元）				日本人均GDP增速			
1820年	1870年	1913年	1950年	1500—1820年	1820—1870年	1870—1913年	1913—1950年
669	737	1387	1926	0.09%	0.19%	1.48%	0.89%

数据来源：安格斯·麦迪森著，伍晓鹰等译：《世界经济千年史》，北京大学出版社2003年版，第259—263页。

表4-9　　1500—1998年日本GDP的增长率

1500—1820年	1820—1870年	1870—1913年	1913—1950年	1950—1973年	1973—1998年
0.31%	0.41%	2.44%	2.21%	9.29%	2.97%

数据来源：安格斯·麦迪森著，伍晓鹰等译：《世界经济千年史》，北京大学出版社2003年版，第259—263页。

① 1952年，日本生产恢复到战前水平，但GDP只有法国或者英国的1/3，到1968年日本跃居资本主义世界第二位，70年代末期赶上苏联，相当于法、英两国总和。根据世界银行《东亚奇迹》的数字，从1960年到1985年，日本人均收入增长了4倍。1950年日本人均国民收入只有美国的1/9，1978年达到美国的80%，和西欧发达国家达到同一水平。

凭借快速增长的国民经济和长期贸易盈余积累的大量资本，特别是日元快速升值和东亚各国货币钉住美元的传统为日本对外投资提供的新机遇，日本在进入 80 年代后开始在东亚再次尝试建设以“雁形模式”为主要特征的经济区。在这一模式下，日本通过国际投资主导东亚国家间的产业分工和产业传递格局，从而实现国内结构优化升级。但是，日本推行“雁行模式”的主要目的并不是为了东亚其他国家的发展，而更多地是为了巩固自己在区域内以及世界上的利益。这表现在“雁行模式”是始终以日本作为领头雁为前提的，强调以日本为首的垂直分工，确保自己在产业发展水平上一直处于亚洲领先地位，并利用建立起来的产业关联关系巩固自己在东亚的核心地位，试图将东亚以及东南亚各国变为日本的经济附庸、市场以及原材料基地。日本率先将国内成熟化的产业转移到“四小龙”，而后“四小龙”又将其成熟化的产业转移到东盟及中国，转移的产业依次是纺织、化工、机械、电子等产业。结果，在亚洲形成了一群处于不同发展阶段且具有经济“同构性”的新兴工业化经济体。在东亚经济体资本和技术缺乏的阶段，“雁行模式”在推动东亚经济发展上发挥了一定的积极作用。随着东亚各国特别是韩国、中国台湾、中国香港、新加坡以及中国大陆等经济体的先后崛起，以日本利益为核心的“雁形模式”不再具备存续的条件。特别是，东南亚金融危机爆发后，日本损人利己的经济货币政策使其在东亚地区的信誉和主导地位极大受损，再加上根深蒂固的历史认识等思想意识上的相互排斥，尽管日本一直未放弃构建东亚经济区的梦想与努力，但是历史的天平已经越来越偏离日本。

从战后日本经济发展史看，尽管政府主导的增长模式在追赶时代极为有效，但是与更强调市场机制、更注重消费推动、更加开放的贸易体系相比，其负面作用相当显著。如 20 世纪初，日本人均资本存量超过欧洲平均水平的 1/4，但生产率大大低于欧洲。日本作为追赶型国家和“学生国家”的地位从来也没有改变过，有史以来尚无一项对人类社会产生重大影响的技术革新首先产生在日本，这就注定了日本的强国地位仅仅是相对且短暂的。国家主导模式具有先天的缺陷：路径依赖形成强大“闭锁效应”成为阻碍深层次改革的重要因素，其自身机制蕴含的创新能力一直未能形成现实力量，创新滞后、投资机遇缺失与泡沫经济，使日本在接近全球技术前沿后经济迅速崩溃，陷入了近20年的经济萧条，至今看不出未来的出路，致使与美国、欧盟的差距越来越大，在全球中的相对地位日益下滑。随着时代的变迁，在全球一体化的大潮下，作为岛国的日本将重回其长期历史轨迹，在未来全球体系中或许只有下坡路可走了①。

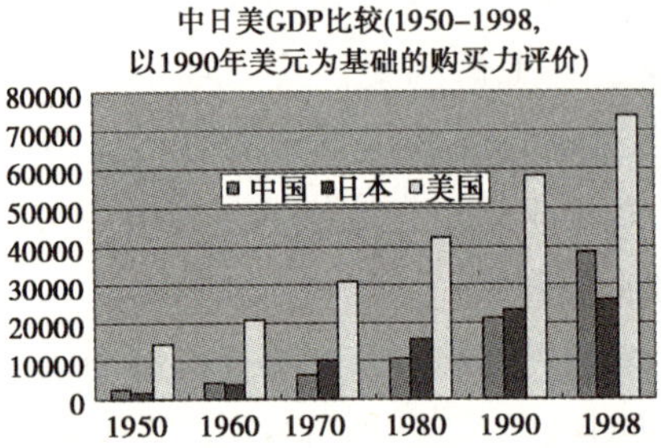

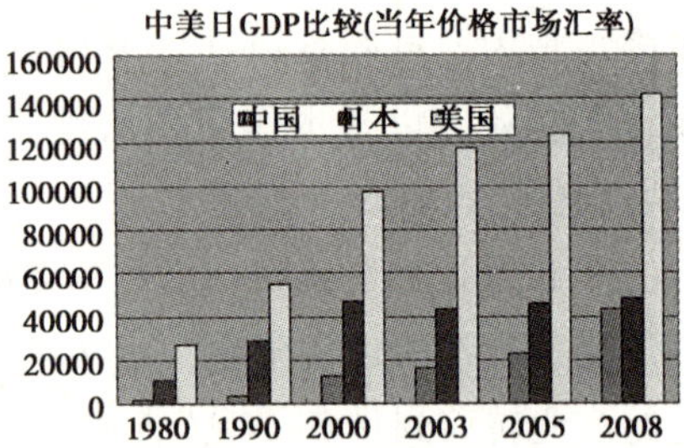

资料来源：购买力评价数据根据安格斯·麦迪森著《世界经济千年史》（北京大学出版社2003年版，第271、296页）提供的数据绘制；市场汇率比数据根据国家统计局网站数据绘制。

图4－2 中日美综合经济实力对比变化

表4－10　　中日美商品贸易对比变化（进出口总额）　　单位：亿美元

	1980年	1990年	1995年	2000年	2005年	2006年	2007年	2008年
中国	381	1154	2800	4743	14219	17604	21737	25610
日本	2717	5229	7790	8588	11116	12261	13339	15440
美国	4826	9106	13550	20412	26370	29547	31829	34670
世界	38685	69990	100453	131830	213420	245410	281940	293218

数据来源：国家统计局网站；2008年数据来自WTO Secretariat。

东亚经济圈的战略思想并非日本首创，日本仅仅是在进入资本主义

① 遗憾的是，到目前为止，过于强调政府作用的赶超型国家还没有成功的先例。苏联和日本都在接近全球技术前沿时限于停滞，中国是否能够摆脱这一魔咒，目前还不能妄下结论。因为中国距离全球技术前沿还有相当的差距，追赶的路程还很长。但是，从历史上看，成功赶超者（或许仅有荷兰、英国、德国、美国）都有类似的经验：富裕的国民和庞大的内部市场、竞争性的制度体系、科技与创新的中心、开放的体系和自由贸易等。中国能否避免苏联和日本式的衰落，关键取决于改革能否走上制度变迁的动态路径，确立一种富有弹性和纠偏能力的制度体系，在关键试点能够果断破除导致当年苏联和日本的各类制度因素。

和市场经济时代后，翻版和发展了中国存在了近 2000 年的朝贡体系。抛开日本所谓“大东亚新秩序”的侵略本质，从地缘政治上讲，东亚如果要重新恢复其在历史上的全球中心地位，确实需要深度合作以实现共同发展，但是创建东亚经济区必须建立在平等互利基础上。无论从政治、文化、资源、人口、经济、军事等角度，日本均无力独自构建和维持一个东亚经济区，其理性的战略选择是在合作的框架内尽力多争取一些利益，彻底放弃争夺区域主导权的奢望。不管大海多广阔，只要存在持续的贸易与技术扩散，单纯的海洋强国都无法维持庞大的非平等互利的经济区（这一点已被葡萄牙、西班牙、荷兰、英国甚至包括陆权大国苏联等的历史反复证明）。

4.2.2　贸易立国与日元国际化历程

由于国内市场相对狭小，贸易特别是出口拉动对于日本经济增长至关重要。日元的国际化最初就是从货币的支付结算职能开始的，但是也还是因为贸易立国战略的成功，使日本货币国际化以及建立以其主导的东亚经济区出现重大战略失误，并最终在多重因素的作用下，日元竞争国际主导货币的可能性越来越小。

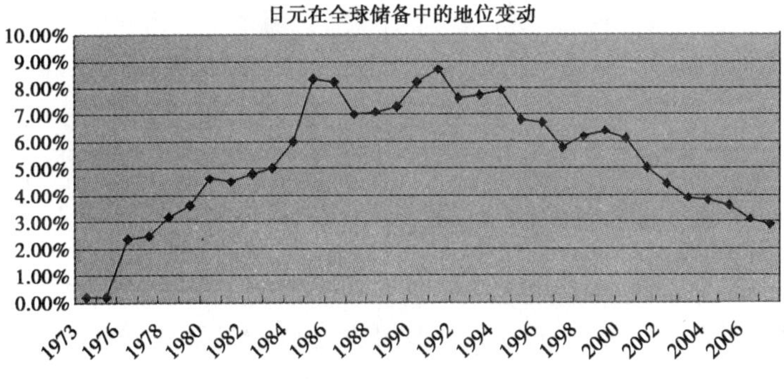

数据来源：IMF 年报（1983、1991、1996、2002、2005、2008 年）

图 4 – 3　1973—2007 年日元在国际货币体系中的地位演变

关于日元国际化的进程，国内学者有不同的划分方式。本书按照日元在国际货币体系中的地位以及日本对战略机遇的把握情况，将日元国际化分为三个阶段：起步阶段、快速上升阶段和衰退阶段。日元在全球储备中的份额变动大体上反映了日元国际地位的变动，从图 4－3 中可以清晰地看出，日元国际地位在 20 世纪 80 年代中期进入快速上升阶段，进入 90 年代后持续下降，目前已回到 70 年代末期水平，且持续下滑态势难以改变。

4.2.2.1 日元国际化起步阶段（20 世纪 60 年代—80 年代初）：延续脱亚入欧战略，失去支撑主权货币国际化的坚实基础

这一阶段是日本综合国力和贸易实力上升最快的阶段，日本确立并巩固了世界第二大国的地位。1964 年日本接受 IMF 第八条款，日元开始在国际商品和外汇交易中使用，这标志着日元国际化的开始。但是在布雷顿森林体系下，日元国际化的发展空间十分有限。布雷顿森林体系崩溃以及黄金非货币化，多元化的国际货币体系发展成为现实。日元凭借日本迅速崛起的经济实力而在国际货币体系中崭露头角。

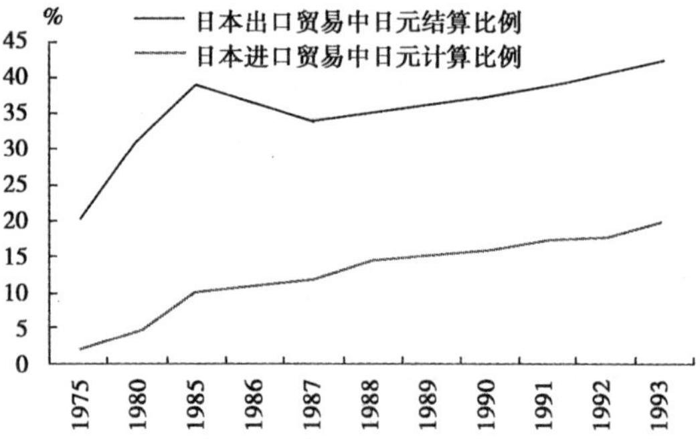

资料来源：IMF、日本通产省、中金公司研究部

图 4－4 1975—1993 年日本对外贸易结算中的日元比重

这一时期，日元国际化最突出的成效是在贸易结算职能方面。20 世纪 70 年代到 80 年代中期，日元长期升值的压力和预期很强烈，对外贸易特别是出口贸易中按美元结算使日本企业面临较大的汇率风险，在出口贸易中采用日元结算就成了推动日元国际化的最初动因。从 70 年代初期到 80 年代中期，在日本的出、进口贸易中，按日元结算的比重几乎从 0 起步迅速提高到了 40% 和 10% 左右。贸易发展与日元结算，也增加了各国对日元的需求，70 年代中期日元开始进入主要贸易伙伴

的国际储备，开始超过英镑成为第三大主权信用货币，到了 80 年代日元在全球国际储备中的份额已接近 5%；1982 年日元债券在国际债券发行额中占 5.6%；日元资产在各国银行对外资产中占 3.7%。

从战略上讲，尽管日本在 1978 年底提出了发挥日元国际货币职能的政策，但是由于担心汇率波动引发国际收支恶化和国内经济动荡，日本对日元国际化整体上持消极态度，也未对货币国际化作出系统性研究和战略部署，因此也丧失了大幅提升日本货币国际地位的最好时机，在国际货币地位竞争中尽管战胜了英镑，但是却被德国马克远远甩在了身后。同一时期，凭借欧共体和欧洲汇率机制的支持（详见后文分析），德国马克在国际货币体系中的地位迅速崛起，在全球储备货币中的份额接近日本的 3 倍。

在日本，持续一百多年的"脱亚入欧"思想根深蒂固，使日本国民和政治家搞不清楚属于亚洲还是欧洲；而战后迅速增强的国家实力，使日本进一步迷失了区域认同感。日本的迷失是海洋岛国以及对其在亚洲地位复杂心态的综合反映，既有"爆发户"的优越感，又有对地位不稳的患得患失；既有面对欧美的长期自卑感，又有对亚洲国家一贯的歧视态度。多重因素的综合，最终使日本在区域经济发展趋势还处于萌芽状态的时候，也是在亚洲相对实力最为突出的时候，未对构建平等互利的东亚经济区作出严肃思考，丧失了主导东亚经济区的战略机遇。这使日本在国际货币竞争格局失去了坚实基础，尽管其经济总量已几倍于德国，但日元在国际货币体系中的地位长期落后于德国，其重要的根源就在于此。

4.2.2.2　日元国际化快速发展阶段（20 世纪 80 年代中期—90 年代中期）：战略目标模糊，在美国的推动下被动发展，丧失了主导亚洲的机遇

20 世纪 80 年代初期，里根政府的强势美元政策使美国经济受到严重打击，对外贸易方面对日出现了持续、巨额赤字，日美贸易之间的矛盾越来越大。美国在经济外交领域开始迫使日本实现金融、资本市场的自由化以及日元的国际化。1984 年日美政府共同组建了"日元—美元委员会"，并就日本金融、资本市场自由化、日元国际化以及外国金融机构进入日本金融、资本市场等问题达成了一致意见，发表了《日元—美元委员会报告书》，同时日本政府也发表了《关于金融自由化、日

元国际化的现状与展望》的政策报告。此后，日元国际化进入加速发展阶段。1986 年 12 月东京离岸市场建立，1988 年 1 月和 12 月先后对外开放了日元 CP 市场和外汇 CP 市场①；1989 年 5 月向国内开放了中长期欧洲日元贷款，6 月对欧洲日元债和居民的海外存款实行了自由化。

这一系列举措很快掀起了日元国际化高潮。1986—1992 年，是日元在国际体系中的地位最高的时期。在支付结算方面，1990 年日本出、进口额中按日元结算的比重各为 37.5% 和 14.5%；在储备货币方面，日元在全球外汇储备中的份额约为 8.0%；在全世界外汇交易中，与德国马克份额相当，仅次于美元；在美国的帮助下，日本在 IMF 中的份额提升至第 2 位。国际货币体系出现了美元、日元和西德马克“三极鼎力”的发展趋势。

这一阶段，日本在日元国际化方面仍缺乏一个清晰长远的战况目标，在日元国际化发展战略上属于被动接受型，初期主要是迫于美国的压力，然后又突然急于借此提升日本的国际地位，竹下登内阁接受了广场协议对日元国际化和日元升值的要求②。在对美关系上，美国推动是日元国际化的重要动力，美国为了恢复国内经济，需要日元为其分担国际义务；作为世界货币日本必然要开放长期封闭的金融市场，这符合美国利益的需要。在对亚洲关系上，进入 20 世纪 90 年代，日本开始大规模资本输出，在亚洲构建自己的“雁形产业分工体系”，淘汰转移落后产能，日元国际化大幅升值有助于其对海外投资。日元国际化的这种缺乏充分准备的“冒失举措”，为日元的衰落乃至整个日本经济的跌宕起落都埋下了伏笔。当日本陶醉于国际大国梦的时候，从根本上忽略了一个以贸易为主的外向型国家对外部的依赖，以及国内需求市场、金融结构调整和金融市场的完备程度远不能适应日元的急剧升值的冲击，伴随着日元快速升值和国际地位的迅速上升，日本经济出现了显著的泡沫化。

这一阶段，日本再次丧失了最后主导构建东亚经济区的机遇。一是

---

① CP 是事业法人为筹措短期资金，在公开市场发行的无担保的期票，CP 市场是日本票据市场的重要组成部分。该市场于 1987 年 11 月创立，其主要目的是：对发行企业而言，资金筹措手段多样化；对投资者而言，增加了投资对象。发行时，取得最高 CP 评级的优良企业，只能通过金融机构及证券公司等来发行；而在流通市场上，指定金融机构、证券公司及短资公司进行经营，其销售对象仅限于精通金融市场动向的机构投资者。

② 1985 年广场协议前后，日元对美元汇率由 1 美元 =220 ~240 日元上升到 1 美元 =100 ~120 日元（1995 年初的高峰时一度突破 80 日元）。

试图通过日元控制东亚各国的经济命脉，激起区域内各国对日本侵略历史的反思；二是在 1989 年附和美国参与制裁中国，失去与区域大国建立互信的机遇；三是东南亚金融危机后，采取以邻为壑的汇率政策，日元大幅度贬值，损害亚洲国家利益。从整体上看，日本在这一时期推进货币国际化的主要战略目的是加强对亚洲经济的控制，仍然没有形成系统性战略思维和长远规划，因此才会有东南亚危机之后的战略败笔。随着日本相对实力的迅速下降，日本主导东亚区域经济合作的可能性已经越来越小，日元成为世界货币的梦想也渐行渐远。

4.2.2.3　日元国际化停滞衰退阶段（20 世纪 90 年代末期以后）：开始回归亚洲，积极主动谋求提高日元国际地位，但是时移势易，注定已无力回天

东南亚金融危机后，日元国际化进入了一个新的阶段：在战略上表现为积极主动提升日元的国际地位；在结果上表现为日元国际地位快速下滑，时隔 30 年后再次落后于英镑，且远逊于新诞生的欧元。

相对全球经济的快速发展，日本经济出现了长期停滞。反映到货币的国际地位上，日元国际化在绝对水平上呈现停滞状态，在相对地位上出现加速下滑：一是在贸易计算中日元结算币种出现停滞和稳步下降态势。在日本的出口贸易中，日元结算的比率在 20 世纪 90 年代初期曾达到过 43% 的较高水平，但是进入新世纪后已回落到 35% 以内；在进口中的结算比率也停滞在 24% 左右。二是日元在国际储备中的份额快速下滑，与美元、欧元、英镑形成鲜明反差。在高峰时期，日元在全球储备中的份额达到 8.7%（1991 年），美元则相应下滑到 50% 左右；到 2007 年，日元份额已持续下滑到 3% 以内，不但远远低于美元的 64% 和欧元的 26.5%，而且再次被英镑（4.7%）超越。三是在银行对外资产中的比重快速下降。进入 21 世纪后，日元在发达国家对外资资产中的比重较高峰时期下降一半以上。四是在国际金融市场中的地位快速下滑。日元在欧洲货币市场上的份额已回落到 5% 以内，在欧洲债券市场的份额下滑到 4% 以内，较高峰时期下降幅度超过 70%。五是在全球汇率体系中，日元处于显著的弱势地位，没有任何一个国家的货币钉住日元，远远落后于欧美强国。

面对日元国际化的停滞，这一阶段日本政府采取了积极主动的态

度，开始系统筹划提升日元在国际货币体系中的地位[①]，希望能够借此带动国内经济结构调整和金融体制改革，重振日本经济。为此，日本实施了金融自由化改革，实现了国内外资本无约束的自由流动。1999年4月，日本发表了“面向世纪的日元国际化”报告书，指出了日元国际化进程中面临的问题，提出了推动日元国际化所采取的一整套建议与措施[②]；2001年6月再次发布《日元国际化推进研究会报告书》[③]，继续完善推进日元国际化的举措，开始认真考虑通过加强区域一体化合作、依托经济区的整体实力提升日元国际地位。由于持续衰退的经济，主导区域经济合作的努力难以奏效等关键因素，无论日本如何努力，都未能遏制日元国际地位下滑的趋势。

回顾日元国际化的进程，可以发现日本政府由于未能较好地把握国际政治经济发展的大局，在关键时刻总是出现战略决策失误，从日元国际化的起始就基本注定了最终失败的格局。对于失败者，历史总是处于一种嘲弄状态，东南亚金融危机后，日本正式开始重视并积极推行日元国际化战略，希望能够使日元成为重要的国际货币；但是，日元在国际货币体系中的地位反而一落千丈，毫无反复地持续衰退。在20世纪70、80年代，日本有机会在亚洲经济货币合作发挥主导地位的时候，却以欧美国家自居，有意无意地忽视亚洲，使日元的国际化被美国挟持和主导；当日本开始反省，深刻认识到以贸易立国的纯粹岛国不可能有

---

① 1999年9月份，日本在大藏省还成立了一个包括政府官员、工商界和学术界在内的阵容强大的旨在推动日元国际化的研究小组，对日元国际化进行长期追踪研究，为政府政策决策提供理论和实证分析。任命研究水平处于国际领先地位的学者出任财政部副财务官，保证各种“日元国际化设想”不断由具有学者和官员双重身份的人士提出，力争实现“日元国际化设想”学术性和政策性的统一。同时，日本注意将区域经济活动中的具体合作项目与日元国际化研究紧密结合起来，就自由贸易区（FTA）与日元国际化问题、亚洲各经济体货币与日元直接交易的可能性等问题进行了研究。总之，为深入推进日元国际化的理论研究和实践活动，在行政指导、官僚制度和学术研究三个领域做了大量工作。

② 主要内容有：维持日本经济的稳定增长、进行金融体系改革；稳定日元币值；重新定位日元在亚洲汇率体系中的作用；进一步完善日元国际化环境；在商品贸易和资本交易中更多地使用日元。

③ 主要内容有：（1）扩大内需，增加以日元计价的进口；（2）为了提高日元使用的便利性，整备金融、资本市场，并准备创设日元与亚洲货币直接交换市场的各项条件；（3）改变历来的制度与惯例；（4）推进与亚洲各国之间货币、金融领域的协作；（5）为构筑新的经济、金融体制而加强与亚洲地区的联系。

与美国、欧共体同等竞争的实力后，开始将其身份定位回归亚洲，但是又面临对于历史的反思以及信任等问题，找不到融入亚洲的切入点。东南亚金融危机后，基于平等互利的亚洲区域合作已成为亚洲实现可持续发展的共识，同时，亚洲的地缘政治格局已发生深刻变化，中国、东盟、韩国已经迅速崛起，特别是中国在区域合作、区域贸易、经济总量、市场规模、历史文化等方面开始全面超越日本。时移势易，日本回归亚洲并试图主导亚洲区域合作与东亚经济区建设的意图成为一厢情愿。

4.2.3　日本构建东亚经济区以及日元国际化的教训

日本在构建东亚经济区和日元国际化的尝试基本上是失败的，这表明单纯的贸易立国难以建成紧密的经济区，缺乏强大的紧密经济区支持，不可能产生全球性主导性货币。

4.2.3.1　日本贸易立国经济发展模式的缺陷

相对于欧美而言，贸易在日本经济发展中扮演了重要的角色。战后日本经济的起飞起源于美国在朝鲜战争中对日的大规模采购，在 1950 年至 1960 年的 10 年间，因战争而产生的特需订货累计额超过了 600 亿美元，约是日本 1960 年 GDP 的 1.5 倍；庞大的外部需求带动日本经济迅速恢复并进入快速增长阶段。以贸易立国的经济模式，具有先天的内在缺陷，如果不能适时改变，很难支撑一个民族国家长期保持全球主导地位。这种贸易立国的增长模式缺陷表现在：

一是过于强调政府干预。日本政府干预经济的范围和力度远远大于欧美，积极鼓励出口，限制进口。为了在同欧美企业的国际市场竞争中胜出，采取积极鼓励大企业发展的政策，人力资本、金融资源、财政资源等都向大企业倾斜；同时长期实施金融抑制政策，利率维持在非常低的水平，限制了资本市场的发展。一系列的政府主导策略，破坏了市场机制的作用，资源配置效率较低。政府的强力引导，使日本在汽车、电子等领域很快崛起，但是也使企业缺乏应对市场竞争的灵活性，盈利水平与欧美同类企业相比普遍较弱。更为关键的是，政府对经济的过多干预，形成了强大的既得利益集团，严重阻碍了进一步的制度改革。

二是过于强调外需。在经济追赶时期，为了尽快积累引进技术设备所需的外汇，日本强调出口，鼓励贸易。但是，当经济发展到一定水平之后，这种政策未能及时转变，特别是由于日本国内市场较为狭小，日本大量的投资产生了较为严重的生产能力过剩问题，这使其经济过于依赖外部市场；长期经济增长相对于其他强国更容易受到外部需求波动的影响。

三是过于强调技术引进。在技术创新方面，日本充分利用“后发优势”，加快模仿引进，在短时间形成生产能力，自主的创新能力相对较弱。当这种赶超接近世界技术前沿的时候，必然会使经济效率下降，产业升级趋缓。在重大技术革新和新产业领导能力方面的差距，使日本在 20 世纪 90 年代后相对于欧美的差距再次拉大。

四是经济发展出现较为严重的结构性失衡。在投资和消费关系上，日本注重积累和投资，强调消费者利益服从于生产者利益；日本经济在追赶时期的消费率仅为 50% 左右，远低于欧美 80% 的水平，直到当前仍低于欧美发达国家 5—10 个百分点。在产业结构上，表现为制造业优先，主要是因为制造业的要素生产率提高快，投资效率容易提高，产业扩散度较广，更能够有效服务于出口导向的发展战略；这种政策倾向性，使日本农业以及服务业等劣势产业部门长期处于低效率水平，损害了日本国家竞争力基础。

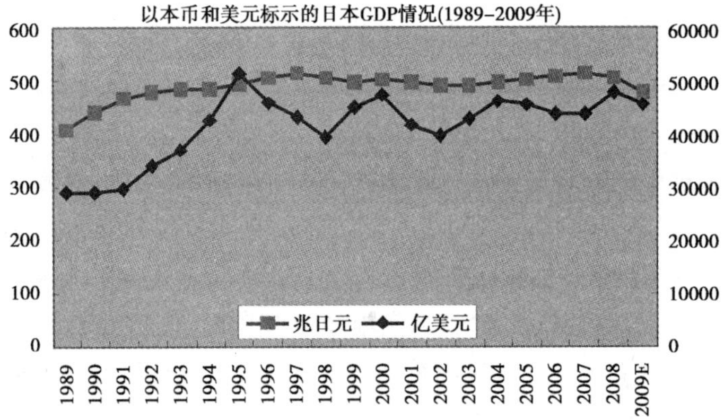

注：论文创作时，2009 年数据尚未公布，引用的国际机构的预测数据。2009 年实际数据为：日本 GDP：475 兆日元；5.07 万亿美元。主要是日元升值过快。

图 4－5　日本 GDP 变动情况（1989—2009 年）

增长模式的差异导致了全球影响力的差异，作为世界经济规模最大的美国和日本，其对世界经济的贡献存在显著差异。这种差异在 20 世纪 90 年代以后更具代表性：美国输出技术、输入资本和商品，成为全球需求增长的中心和技术进步的引导者；日本输出资本和商品，成为全球主要的资本输出国与商品供应国，且其商品供应主要是通过资本输出和产业转移实现的，具有很强的“贸易中间商”色彩。日本贸易立国的缺陷以及由此产生的强大路径依赖，使日本经济缺乏自我纠正的内在动力，最终在政治、经济、历史等多种因素制约下陷入长期停滞。

4.2.3.2　缺乏经济区支撑是日元在竞争国际货币地位中处于劣势的根源

根据系统论思想，一个系统一旦形成新的均衡格局，本身具有了维持系统运行下去的强大惯性，直到新生力量借助突发事件打破系统运行惯性。国际货币体系也同样如此，尽管短期内尚无任何一种货币能够挑战美元的主导地位，但是次等货币之间的竞争状况能够预示现有国际货币体系格局的演变方向。日元在次等货币中的竞争抑制处于劣势地位的根源，就在于缺乏一个强大的紧密经济区作支撑。下面仅从两个角度对此作出简要说明：

1. 日元和马克、欧元的差距：经济区的整体实力

进入牙买加体系时代以后，国际货币呈现多元化发展趋势。最初的趋势是马克、日元迅速崛起，英镑迅速衰落。时过境迁，多数学者预想的美元、日元、马克“三国时代”并没有如期到来。如果把欧元看做是马克的延续，则国际货币在布雷顿森林体系后的 30 年呈现出了美元、马克（欧元）两极化发展趋势，日元在国际竞争中仅仅昙花一现。图 4－6以及表 4－11 展示了日元和马克在国际货币体系中的地位演变。

国内一些学者在研究了日元和马克在国际货币中的地位后得出结论，经济实力（GDP）不是决定货币国际地位的重要因素。如果单纯从德国和日本两个主权国家的情况看，情况确实如此，日本的 GDP 长期高于德国，并在 2000 年达到过德国的 2.5 倍，但是日本在国际货币体系中的地位一直远远低于德国。如果把研究视野进一步放宽，就会发现结论并非如此简单。随着经济的崛起，德国逐步成为欧共体的核心，欧共体统一市场的建成以及欧洲汇率机制，使德国的影响力超出了其国

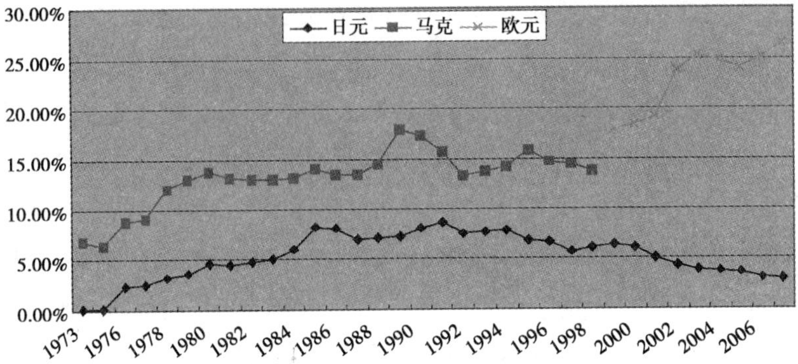

数据来源：IMF 年报（1983、1991、1996、2002、2005、2008 年）

图 4-6 日元、马克和欧元在国际货币体系中的地位

土范畴延伸至整个欧共体市场，德国马克在很大程度上成为欧共体货币在国际货币体系的代表，如果欧共体（欧盟）作为一个整体，就能够揭示马克（欧元）国际地位显著高于日元背后的经济实力因素。

表 4-11 日元和马克在本国对外贸易中承担结算职能的对比 单位：%

	出口					进口				
	1980 年	1988 年	1995 年	1997 年	2002 年	1980 年	1988 年	1995 年	1997 年	2002 年
日本	29.4	34.3	36.0	35.8	34.9	2.4	13.3	22.7	22.6	24.2
德国	82.3	81.5	74.8	72.5	70.5	43.0	52.6	51.5	50.7	73.0

资料来源：转引自李晓："'日元国际化'的困境及其战略调整"，《世界经济》，2005 年第 6 期。

资源禀赋和贸易结构的差异，也能够充分说明德日货币的国际地位差异。依靠强大的经济区，德国的贸易伙伴大部分在欧盟内部，不但提升了马克的国际储备地位，也使马克（欧元）计价结算成为德国对外贸易的主要方式。日本出口产品以欧美东亚为主，美元在这些地域的影响力都显著大于日元，而日本资源较为匮乏，大量原材料、能源都依赖国际市场，且在其进口结构中占据重要部分，而这些产品都已经形成美元标价和结算的格局，致使日元在贸易结算中的使用量难以进一步提升。

决定一国货币国际地位的因素不仅仅是单一国家的经济实力

（GDP），更主要的是背后有无一个强大的主导性紧密经济区支持。

2. 日元和英镑的差距：需求因素（进口）影响大于供给因素（出口）

在布雷顿森林体系解体后的初期，从英镑和日元在全球国际储备中的份额看，英镑的国际地位处于快速下滑阶段，而日元在快速上升。1976 年日元首次超越英镑份额，此后英镑比重长期在 2%—3% 之间小幅波动。然而时过境迁，在进入新世纪后，随着英国经济贸易在欧洲的“复兴”以及币值的稳定①，英镑的国际地位进入平稳回升阶段，2005 年在全球储备体系再次超越日元，且差距呈现持续拉大趋势。

在决定日元和英镑在国际货币体系中地位变动的主要因素中，只有进口与货币价值变动趋势与两者在国际储备中地位的变动趋势一致。进口市场对主权货币国际地位的影响大于出口，即需求力量大于竞争性供给力量。无独有偶，马克与美元的国际地位变动与进出口地位的关系也说明了需求力量对于国际货币地位影响要显著大于供给力量（详见下节分析），这或许是因为，相对于需求而言，在国际贸易领域供给方（出口）市场竞争性远远高于需求方（进口）。下图 4-7、图 4-8 展示了日、英两国商品进出口份额的变动情况，从中可以看出，在全球进口市场地位的相对变动更能准确反映两国货币国际地位变动的趋势。

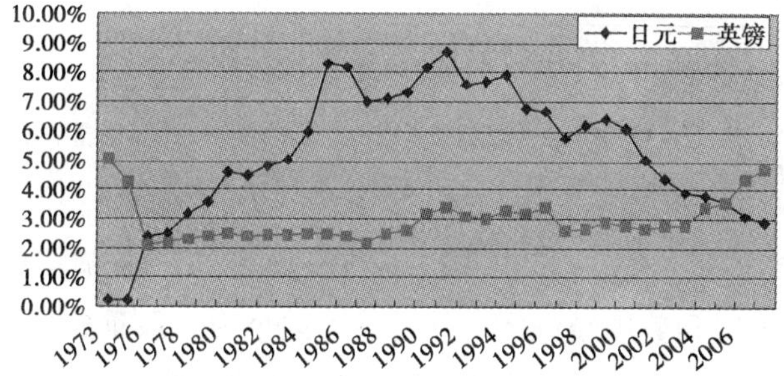

数据来源：IMF 年报（1983、1991、1996、2002、2005、2008 年）

图 4-7 1987—2007 年日元和英镑在全球外汇储备总量份额的变动

---

① 战后的欧洲，法德经济恢复最快，相对而言英国一直处于弱势地位。进入 20 世纪 90 年代后，英国经济增长开始在欧洲处于领先地位，1999 年英国 GDP 总量超越法国居欧洲第二位，并一直将这种优势保持到 2007 年。

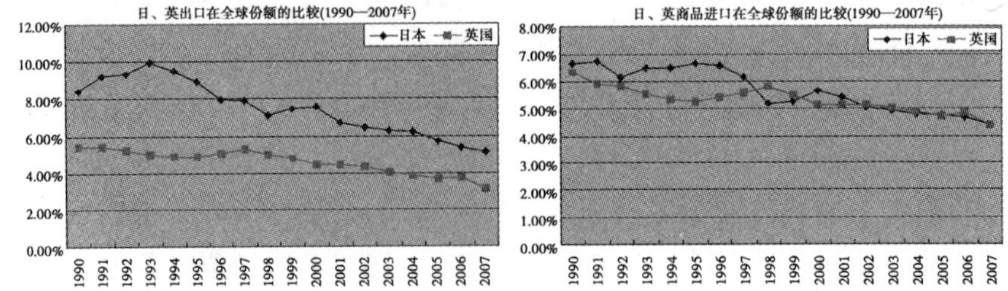

资料来源：根据国家统计局网站数据绘制。

图 4－8　日、英两国的贸易地位对比（1990—2007 年）

日本的 GDP 总量超长期保持在英国的一倍以上，庞大的经济规模并未使日本成为全球经济的重要增长引擎，日本在全球进口市场的份额一直远逊于其出口，进口的狭小也表明日本庞大贸易规模具有一定的“虚假性”，有相当大一部分是资本货物等“中间产品”贸易或者跨国公司内部贸易，不能使日本成为世界市场和东亚经济的重要终端需求中心。这说明单纯的贸易立国很难产生主导性国际货币，主导货币的崛起必须以强大的、不可复制的综合实力为基础。

4.3 货币崛起的主导因素：基于经济区发展历史的总结

回顾经济区发展的历史，最成功的现代经济区是英帝国经济区（联邦经济区）和美国经济区，并造就了迄今为止最重要的两大国际货币——英镑和美元。衰退的明朝对全球贸易的影响，以及英镑、马克、日元和美元的兴衰，都深刻揭示了一个基本命题：一个强大的紧密经济区是支撑主权货币在全球主导地位的形成、巩固与延续的坚实基础。

4.3.1　核心经济区形成的历史经验

保罗·肯尼迪在《大国的兴衰》中指出一流国家在世界事物中的相对地位不断变化的主要原因有二：一是各国国力的增长速度不同；二

是技术突破和组织形式的变革可使一国比另一国得到更大优势。从经济区的发展历史看，随着技术扩散的加快，全球主导格局的演变周期呈现出日益缩短的趋势，中国主导的竞争优势维持近 2000 年（秦帝国到清早期），英国主导的全球格局仅仅维持了不到 300 年，而美国则基本没有可能将主导优势持续维持到 2200 年（达到 300 年）①。

基于历史的经验，构建一个强大和富有活力的核心经济区，承担主导作用的中心国家需要具备下述条件：

一是超强的经济实力。通过考察 1500 年以来的大国兴衰，肯尼迪指出，在一场大国（联盟）间的长期战争（竞争）中，胜利往往属于有坚实经济基础的一方，或属于最后仍有财源的一方。综合经济力量和生产能力对比的变化与国际系统中大国地位的变化有一种因果关系，经济力量的转移预示着新大国的崛起。超强的经济实力是以有效经济实力为基础的，有效经济实力指的是社会剩余财富总量的规模，即一国经济总量扣除维持基本生存和人类再生产所需财富（生存财富总量）后的剩余总量。生存财富总量的主要影响因素是人口，并且随着社会发展的变化而变化。一国财富中只有超过生存财富总量的剩余财富总额才更加具有战略意义，只有这一部分才能构成一国经济实力的重要源泉和交换的基础，才能用于支持社会扩大再生产和技术进步，才能构成对他国的需求吸引。简单的绝对财富总量是没有太大意义的，如印度和中国最贫穷的阶段，当大量人口因饥荒而面临死亡威胁的时候，社会财富总量因为庞大的人口基数仍显著大于中等发达工业国，但是国家实力无疑远远落后于西方，这是鸦片战争后直到抗战时期中国被动挨打的根源。从这个意义上讲，只有人均财富超过一定基准后的社会财富总量才构成一国的有效经济实力②。在全球化和贸易力量的驱动下，只有成为重要的全球需求中心，才有可能吸纳核心经济区成员国的出口，成为全球经济增

① 上述期限的计算包括了主导格局演变的交替过渡期，如先秦与罗马帝国，17—18 世纪明清与英国，以及 20 世纪前半叶的英国与美国。当前，全球主导格局演变正在朝着回归东方的趋势演变（中国与印度），从目前的发展趋势看，新经济格局的形成似乎不用再等 100 年了（2200 年）。

② 宋代中国之所以能够在给与北方游牧政权大量的商品的条件下仍维持经济繁荣，正是因为当时社会生产力的迅速进步导致剩余财富大量增加，这种有效经济实力促成了南宋时期海上贸易的大发展。

长驱动力，加深世界经济对于本经济区的依赖性，新的国际经济和金融秩序诞生才能具备现实基础。在各自经济区的鼎盛时期，中国、英国、美国的产出都占到全球总量的约1/3；英、美的全球贸易份额都超过了1/5。正是美国统一大市场的形成，才造就了美国经济区，并在此后一百多年成为全球经济增长动力。相对而言，日本和苏联经济区失败的根源就在于经济实力不足。

二是领先的科技创新和技术优势。要取得经济区的主导地位并确保紧密经济区的平稳运行，主导国家必须成为全球技术的前沿和技术扩散的中心（如19世纪中后期的英国和20世纪的美国），成为全球创新的源泉和产业升级的引导者。朝贡体系时代的中国、第一次工业革命时期的英国和电力时代以来的美国，无不是当时全球的科技中心和先进技术输出地，并凭借强大科技实力和生产能力，成为本地区甚至全球的主导国家。评估影响一个社会先进或落后的因素，包括制度、文化等，只有能够有效促进科技创新和技术进步，才有进步意义和存在价值。美国成为当今世界唯一超强的根本原因在于持续旺盛的创造力和无可比拟的科技创新能力。20世纪3次重大科技革新，美国都处于主导地位；二战后美国获得诺贝尔科学奖人数占全部的53%，进入21世纪后，几乎处于垄断地位。美国科技转化为生产力的优势也处于全球领先地位，科技进步能够迅速提升社会劳动生产率指标，使美国的劳动生产率一直处于全球领先地位。根据瑞士洛桑国际管理发展学院、（IMD）公布的《世界竞争力年鉴》，美国已经连续16年高居榜首。即使在危机背景下，美国的劳动生产率仍在持续上升[①]，其他发达国家与美国在劳动生产率的差距再次出现了拉大趋势。强大创新和研发能力是保持经济和社会可持续发展的基础，也是决定国家和企业竞争力的关键要素。从长远来看，一个只能够提供廉价产品的国家不能成为强国，只有具备强大的人力资源和自主创新能力，才有可能在残酷的国际竞争中脱颖而出。

三是显著的制度优势。制度优势和技术优势相辅相成，没有领先的

① 美国劳工部2009年5月7日公布，第一季度美国非农生产力环比增速高达2.2%，2008年第四季度该指标年增长率为1.8%。

制度，不可能造就领先的科技。中国的文官制度、技术官僚体系在古代长期处于领先地位，对于农耕文明时期的技术创新和扩散具有重要的作用，耕作、灌溉、天文、历法以及四大发明，都依赖于当时先进的制度体系。英国的崛起，在很大程度上得益于对王权的约束和宪政制度领先于欧洲大陆，在此基础上成功引进和建立了现代财政金融体系、教育体系以及政府管理体系，为英国率先开展工业革命奠定了制度基础。而美国民主共和制度是最有活力的制度之一，在批判继承欧洲制度的基础上，引入了权力制衡原则，提供了人类社会迄今为止最可信赖的内部纠错机制，保证了国家决策体系能够在制度变迁的历史长河中不会过度偏离动态最优路径。从美国早期的“废奴运动”、“进步运动”、罗斯福新政以及一系列制度变革，到21世纪后对一系列市场欺诈（如世通、安然以及中介机构）、甚至面对当前对次贷危机所进行的深刻反思和应对行动，无不展示了美国制度的自我救赎能力、自我反思能力和自我纠错能力。任何一个国家和社会均不能排除出现重大决策失误的可能，但是在先进的社会制度下能做到上下一致揭露问题、矫正问题，并进行制度完善。制衡的民主制度或许会牺牲一些效率，但是却保证了社会矛盾的沟通妥协渠道，难以出现颠覆性变化，不至于偏离最优路径太远。苏联正是缺乏这样的内部纠错体系，整个社会出现了有意识的疏忽，导致问题日积月累，最终亡国[①]。一个先进的具有活力的制度体系需要具有反思的精神、渠道和敢于反思、善于反思的人才；要能够保证平等和个体的尊严不受侵犯，社会的正义能够得到确立和尊重；要有高效、廉洁、富有责任感的行政体系和执法体系。任何一个要谋求全球主导地位的国家，必须要通过改革确立制度优势，并通过制度保障推动国家制度变迁沿着动态最优路径进行。不具备制度吸引力的国家的实力发挥必然受到极大制约，难以成长为一个主导性强国。

四是有利的地缘政治优势。地缘政治的主导因素随着时代变迁而变化。每一个建立经济区的主导国家都在当时处于地缘政治的权力中心，

---

① 邓小平曾经指出：“斯大林严重破坏社会主义法制，毛泽东同志就说过，这样的事件在英、法、美这样的西方国家不可能发生。他虽然认识到这一点，但是由于没有在实际上解决领导制度问题和其他一些原因，仍然导致了文化大革命的十年浩劫。这个教训是极其深刻的。”（《党和国家领导制度的改革》，1980年8月18日）

并占据主导地位。地理大发现之前，海权优势相对陆权优势并不突出[①]，在多数地区，占据陆权优势的主要国家都是地区经济的中心力量，中国的朝贡体系就具有这样的典型特征。地理大发现后，全球交流、贸易、殖民等出现了大发展，海权因素成为占据主导地位的地缘因素，具备海上优势力量的国家逐步成为以构建殖民体系为特征的经济区的主导力量，并促成了西班牙、葡萄牙、荷兰以及英国的崛起，海上力量的消长成为国家兴衰的重要因素，英国凭借强大的海军实力占据了当时的地缘政治优势。工业革命后，特别是英国主导的自由贸易体系的确立，极大地促进了技术扩散与传播，技术进步与扩散特别是现代运输技术与通信技术的出现，使得地缘政治的主导力量再次向陆权转移，海权的绝对地缘优势不复存在，拥有资源和人口优势的陆权大国（如德国、美国等）迅速崛起，改变了世界旧的力量均衡，并形成了以德国为核心的欧洲中部经济区以及以美国本土为核心的美国经济区。当前，由于美国兼具陆权、海权、空权、信息权等地缘政治优势，在可预见的未来，美国在全球的主导地位尽管会受到削弱，但是很难改变[②]。

五是持续维持体系的开放性和竞争性。从历史上看，能否维持体系的开放性和竞争性是经济区主导国家和经济区发展成败的关键因素之一。建立一个成功的经济区，主导国家必须维持自身体系的开放性和竞争性，并以此带动整个经济区的协同发展。需要指出的是，体系的开放性和竞争性并非仅仅指的是能够面向世界，更主要的是维持社会等级流转和制度的开放，是维持社会各群体发展权的均等。从古代中国看，唐宋社会的政治、经济、文化以及政府治理体系，都具备典型的开放性和竞争型特征，甚至外籍人士也可担任政府官职；这种体系的开放性不但扩散了中华文明的影响，也使中国积极吸收了当时世界先进文明的部分成果，为古代中国经济区的形成做出了重要贡献。从近现代社会看，西

---

① 当然，在个别区域，如地中海地区，海上力量仍是构建区域经济中心的重要因素之一。

② 美国长期以来执行国内资源的保护性开发，主要依靠进口满足其经济发展需要。因此，美国本土资源储备非常丰富，自然资源如土地、石油、煤、森林等的使用和开采还不到20%；即便是全球各国都对抗美国，其国内资源完全可以满足其经济运行的需要，只是利益方面会受到一些影响。美国在发展方式上与资源战略上与中国形成了强大反差。

班牙实行残酷的宗教压迫政策，驱逐了大量从事贸易、科学的外国人士，最终导致衰落；中国闭关锁国丧失机遇，成为朝贡体系分崩离析的起源；苏联将自身的封闭与对抗带入经互会内部，不但导致自身灭亡，也使苏联经济区消失。16—18 世纪的英国，宗教政策开明，积极收纳欧洲大陆知识精英，甚至能够主动引进荷兰人威廉作为英国国王，积极吸收一切有利于自身发展的制度，最终建成了辐射全球的英帝国经济区；随着实力的衰退，进入 20 世纪的英国逐步走向了保守和封闭，特别是 30 年代建立的帝国特惠制是一个典型的封闭性经济贸易集团，英国的衰落与封闭互相加强，最终帝国经济区瓦解。作为一个移民国家，美国至今仍是文化最多元、体系最开放的国家，美国社会的开放性和竞争性是其经济社会持续保持活力的重要因素，如在全球主要国家普遍面临人口老龄化困扰之际，大量的移民有效减轻了老龄化对美国的威胁。

六是要有政治智慧和战略规划。经济区的形成并非朝夕之功，既需要政治智慧，也需要系统规划。以美国构建辐射美洲的经济区为例，门罗宣言是美国建立美洲经济区的标志，当时美国建国不足 50 年，国内统一市场尚未形成，经济军事实力还相当弱小[①]，但是相对拉丁美洲刚刚获得独立的欧洲殖民地而言处于显著领先地位。英国为了维护自己在拉美的利益，希望与美国提出联合声明，反对在拉美恢复殖民，主张承认拉美独立。美国决策者们在经过激烈争辩后，决定独立发表美国的美洲政策立场。一个主导性大国最终被国际社会承认为大国，不仅仅是自身实力的问题，更重要的是在面对重大事件考验时能否形成系统的战略思想，并将有力地促进实力增长。按照国家战略理论，国家大战略有霸权、自助、规避、搭车和超越五种，对于一个欲有所作为的大国来说，任何重大战略选择都必须着眼长远。门罗宣言没有附和英国的建议，发表了自己的独立见解，选择了自助和超越战略；同时又超越了列强之间的纷争，不针对特定国家，没有给美国树立敌人，而且迎合了当时拉美普遍存在的“泛美主义”思想，因而也受到了拉美国家的普遍欢迎。

---

① 经济上，美国制造业仅相当于英国的 1/5 左右，不到俄国和法国的一半，也比西班牙要低，占世界制造业总产值的比重 2% 左右；军事上，美国力量相当弱小，陆军规模仅约 6000 人，海军刚刚筹建，规模只相当于法国的 1/4，俄国的 1/8。

从国家利益和战略的角度来看，门罗宣言是成功的，奠定了美国崛起的战略基础。一战后，美国为了瓦解英国的联邦经济区和帝国特惠体系，也同样采取了积极系统的战略行动，借助二战成功对英国进行了釜底抽薪，彻底瓦解了英国国际地位以及英镑霸权的基础——英联邦（帝国体系）。反观日本，日元国际化最初由美国推动，目的是解决美国经济面临的困境，日本政府的心态较为复杂，战略导向也不清晰，最终使日元国际化反反复复，且由于不恰当的汇率政策导致日本经济的泡沫化，并逐步失去了主导亚洲经济发展格局的机遇。

4.3.2 国际主导货币形成的历史经验

美国学者尼尔森在其新著《货币崛起》中指出，金融历史基本上是组织突变和自然选择的过程。自然选择意味着任何一个新的、强大的主权国际货币的诞生必须满足一定条件；组织突变意味着新的国际货币的诞生和新的国际货币体系的形成必然是一个曲折过程，既需要重大历史事件创造历史契机，更需要立足内部作出系统规划和战略安排。

从经济区发展的货币成果看，以商品货币（主要是金银）为基础，全球性货币体系的主导权经过了三个阶段，一是以中国（明清）为主导的银本位制，二是以英国为主导的英镑—黄金本位制，三是以美国为主导的美元—黄金本位制；以信用货币为基础，目前全球仍处于美元主导的时代。基于历史的视角，可以发现主导货币崛起的几个重要现象：

4.3.2.1 主权货币在全球主导地位的形成都依托一个强大的紧密经济区

如中国自宋朝时期开始形成的以东亚和东南亚为核心的前中国经济区；英国以殖民体系为核心形成的英联邦经济区（帝国体系）；美国统一市场的形成与经济区的拓展（门罗宣言）。整体看来，人员、贸易、资本等要素在经济区内具有较高的流动性，并成为核心国家在全球发挥主导作用的坚实依托。中国在鸦片战争失败后朝贡体系的解体，彻底失去了发挥国际影响力的外围基础，沦落为没落国家；二战后民族独立运动彻底击毁了英帝国体系，在美国的步步紧逼下，英镑集团被瓦解，紧密的英联邦经济区解散（印度、澳大利亚、南非、加拿大等先后脱离帝国体系)，英国彻底沦为二流国家；可以预见，美国主导力量的丧失也必然会以美元区的收缩和解体为标志。在货币经济区的构建过程中，一个强大的本土市场是维系核心经济区的重要支点，英国就是因为其本土支点太脆弱，致使无法维持帝国经济区的运转，并最终崩溃。而美国经济区尽管也遇到过多次危机，但是凭借美国本土庞大的市场和超强的实力，每次都能转危为安，每一次危机后美元的国际地位反而会得到强化。

进一步考察德国马克和日元的国际储备地位的相对关系，一个紧密的经济区可以有效弥补单一国家经济规模的劣势。德国马克在全球储备中的份额一直远远领先日元，除了德国更胜一筹的贸易实力外，关键在于德国在欧共体内的主导地位以及区域经济的高度融合，并通过欧洲汇率机制将欧共体变为了一个马克区，各成员国大量持有马克无疑对马克国际地位的上升具有重大的帮助。因此，日元与马克在国际舞台上的竞争，并非简单的日德竞争，而是日本与整个欧共体的竞争。在英国经济已经被美德等列强超越后，英镑仍维持了近半个世纪的强势地位，特别是在抵抗美元的压力时，庞大的英帝国经济区（联邦经济区）给英国提供了强有力的支持，延缓了英镑的衰落速度。

4.3.2.2　货币主导地位与经济主导地位存在显著的不同步性，路径依赖的因素不容忽视

从历史上看，国际主导货币地位的形成滞后于经济主导地位，且一般是在经济主导地位开始下滑时得到确立。如中国在全球地位的顶峰形成于唐宋时期，但明朝确是主导全球银本位制形成的主要力量（当然有不同的国际经济背景)，全球银本位制的确立也恰恰是中国衰落的开始；英国在 19 世纪 20 年代确立了金本位制，并推动全球性“英镑—黄金本位制”在 19 世纪 70 年代形成，而英国的衰落恰恰开始于此时兴起的第二次工业革命，全球经济增长的主导权向美、德转移；美国在全球力量的顶峰形成于 20 世纪 40—50 年代，并通过布雷顿森林体系确立了“美元—黄金”本位制度，但是美元霸权形成于金本位制的解体，并使美元成为美国控制全球要素的一个有力工具，但是美国的相对实力却无可争议地开始下滑。进入 80 年代后，历史上出现的货币力量和经济力

量不同步现象并未改变（马克、日元的崛起与衰落），这或许主要是因为贸易和经济力量主要由技术因素决定不同，货币国际地位的获取在很大程度上是由政治因素决定的，是新生力量与旧格局全面、长期、系统性较量的结果，因此货币崛起必然滞后于经济崛起。这也意味着，不可动摇的经济贸易实力是货币崛起的基础和重要前提条件。任何一个强国的崛起，都不是靠着货币特权而来，而是恰恰相反；但是货币特权的形成却能够有效维持一国的强势地位。

从另一个角度看，这种不同步性体现了路径依赖的因素。国际主导货币地位一旦确立就会具有相对的稳定性，并产生很强的路径依赖与锁定效应，出现颠覆性变化的难度相当大。在替代性经济体和新的国际主导货币成熟之前，即便现有国际主导货币存在较大的缺陷，只要国际交易对货币等价物的真实需求仍然存在，旧的国际货币体系就有可能继续维持下去。新格局的形成需要历史契机——即重大的外部冲击，只有依靠外力才能够打破制度粘性，促生新的国际货币格局。

4.3.2.3 国际主导货币地位形成的主要因素是综合经济实力，其中商品需求因素（进口）的影响大于供给因素（出口）

从全球经济区的形成与国际主导货币（体系）的演变入手，可以发现决定货币崛起与主导货币地位形成的主要因素是综合经济实力，强大可持续的经济实力是非经济因素（政治、外交、军事、文化等）发挥作用的基础。促进国家经济崛起的因素主要在于内部，即制度优势、技术优势、贸易优势、市场优势以及以此形成的综合发展战略。

从经济因素看，以日元和美元为例，进一步考察一些经济指标变动与货币国际地位的关系，可以发现经济总量（GDP）与货币地位的变动（以在全球储备中的份额表示）高度拟合；贸易是货币跨国流动的直接动力，对于国际货币地位的变动而言，商品进口量变化的影响总体上要大于出口变动的影响，这意味着需求因素在决定国际货币地位中的作用在上升。日元和英镑的地位转化更能说明进口因素的影响要显著大于出口因素（详见本章第2节）。

上述关系意味着：至少在当前阶段，一个强大的内需市场是支持主导国际货币地位必不可少的条件。特别是，当一国出口的产品面临同质

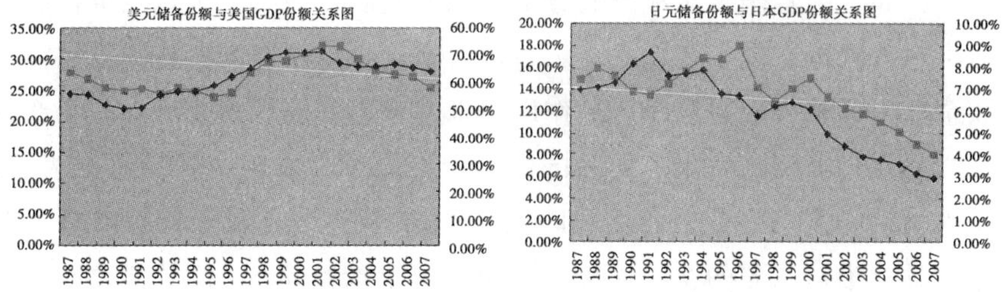

图 4－9　货币储备地位变动与 GDP 规模关系—美元、日元的对比

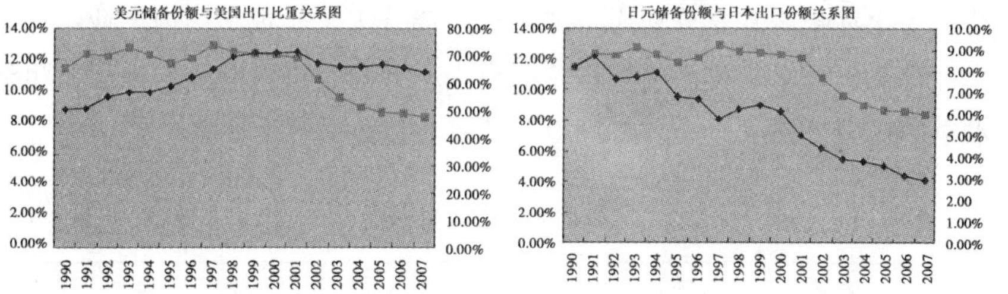

图 4－10　货币储备地位变动与商品出口规模的关系—美元、日元的对比

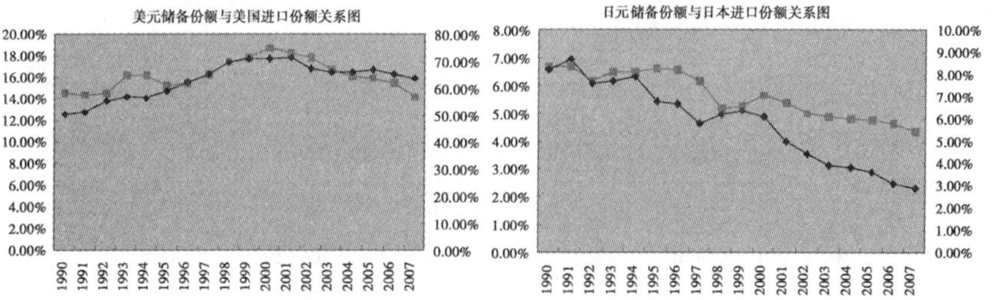

图 4－11　货币储备地位变动与商品进口规模关系—美元、日元的对比

化竞争和较强的可替代性时，则出口方选择自己母国的货币作为结算货币的难度就会很大。进口则不同，除了以美元标价的大宗原材料产品外，只要进口市场足够大（如达到或者超过美国对产品的最终需求水平），则由于可替代性较小，需求主导的力量就会表现得较为强势，就可以选择以本币作为支付结算的手段。当国内统一市场达到一定程度后，甚至可以和其他主要资源输出国商谈改变计价货币的可能性。因此，在新的替代性市场出现之前，美国以及美元的全球主导地位（很难）被动摇。

此外，随着全球化和产业分工的深入发展，一国对全球经济控制力的决定因素也在发生变化，金融力量、定价权以及对产业链的控制能力和全球资源整合能力等因素的作用越来越突出，表现为普通商品生产的影响力在日渐下降，服务贸易的影响力在上升。以美国贸易状况为例，美国的市场需求力量（商品进口）、美国的软实力（服务贸易出口）在全球具有绝对领先的竞争优势，短期之内很难被超越①；尽管美国商品出口总量相对较少，但是其价格控制力和产品附加值显著强于其他国家，在尖端技术和农业等基础产品上都具有超强的竞争力。美国的贸易结构变化意味着其充分利用全球化和产业分工，实现了国内产业结构升级，将大量日常工业品的生产转移出去，并通过进口维持国内居民生活水平的提升，强化了全球各国对其依赖程度。

表 4-12　　2008 年全球贸易情况　　单位：亿美元，%

排名	国家	出口额	份额	排名	国家	进口额	份额
服务贸易状况							
1	美国	5220	14.0	1	美国	3640	10.5
2	英国	2830	7.6	2	德国	2850	8.2
3	德国	2350	6.3	3	英国	1990	5.7
4	法国	1530	4.1	4	日本	1660	4.8
5	日本	1440	3.9	5	中国	1520	4.4
6	西班牙	1430	3.8	6	法国	1370	3.9
7	中国	1370	3.7	7	意大利	1320	3.8
商品贸易情况							
1	德国	14650	9.1	1	美国	21660	13.2
2	中国	14280	8.9	2	德国	12060	7.3
3	美国	13010	8.1	3	中国	11330	6.9
4	日本	7820	4.9	4	日本	7620	4.6
5	荷兰	6340	3.9	5	法国	7080	4.3

数据来源：WTO Secretariat. 美国出口总额、进口总额以及贸易总额都处于绝对领先地位。

① 美国在服务贸易中除了旅游、文化娱乐、政府服务和一般民间服务贸易有很强的竞争力外，在专业性服务贸易领域，包括金融、咨询、网络、建筑、信息服务、专利使用（技术贸易）等主要方面，多处于国际绝对领先地位。

目前，国际货币体系形成了美元占得先机、欧元奋起直追、其他新生力量伺机而动的格局，中国要重新主导全球货币体系既要回顾历史以避免教训、又要立足当前以抓住机遇，更要着眼未来以引导潮流。人民币要在世界格局中占据一席之地，需要从国际政治外交、国家经济金融、货币建设及其竞争策略等多个层面进行系统性战略规划。从战略上，人民币确立主导货币地位需要逐步构建一个紧密稳固的中国经济区；从战术上，人民币谋求主导货币地位需要一系列金融、经济改革举措配合。

人民币成为主要国际货币必然是在中国成为国际事务的核心主导力量之后，而不是相反。作好内功是人民币崛起最关键的步骤，否则即使暂时取得一定的国际地位，也会像日元一样昙花一现，难以长久。中国需要解决日元国际化时未能解决的深层次问题：忽视消费、贸易劣势(产品可替代性强、低端、价格被动接受者)、国内需求不足和市场狭小等。如果中国不能很好地处理国内问题和改革的方向，就难以构建基于共同理念和愿景的紧密经济区，人民币也很难成为能够被主要国家和经济体广泛接受的主权国际货币。

第5章

构建人民币国际化的基础：中国经济区战略设想

货币国际化既是一个经济问题，更是一个政治问题。如果纯粹从货币职能分析，人民币已初步具备国际货币职能，如进入了部分国家储备货币库、承担了边境贸易结算与支付手段等。但是，货币国际化的真正含义是谋求在国际经济贸易体系中发挥主导作用，要能够以本国主权信用货币成为全球资源配置的重要推动力。从这个角度讲，人民币国际化的前途必然充满坎坷，必须构建支撑人民币国际化的稳固基础，以保证货币国际化稳步推进，逐步推进人民币成为国际主导货币。作为一个兼具海权因素的陆权大国和在历史上长期在东亚处于主导地位的国家，中国经济区的构建要充分借鉴古代中国经济区以及美国经济区的模式，避免苏联经济区的教训，以构建内部统一大市场为主，逐步成为亚太地区乃至全球新的需求重心，促使整个东亚地区的政治经济秩序回归历史常态。

5.1 中国经济区的外部环境：条件逐步具备

以人口流动与经贸往来为标志，亚洲经济区域合作的历史源远流长，这种民间自发的经济交流因西方世界的兴起与入侵而中断。进入 20 世纪以后，亚洲区域经济合作经历了三个阶段：第一阶段（20 世纪前半叶）以日本的扩张为标志，日本试图通过武力建立以日本为核心的亚洲经济区；第二阶段（20 世纪中叶到亚洲金融危机）以贸易与投资合作为主要标志，随着殖民体系的解体与亚洲国家的独立，东亚各国先后走上了工业化道路，区域内的经贸往来逐渐增多，东盟作为一个经贸联盟开始登上历史舞台，就东亚地区整体而言这一阶段的合作与分工仍处于自发状态，日本是一个重要的影响力量；第三阶段（亚洲金融危机以来）亚洲特别是东亚经济合作进入自觉状态，各国普遍意识到亚洲只有合作才有未来，但是由于错综复杂的历史杯葛，东亚地区的经贸合作仍以“双边”为主缓慢推进。由于政治经济发展不平衡规律，目前区域内主导力量正在朝着有利于中国的方向转变，中国构建经济区的外部环境逐步形成。

5.1.1　亚洲经济体具有建立经济区的内在动力

20 世纪 90 年代以来，随着亚洲区内经济相互依赖性的不断加强，亚洲国家内部逐步形成了加强区域经济货币合作与协调、维护区域经济增长与金融体系稳定的共识。

5.1.1.1　两次危机的反省：形成经济一体化共识

亚洲金融危机是战后亚洲特别是东亚地区经历的最严重的一次全局

性的危机，危机留给各国的教训是深刻的。亚洲金融危机的一个突出特点就是“传染效应”在区域性金融危机中所起的重要作用，危机迅速由泰国扩散至马来西亚、印度尼西亚、韩国、新加坡、中国台湾省和香港特别行政区，并发了亚洲货币的竞争性贬值，使各国经济在很短时间内遭受重创。由于国际资本市场的内在不稳定性，基本面健康并不能保障一个国家不会陷入金融危机，由于危机源发国与邻国之间政治经济结构的相似性，当一个国家发生金融危机之后，很容易通过贸易渠道和金融渠道传递到周边国家，大量实证研究证明，传染效应是许多东亚国家发生金融危机的重要原因之一。进入21世纪后，金融自由化和金融全球化以更快的速度发展，加大了个别和局部金融危机迅速转化为区域或全球金融危机的可能性。由于金融危机的传染性，金融危机的防范和解决已日益成为一个超越国界的区域性和全球性问题。在亚洲金融危机之前，在亚洲和东亚地区不存在处理金融危机的区域性安排，基本上是在IMF的工作框架内进行。在金融危机发生后，IMF不但未能担负起应有的责任，而且试图借助危机强力干预各国内政，使危机进一步恶化，引起了亚洲国家的强烈不满。亚洲金融危机第一次充分显示了亚洲金融危机的区域性，唤起了亚洲国家政府认真思考亚洲地区经济金融合作的必要性和可能性，从而使亚洲各国政府在历史上第一次认识到，“在亚洲，不管哪个国家遭遇到流动性危机，能给予援助的只有亚洲各国自己”，只有依靠区域内部合作，才有可能维护区域经济的持续增长和稳定繁荣。

亚洲金融危机后，东亚各国通过体制改革重新走上了增长路径，亚洲经济特别是环太平洋区域的内部贸易取得了长足发展，增长的自主性有所改善。但是，2007年爆发的次贷危机充分暴露了亚洲经济过于依赖外部消费者的天生缺陷，亚洲经济体的内部关联程度远不及与欧美市场的外部关联程度。2007年，除日、澳、新外的亚洲各经济体出口占该地区GDP总额的45%以上，与1995年比上升幅度超过了10个百分点；[①] 其中面向欧美的出口占比大约一半。此外，欧美投资者还是亚洲新兴金融市场的主要参与者，外国投资占中国香港特别行政区和韩国金

① Stepheh S. Roach, Pitfalls in a Post - Bubble World，摩根斯坦利，2008年。

融市场的 30%—40%；除中国外的亚洲银行多数通过同业市场和美元流动性需求与欧美紧密联系在一起，欧美银行为亚洲银行提供的流动性贷款规模约 2. 8 万亿美元。这种与欧美过于紧密的联系在当前爆发于欧美的全球性经济危机冲击下，使亚洲各国的出口大幅下滑、股市暴跌、货币贬值。

如果说亚洲金融危机使东亚国家认识到货币合作与危机联合干预的重要性，始于 2007 年的全球性金融危机则充分显示了推动东亚经济一体化，加速实施整合区域经济计划，大幅提升区域内的消费需求、贸易与投资的重要性。加快推进亚洲经济区建设，必须重建出口政策，更为注重构建区域内基于比较优势的产业分工体系，更为注重区内贸易的增长，将财富集中并保留在区域之内，转向内部共生的贸易政策，推动区域内部经济增长，减弱对区域外部过度的经济依赖，最大程度减轻各种内外部冲击对经济增长的不利影响，以保护亚洲经济发展的未来。这些新共识为加快推进区域经济一体化、建立中国经济区提供了良好的外部环境。

5. 1. 1. 2　东亚经济的趋同：初步具备经济条件

麦金农在《东亚的经济周期与汇率安排》中，对东亚经济周期的趋同性作了深入研究，结论是除了中国、日本外的东亚其他国家或地区经济周期出奇的同步[①]，并且认为造成这种周期趋同的动力是日益增加的区域内贸易，除了对美贸易外，东亚地区对其他工业国的贸易份额被日益增加的区域内部贸易取代。麦金农认为，这种周期的同步性与宏观经济不稳定性共同放大了东亚小型经济体的周期波动幅度，由于东亚已经形成了事实上的美元区，所以日元对美元汇率的波动是东亚地区经济不稳定的重要影响因素，而人民币对美元汇率的相对稳定对于维护东亚地区的经济稳定做出了重要贡献。因此，东亚地区要实现经济稳定，日本应加入东亚的美元区，保持日元与美元汇率的长期稳定。从长期看（人民币自由兑换后），日元或者人民币将成为维持东亚汇率、物价与

---

① 指的是八个东亚小型经济体：中国香港特别行政区、中国台湾省、韩国、印度尼西亚、马来西亚、新加坡、菲律宾、泰国。

经济稳定的货币锚；但是两个货币的选择，将主要由政治因素决定，因此维持现有的美元体系是一个最合理的选择。从麦金农的研究可以看出，维持区域内汇率稳定是东亚经济应对外部冲击的一个重要举措，但是限于当时的经济形势，麦金农把东亚建成美元区、实行相互之间汇率固定的建议是值得商榷的。特别是，支持其研究的数据仅截止到2000年，近十年东亚经济贸易格局已经发生了重大变化，中国已经成为区域内最大的经济体和贸易体，东亚各国对中国的经济依赖已日益重要，因此，以中国大市场和人民币为中心构建亚洲经济区的经济贸易条件逐步具备。

另外，根据最适度货币区（OCA）的单一指标和综合指标分析，东亚经济也显示出了日益显著的趋同趋势[①]。目前，用于判断最优货币区的分析标准主要有：蒙代尔（Mundell）的要素流动性标准、麦金农（Mckinnon）的经济开放度标准、科南（Kenen）的产品多样化标准、英格拉姆（Ingram）的金融一体化标准、弗莱明（Fleming）的通货膨胀相似性标准以及威利特（Willett）的政策一体化程度标准等，根据这些单一标准，巴尤米（Bayoumi）和艾肯格林（Eichengreen）采用计算OCA指数来判断不同国家之间是否适宜组成最优货币区。在针对东亚地区的OCA指数中，较早的文献（戴金平等，2005年）计算了1996年以及2000年的东亚各国的OCA指数，发现差异较大，且具有一定的层次性；最近的研究（王志宇，2008年）发现，如果以中国为中心构建东亚主要国家之间的OCA指数，则在2000年之后显示出了逐渐缩小的趋势，意味着经济合作和货币合作的可能性日益增加；且大中华地区以及中国与日韩之间的指数显著低于中国与东盟之间的指数，意味着中国大陆与港、台地区以及日韩之间的依赖程度比较高。还有一些学者（高海虹等，2007年）运用一般购买力平价（G—PPP）模型和Johansen协整分析方法对东盟国家和中国、日本、韩国的货币合作程度进行了实证研究，检验结果表明样本国家已经基本具有形成最优货币区（OCA）的潜力，即目前的“东盟+3”框架中成员国之间的经济联系程度已经具备实现更高层次货币合作的可能性。但是，多数文献也同时

---

① 由于对东亚经济货币合作的实证文献很多，且方法统一、数据一致，结论也基本相同，因此本书不再重复这些工作，主要以借鉴其他学者的观点为主。

表明，相对于欧盟国家的经济趋同程度，东亚地区的差距仍较大。

尽管东亚经济之间经济指标的趋同性还没有达到欧元区的高度，但是一体化的内在需求并不次于欧洲地区。经济指标仅仅是一个方面，一个紧密经济区的形成与发展并不单纯取决于一些机械指标的趋同，而在于能否出现一个维护地区稳定的市场核心和技术中心，典型的如早期的美国经济区以及当前的北美自由贸易区。因此，中国经济区的构建，既需要按照亚洲"和平共处"的外交传统推进，也需要在历史和其他区域实践中寻找共谋之道，最终通过内部需求引导亚洲经济合作潮流，建成一个新型的、以平等互利为基础的、区内分工较为合理的紧密经济区。

表5－1　东亚货币合作：近年来有关的经验研究结果

研究者	可实施次级货币合作的国家和地区
Bayoumi 和 Eichengreen（1994年）	中国香港、印度尼西亚、马来西亚、新加坡和泰国
	日本、韩国和中国台湾
	中国香港、印度尼西亚、马来西亚和新加坡
Bayoumi 和 Mauro（1999年）	中国香港、新加坡、印度尼西亚和马来西亚
Yuen（2000年）	新加坡和马来西亚
	日本和韩国
	中国台湾和中国香港
Trivisvavet（2001年）	泰国、新加坡、马来西亚、印度尼西亚、菲律宾和韩国
Baek 和 Song（2002年）	日本、韩国、中国香港、印度尼西亚、马来西亚和泰国
Zhang 等（2003年）	新加坡、马来西亚、印度尼西亚和泰国
	日本、韩国、中国台湾、中国香港

5.1.1.3　亚洲金融危机以来的区域经济与货币合作：艰难起步

战后，东亚的经济合作以1967年8月东盟成立为启动标志，1992年以东南亚国家联盟（ASEAN）为基础建立了东盟自由贸易区，但是直到1997年亚洲爆发金融危机的30年间一直进展缓慢，且基本没有超出东盟最初成员国的范围[①]，其中一个重要的原因在于美国的牵制以及

① 即马来西亚、新加坡、印度尼西亚、泰国、菲律宾和20世纪80年代初期加入的文莱。

区域内大国（如日本）的不合作态度。亚洲金融危机爆发前，东亚主要经济体（包括中国、日本、韩国、中国台湾和中国香港）均未加入任何一个形式的区域经济贸易组织。危机改变了这一局面，亚洲金融危机后，加强区域经济与货币合作一直是东亚各国关注的焦点，亚洲区域经济一体化正式启程，已初步形成了多层次、多样化的合作机制，并已取得一些可喜成果。

在经贸合作领域，东盟内部合作已进入制度一体化建设的发展阶段，1996 年 11 月第一届东盟非正式首脑会议决定扩大东盟范围，吸引柬埔寨、老挝和缅甸三国入盟；1997 年 12 月第二届东盟非正式首脑会议开始实施推行服务领域贸易自由化的计划，并决定在 2010 建成东盟投资区及在 2020 年实现东盟内部投资自由化；2003 年首次提出“东盟共同体”战略目标；2007 年 11 月，东盟成员国签署对成员国具有法律约束力的《东盟宪章》，正式确立了在 2015 年前建立东盟共同体的战略目标；2008 年 10 月《东盟宪章》获得所有成员国通过，并于同年年底生效。在东盟加快内部经济一体化建设步伐的同时，东亚主要经济体的经贸合作机制也在逐步形成，先后形成了东盟与中日韩的“10 + 3”合作框架以及三个并列的“10 + 1”双边机制（即东盟 + 中国、东盟 + 日本、东盟 + 韩国）；2003 年，中日韩三国领导人签署了《中日韩推进三方合作联合宣言》，提出建立中、日、韩三国自由贸易区（FTA），以推动东北亚区域经济一体化，中日韩之间的三边合作机制也开始起步。目前，东盟与中、日、韩已分别签署了双边框架内的自由贸易区，“10 + 3”已成为推动东亚经济一体化的重要平台。

在货币合作领域，1997 年亚洲金融危机后，日本、马来西亚等先后提出了建立亚洲地区货币合作的倡议。1997 年日本提出了亚洲货币基金（AMF）构想，由于美国、IMF 以及中国的反对未能形成亚洲国家的共识；1999 年，马哈蒂尔提出了建立“东亚货币基金”的倡议，从而促成了 2000 年 5 月由东盟 10 国与中国、日本和韩国签署的《清迈协议》，形成了以双边货币互换为核心的东亚货币合作框架。《清迈协议》旨在创造一种区域内的危机紧急救援机制，主要涉及两方面的内容：一是扩展东盟货币互换协议之所有成员国；二是在“10 + 3”的组织框架内建立以美元与本币为基础的双边货币互换协议与货币回购网络，加强有关资本流动数据及信息的交换。在《清迈协议》的框架内，东亚地区已经缔结了一系列双边货币互换协议，这种利用互换和回购方式对危机国家进行紧急援助已成为亚洲货币合作的基础。以“10 + 3”货币互换为基础，亚洲债券基金（ABF）也在 2003 年 6 月起步，标志着亚洲货币金融合作从危机应急机制向纵深发展。

尽管近 10 年来，亚洲的经济金融合作取得了一定成效，但整体上还处于对话机制的阶段，距离系统制度化过程还有较大距离，这也意味着构建一个紧密的东亚经济区还需要一个更为有利的市场需求中心推动。

5.1.1.4　制约东亚经济区域一体化的潜在障碍

尽管深化东亚经济合作符合区域内各国经济利益，加快东亚地区一体化进程的经济基础也逐步成熟，但是区域合作本身就不是一个单纯的经济问题，一些非经济因素是制约未来东亚经济区一体化发展的潜在障碍。

一是历史因素。由于诸多的历史遗留问题的存在，多数东亚国家之间有着战争经历，存在领土争端。如果不能对成员国之间的领土争端设定有效的预防和解决机制，就很难建立起真正的互信机制，必然会阻碍经济和货币合作的深入发展。东亚的儒家文化背景，使得妥善解决历史问题更加困难，长期以来，亚洲的经济合作都具有侵略性和不平等性，尤其是日本以经济合作为幌子的武装入侵，给大多数东亚国家带来了严重灾难。由于中国和日本是亚洲的主导力量，如日本不能深刻反省历史并取得东亚国家的谅解，就很难建立起涵盖东亚主要力量的一体化经济区。除非东亚地区形成针对日本的压制性力量，否则东亚地区经济一体化的政治障碍将很难消除。

二是宗教文化因素。相对于欧美普遍以基督教为主的宗教文化，东亚地区的宗教文化非常复杂，世界三大宗教都具有很大的影响。此外，经过一百多年的殖民冲击，原来占据主导地位的儒家文明已被多样化的种族、制度和思想取代，东亚地区难以像欧洲地区那样形成对经济一体化进程起到积极推动作用的“亚洲观念”。这种文化深层的差异，反映在区域经济合作方式上就是非制度化和灵活多样性，缺少建立制度来促进东亚区域经济一体化的政治一致性和凝聚力。

三是国家主权因素。制度化的区域经济合作具有“主权成本”，即需要对各成员国的行动自主性施加约束，各成员国要为区域经济一体化承担一些义务，约束一些自主性行为，甚至让渡某些国家主权。由于大多数东亚国家都具有殖民地经历，地区内国家普遍对“主权成本”极其敏感。从东盟（ASEAN）、亚太经济合作组织（APEC）等看，普遍采用了“不干涉主权或内部事务”的制度设计来回避主权偏好的敏感问题，但也造成了制度化水平的低下以及应对共同问题上的能力欠缺。高度敏感的“主权成本”意识阻碍了东亚区域经济一体化的制度化进程，使类似于欧洲的超国家管理和监督机制难以形成。以亚洲金融危机后建立的“10+3”机制为例，主要是对共同关心的经济事务进行定期商谈，没有设立对各国在政策协调上所应采取的方式和步骤上的硬性实施机制。

从当前的理论研究看，基于经济学方法的经验研究基本支持东亚地区存在多个次区域性的最优货币区，但是在现实中东亚地区到目前为止还不存在制度性的经济一体化与货币合作安排。也就是说，如果非经济因素不能得到妥善解决，即使经济上已经具备高层次经济一体化的可能性，东亚地区构建一个紧密经济区仍面临较大的难度。这些非经济约束构成了东亚地区构建更紧密经济区的潜在障碍，也意味着构建中国经济区只能分阶段进行，用时间化解潜在的主导权争夺，以深度经济合作逐步化解非经济障碍。

5.1.2 亚洲经济区主导之争：东盟、日本和中国

从历史经验看，建设亚洲经济区不可避免地受到经济一体化进程中的主导权问题制约，目前已逐步形成了三股主导力量：东盟、日本和中国，反映在货币上分别对应美元、日元和人民币。亚洲又是一个地缘政治和历史问题复杂的区域，在没有形成一个明显的强势中心之前，由博弈关系所决定的主导权争夺会有利于弱者。

5.1.2.1 日本的战略：以金融改革实现在危机中崛起

进入近代社会后，日本一直是主导东亚经济一体化的重要力量，不过前期一直以武装侵略为基础。二战后，随着日本经济的率先崛起，日本又通过推行垂直贸易分工和“雁形模式”试图主导东亚经济一体化进程。亚洲金融危机后，许多学者的研究以及日本政府都以日本为核心

和主导力量设计亚洲经济货币合作框架。日本也在2002年发布了《日本的自由贸易区（FTA）战略》[1]，并提出了扩大版的东亚共同体战略，即把澳大利亚、新西兰两个主要澳洲国家纳入东亚一体化范畴。

表5-2　　美国、中国、日本的名义汇率GDP总量　　单位：亿美元

	2007	2008	2009E	2010E	2007	2008	2009E	2010E
美国	2.0	1.1	-2.6	0.8	138112	142003	138311	141000
日本	2.3	-0.7	-6.0	1.7	43767	48067	49600	48000
中国	13.0	9.0	7.5	8.5	32801	43334	48400	56000

数据来源：IMF，世界经济展望（2009年6月）；绝对数据的预测值考虑了汇率变动因素。

从日本早期的战略可以看出，日本遏制中国的意图较为明显。随着时间的推移，特别是日本的停滞与中国经济的迅速崛起，日本在亚洲的主导力量正在快速消失，表现在经济总量被中国赶超、贸易总量与外汇储备被中国大幅度超越、中国与东盟的经贸往来超过日本、日本对中国市场的依赖日益增强，两岸四地经贸关系日益紧密以及政治外交紧张局面显著缓解等。

在新的历史形势下，日本重新调整战略，将竞争重点逐步向其优势领域集中。日本认为2007年爆发的次贷危机为其重振日本金融业提供了战略机遇，并在2007年发布了《增强日本金融市场和资本市场竞争力规划》，试图通过加快金融领域的改革把日本建成危机后不次于伦敦和纽约的全球重要金融中心，并以此占领亚洲区域合作的制高点，巩固日元的国际地位。为此，日本政府推出了以“增强日本金融市场竞争力”（Better Market Initiative；BMI）和“改进金融监管”（Better Regulation；BR）为主要内容的金融改革，使日本的金融市场更为开放、透明、公平、高效，并在次贷危机后成为全球最重要的和最有吸引力的国际金融中心之一。

① 在《日本的FTA战略》白皮书中，日本把构建亚洲FTA战略分为四个步骤：第一步分别与韩国和泰、马、菲、印尼四个东盟老成员缔结双边FTA（其中与新加坡的协定已于2002年初签署）；第二步与东盟的新成员缔结FTA，完成与东盟整体的FTA协定；第三步，分别以日—韩FTA和日—东盟FTA为主轴，吸收中国加入；第四步，吸收中国台湾和中国香港，实现更广泛的东亚一体化。

增强日本金融市场竞争力全称“增强日本金融市场和资本市场竞争力规划”，由“四个支柱和多项举措”构成。其主要内容如下：一是创建一个可信赖和有吸引力的市场，确保高效透明，以更好地满足国内外各类市场参与者的多样化需求。如，设立一个为专业投资者服务、简化信息披露的市场；发展多样化的 ETFs，基金投资对象由股票扩展到其他有价证券；修订行政处罚条例，实施激励性的处罚举措（初犯或及时纠正错误减轻处罚，重犯或不能及时纠正错误加重处罚）；允许国外上市公司仅采用英文进行信息披露，降低国外公司的成本等。二是改善经营环境，为鼓励金融竞争、振兴日本金融业创造条件。如，取消银行、证券和保险的分业经营限制；拓宽银行和保险集团的业务范围；促使金融机构提高效率，鼓励金融机构提供多样化、复杂化和国际化的产品和服务，更好地满足客户需求等。三是改进监管环境，以适应上述要求。如，加强与金融机构的对话与沟通；提高监管政策的透明度和可测性等。四是改善金融市场的外部环境。如加快金融、法律、会计等人才培养；完善金融基础设施，提升城市的金融中心功能等。2009 年 6 月 1 日，日本取消分业经营限制的法律已正式生效，以简化信息披露为主要特征的东京 AIM 市场（以私募和机构投资者为主要投资者，可仅用英文进行信息披露的市场）也开始运作实施。

改进金融监管的主要内容由“四个支柱、五项举措”构成。四个支柱主要包括：一是实现监管与市场的最佳结合，为金融机构经营提供最大化的自由空间；二是密切关注重大风险隐患，将监管资源向重大风险隐患倾斜，及时发现并迅速采取有效应对举措，如定期公布金融机构次贷资产的敞口与损失状况；三是实施激励性的监管导向，鼓励私人部门自愿主动采取行动，强化全面风险管理，如实施激励性的财务评级制度，全面实施巴塞尔协议 II；四是提高监管的透明度和可测性，每年公布财务审查手册、监管指引等。五项举措主要包括：一是加强与金融机构的对话，包括内资机构和外资机构，提高监管的有效性；二是加强信息传播，及时用英文公布相关法律法规和政策；三是加强与金融监管的国际合作；四是成立专门机构，加强市场研究，及时掌握市场发展动态；五是重视人力资源的培养和发展。

当前，增强日本金融市场和资本市场的国际竞争力已成为当前日本最主要的国家战略之一。如果这一战略取得成功，将极大地弥补日本经济贸易地位下滑带来的不利影响，增强其竞争亚洲主导地位的战略资源。

5.1.2.2　东盟的战略：同心圆设想

东盟是亚洲最早实践区域经济一体化的组织，也是当前阶段东亚区域经济一体化进程的主要推动者。东盟对区域一体化的动力从根本上看来自其本身的需要，东盟是典型的小型开放经济体联盟，经济一体化是其赖以生存、发展和应对外部冲击的唯一选择。如果仅仅依靠东盟内部的经济联盟，难以摆脱市场狭小、分工重叠、政策协调难等内在缺陷，这些缺陷使东盟自由贸易区（AFTA）成员间的内部贸易比重长期徘徊在20%左右，远低于北美自由贸易区（NAFTA）和欧盟（EU）大约60%的水平。这种缺陷在亚洲金融危机以及当前全球性金融危机中显露无遗，因此为了更好地应对外部冲击，东盟已经认识到必须与具有紧密经贸往来的和天然地理联系的区域内大国实现经济一体化。为此，东盟充分把握亚洲大国之间的矛盾，利用其不具威胁性的优势和自身一体化的经验，通过开展双边合作推进多边的亚洲自由贸易区，提出了构建亚洲自由贸易区的同心圆战略。

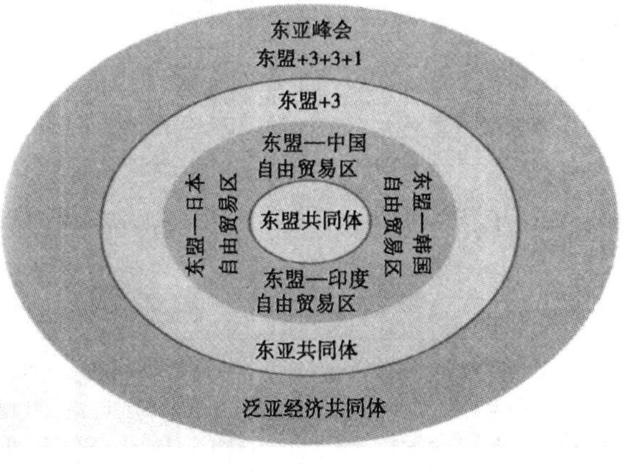

图 5－1　东盟构建亚洲自由贸易区的同心圆战略

东盟战略的主导思想是：以“东盟共同体”为核心，以东盟分别与中、日、韩、印、俄、澳等多个“10＋1”机制为第一外围，以“10

+3”为第二外围，以东亚峰会（10+3+澳、新、印）为第三外围的“同心圆”战略。按照这一战略，东盟试图主导大东亚地区的区域经济一体化。抛开东盟自身是否有能力完成这项工作，这一战略构想很有可能成为未来“东亚共同体”的蓝图。

5.1.2.3　中国的战略：非攻与不争

在东亚经济一体化中，中国采取了韬光养晦的非攻与不争策略，并不急于参与整合东亚大市场，而是依靠自身经济发展使东亚经济增长日益依赖大陆市场。在不放弃东亚的同时，积极开拓外围市场，确保为自身经济长远发展所需要的外围市场和资源。这种策略实际上是一种“远交而近不攻”的策略，将整合东亚地区市场的初期工作交由东盟完成。这种策略符合中国的经济利益与现实国情。

表5-3　2008年对主要国家和地区货物进出口额及其占比　单位：亿美元

国家和地区	货物出口额	增速,%	占比,%	货物进口额	占比,%	增速,%
欧盟	2929	19.5	20.5%	1327	19.6	11.7%
美国	2523	8.4	17.7%	814	17.4	7.2%
中国香港	1907	3.4	13.3%	129	0.9	1.1%
日本	1161	13.8	8.1%	1507	12.5	13.3%
东盟	1141	20.7	8.0%	1170	7.9	10.3%
韩国	740	31.0	5.2%	1122	8.1	9.9%
俄罗斯	330	15.9	2.3%	238	21.0	2.1%
印度	315	31.2	2.2%	203	38.7	1.8%
中国台湾	259	10.3	1.8%	1033	2.3	9.1%
商品出口总额	14285	17.2%	100%	11331	18.5%	100%

数据来源：国家统计局：《2008年国民经济和社会发展统计公报》。

从综合实力看，尽管中国上升速度很快，但是并没有取得对日本的绝对战略优势，如果过早参与同日本争夺东亚经济一体化的主导权，必然造成资源浪费和发展机遇丧失；因此对于日本在亚洲的攻势可任由东盟区进行制衡。可以说，没有中国的支持，东盟推进亚洲经济一体化的进程很难取得实质性进展。

从贸易结构看，欧美在中国的出口市场中占据相对重要的位置，新市场的开拓主要位于南美以及非洲地区；而进口来源主要在东亚地区，中国内地市场已成为台湾地区以及东盟和日本的最大单一外部市场。因此，中国当前的战略重点是开发新的外部市场与激活内部市场，进一步增强东亚主要经济体对中国市场的依赖。

5.1.2.4　东亚经济区主导力量对比与展望：小结

当前阶段，东亚地区经济一体化的三股主要力量各具优势。日本是唯一的发达国家，经济增长已经接近由技术进步和产业创新所决定的自然增长率，其最大的优势在于制度、技术与剩余财富；中国的优势集中在发展潜力和市场规模；东盟的优势主要体现在政治方面，是大国力量角逐的平衡支点。

从长远看，综合实力将最终决定东亚经济区的主导力量的归属，即使东盟占得先发优势，也仅仅是一个推动者而非主导者，东亚统一大市场的重心在大陆。因此，短期内中国的理性应对策略是，支持东盟的同心圆战略，同时构建自己的同心圆，并将主要精力用于国内经济建设与制度改革，完成两岸四地的市场整合，尽快形成一个具有巨大有效需求的市场，并顺势承担其维护东亚经济一体化运转的核心作用。

表 5-4　2008 年中国、日本、韩国和东盟的主要经济指标　单位：亿美元

经济体	国土（万 Km^2）	人口（亿）	GDP	人均 GDP（美元）	出口总额	进口总额	外汇储备
中国	960	13.57	49630	3657	23180	20014	24361
日本	37.8	1.28	48067	34326	9260	9280	10306
韩国	9.9	0.49	9291	18967	4960	5280	2012
东盟	443.6	5.84	15068	2582	10140	9830	约 5500

数据来源：国家统计局；http：//www.wto.org；http：//www.aseansec.org；

注：1. 中国的数据包括港澳台；2008 年大陆地区以市场汇率计算的人均 GDP 为 3263 美元；2. 东盟成员国包括：新加坡、印度尼西亚、马来西亚、泰国、菲律宾、越南、老挝、文莱、柬埔寨、缅甸等 10 国；3. 贸易数据包括商品和服务，其中中国贸易数据未剔除香港转口贸易；东盟的服务贸易数据仅包括新加坡、泰国、马来西亚等主要国家。

亚洲经济的稳定首先要消除地缘政治上的不稳定因素，鉴于错综复

杂的地理关系与历史纠葛，一个强大地区强国是维护区域稳定的必要条件，如美国之于中北美地区。而在亚洲具备这种潜质的只有中国，且地缘政治优势和经济实力正在朝有利于中国的方向转变。次贷危机重创日本，2009 年以日元计价的 GDP 可能会回到 1990 年水平（参见 4.2.3），这是一个重要的战略转折点，自此以后，鉴于资源禀赋的差异，只要中国不再次陷入严重内乱，日本绝无再次主导亚洲的可能，而是回归到其在长期历史中的次中心地位。

但是，存在机遇与能否抓住机遇是两个问题。在构建亚洲经济区的长期竞争中，中国的潜力大于日本，但是日本现实的竞争力优于中国，因此如果中国的潜力不能充分发掘，将在亚洲区域经济合作中丧失建立“中国经济区”的机遇。从外部讲，制约中国发挥主导力量的最主要因素是体制差异造成的互信障碍；从内部讲，城乡发展失衡、区域发展失衡、收入分配失衡等极大地限制了中国大市场的潜力，并成为中国实现平稳持续增长的重要制约条件。如果进一步的改革不能有效解决上述问题，中国将丧失“构建中国经济区”的历史机遇。

5.2 中国经济区的内部条件：机遇与挑战并存

经过近 30 年的改革开放，中国逐步由一个落后封闭的经济体发展成为深度融入全球的经济贸易大国。一方面，中国经济的快速增长改变了全球经济贸易格局，为构建中国经济区创造了较为有利的经济条件；另一方面，中国在 30 年改革中也形成了较强的路径依赖，制约经济平稳运行的多重结构性矛盾日益突出，对中国经济实现自主型可持续发展也带来了严峻挑战。

5.2.1 有利因素：综合经济实力迅速增长

综合实力的迅速增长、大陆港澳的一体化以及两岸和平发展的长期趋势，是构建以两岸四地为核心的中国经济区最有利的因素和战略支点。

5.2.1.1　当前的有利条件：大中华经济区初步形成

大中华经济区（两岸四地经济一体化）的构建，大陆发展是根本，两岸关系是关键。进入 21 世纪后，大陆经济迅速崛起，港澳台经济社会发展已经基本依附于大陆市场，一个大中华经济区雏形已初步展现，人民币国际化的经济基础条件逐步形成。

1. 建立中国经济区的经济基础与市场基础初步具备

一是国民经济综合实力显著增强，各项经济指标稳步提升至世界前列。新中国成立 60 年来，GDP 年均增速高达 8.1%（其中 1979—2008 年年均增长 9.8%），经济总量增加 77 倍，达到 300670 亿元人民币（约合 4.2 万亿美元），跃升至世界第 3 位，经济总量占世界的比重回升到 6.4%，已接近日本。人均国内生产总值增长 32.4 倍，超过 3000 美元，由低收入国家跃升至世界中等偏下收入国家行列。根据联合国工发组织资料，按照 2000 年不变价计算，我国制造业增加值占世界的份额由 1995 年的 5.1% 上升到 2007 年的 11.4%。按照国际标准工业分类，在 22 个大类中，我国制造业在 7 个大类中名列第一；有 15 个大类名列前三；21 个大类所占份额均名列世界前六位。

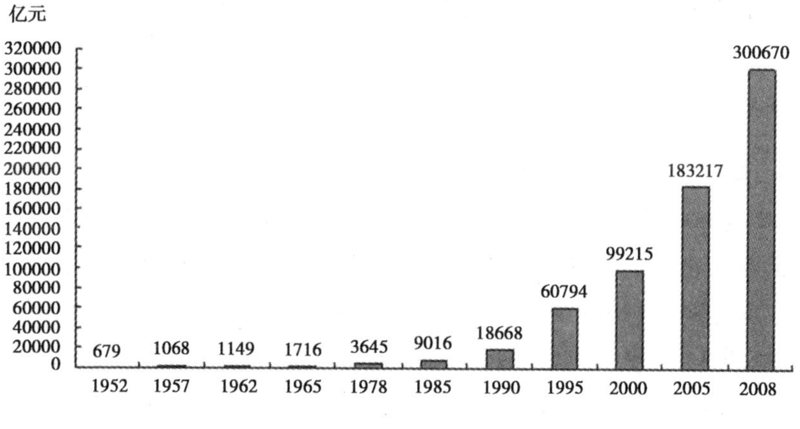

图 5－2　1952—2008 年国内生产总值

二是对外贸易迅速发展，我国已成为全球主要生产基地和重要需

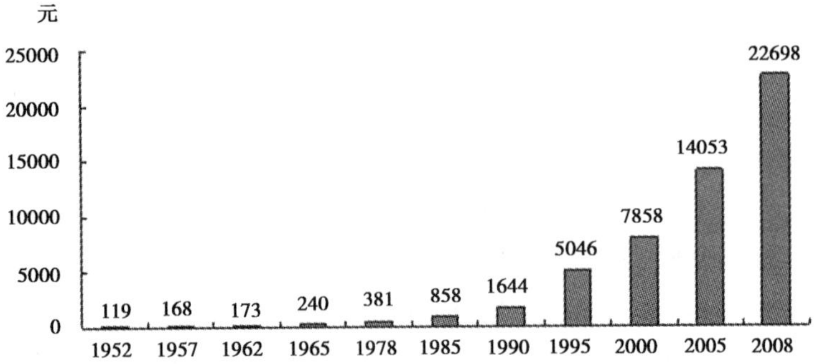

图 5-3 1952—2008 年人均国内生产总值

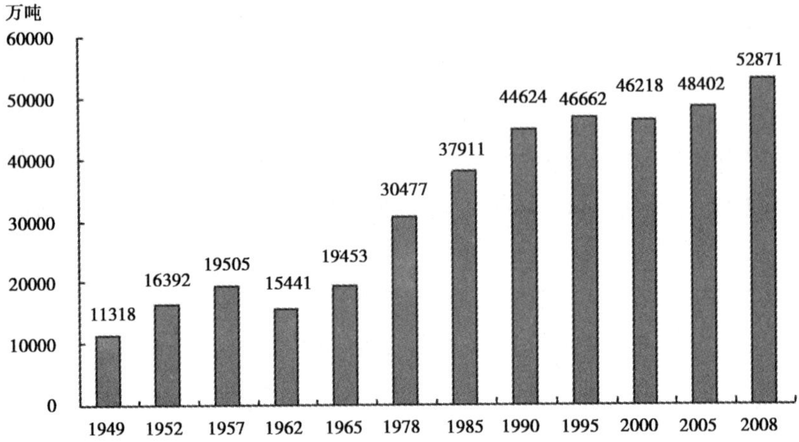

图 5-4 1949—2008 年粮食产量

求市场之一。改革开放以来，我国走上了对外开放之路，对外贸易快速发展，特别是加入 WTO 后，一举跃升为世界第三大贸易国，占世界贸易总额的比重也由 1949 年的 0.8% 提高到 7.9%。2008 年商品进出口贸易总额达到 25616 亿美元，其中商品出口额由 1950 年的 5.5 亿美元扩大到 2008 年的 14286 亿美元，商品出口总量有望于 2009 年成为世界第 1 位；进口额达到 11331 亿美元，已成为全球第三大需求市场。不管是以实际购买力平价计算还是以市场汇率计算，中国经济对全球经济增长的贡献都已超越美国，位居世界第 1 位，中国已经成为全球经济的主要驱动因素之一。

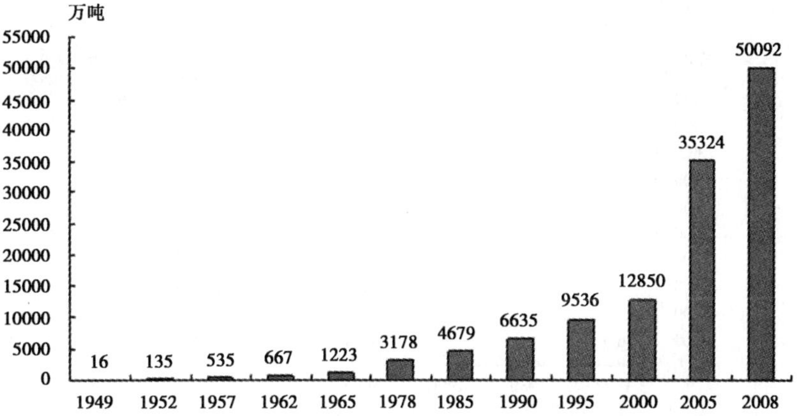

图 5－5　1949—2008 年粗钢产量

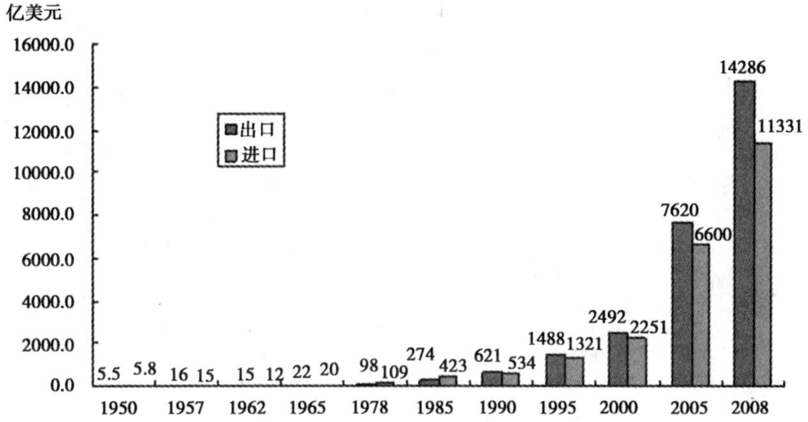

图 5－6　1950—2008 年进出口总额

三是利用外资规模不断扩大，对外经济合作快速发展，我国已成为全球主要投资国和资本输出国。改革开放以来，我国实际使用外商直接投资 8526 亿美元，年均增长 20.2%，2002 年以来利用外资一直居于世界前 3 位，发展中国家的第 1 位。随着国民经济的快速崛起，进入 21 世纪后，我国加快了“走出去”步伐。以直接参与海外工程、劳务合作和技术合作为特点的对外经济合作发展迅速，2008 年对外经济合作合同金额达到 1130 亿美元，完成营业额 651 亿美元，分别比 1989 年增长 50.1 倍和 37.5 倍。2003 年到 2008 年，对外直接投资额（非金融部分）由29亿美元上升到419亿美元。

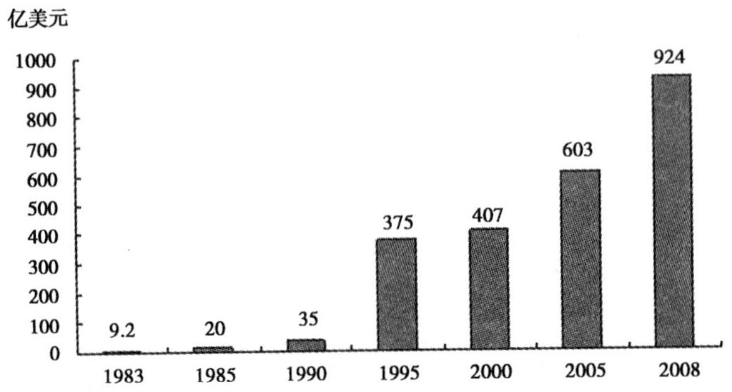

图5－7　1983—2008年实际使用外商直接投资

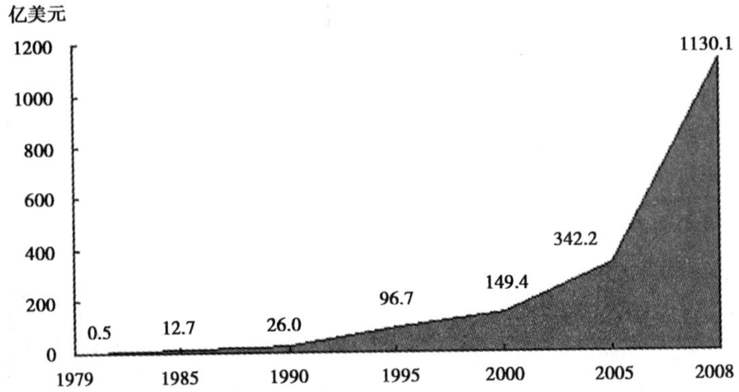

图5－8　1979—2008年对外合作合同金额

四是外汇储备持续增加，对外支付和清偿能力充足。60年来，我国外汇储备增加近14000倍，长期的外汇短缺的局面得到彻底扭转。1996年超过千亿美元，2006年超过1万亿美元，进入2009年后已超过20000万亿美元，2009年6月底达到21316亿美元，稳居世界第一位。

五是人民币币值稳定为中国经济区提供了可靠的货币信誉保障，人民币境外流通量迅速上升。2005年7月22日，人民币对美元汇率一次调整到8.11后，就进入缓慢升值通道，直到2008年9月次贷危机集中爆发后，为了降低对外贸易的不确定性，人民币与美元汇率再次进入钉住状态。从根本上讲，汇率变动的长期趋势主要由相对经济实力变动

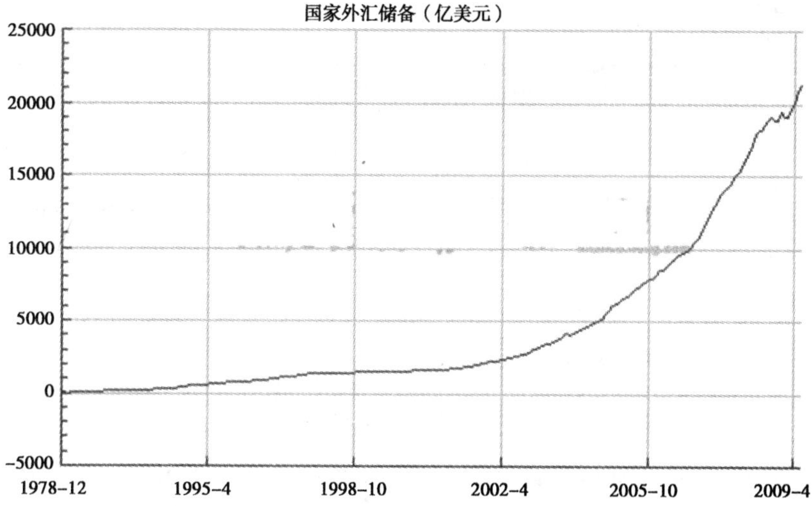

图 5－9　1978—2009.6 月外汇储备余额

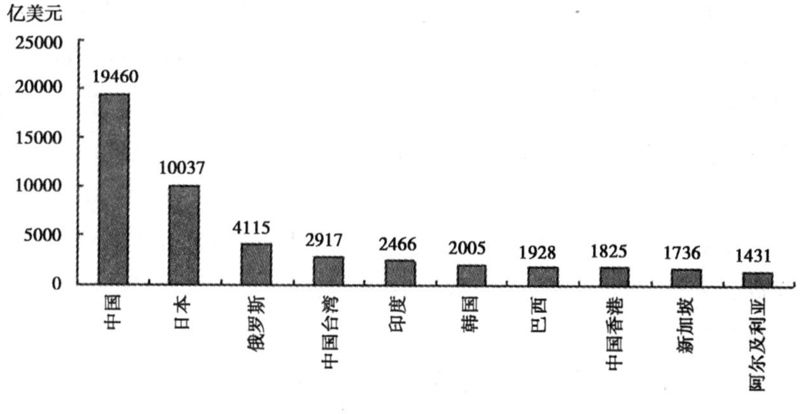

图 5－10　2008 年外汇储备前十位的国家和地区

决定，随着中国经济的崛起以及贸易保持双顺差的局面短期之内难以改变，预计危机后，人民币对美元仍将维持升值趋势。币值的坚挺为人民币在周边国家的流通创造了条件，人民币的境外流通量自上世纪 90 年代中期开始出现，进入 21 世纪后迅速上升。中国人民银行的调查表明，2004 年末人民币现金在周边国家和地区的滞留量约为 216 亿元；全年人民币现金跨境流出入的总流量为 7713 亿元。

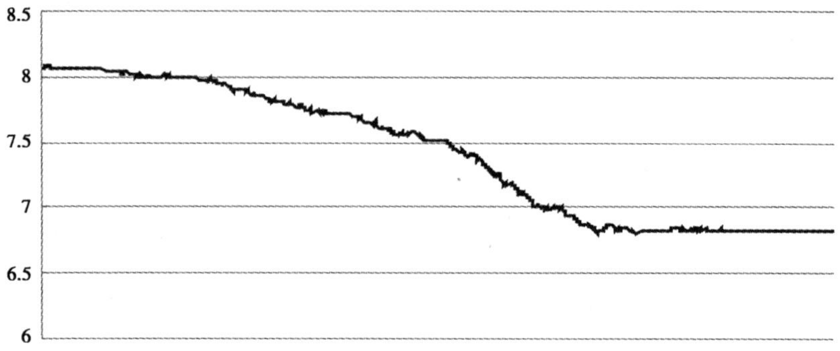

图 5－11　汇改以来人民币对美元汇率变动趋势

（2005 年 10 月—2009 年 9 月）

六是金融中介体系和金融市场体系快速发展为中国经济区的货币回流创造了必要条件。中国金融市场体系发展起始于改革开放之后，先后建成了以中央银行为中心的宏观调控体系，以商业银行、信用社等为主体的银行体系，以保险公司、信托公司、证券公司、基金公司等为主体的非银行金融机构，逐步建立了较为完善的金融中介体系。自 80 年代中后期，中国的票据市场、国债市场、股票市场、外汇市场、企业债券市场、期货市场等开始萌芽，并在进入 90 年代后进入快速发展阶段。进入 21 世纪后，中国金融体系进入以功能完善为核心的改革发展新阶段，大型商业金融机构改革深入推进，四大银行、四大保险公司股改先后完成，大部分成功上市；以股票市场为中心的资本市场进入大发展时期，股权分置改革基本完成、大型骨干企业集团纷纷上市交易、通过 QFII 以及 QDII 制度实现了部分开放，创业板市场开始运转，国际板市场积极推进。以市值衡量，中国股票市场规模已位居世界第 2 位（2009 年 7 月）。中国金融体系的发展与完善为建设一个紧密的中国经济区的主导货币（人民币）回流机制，创造了必要条件。

2. 香港、澳门与内地更紧密的经济合作关系为经济统一铺平了道路

随着香港和澳门回归祖国，港澳地区与内地在货物、资金、劳务、人员等各方面往来更为频繁，经济、金融日益融合。2003 年，内地与港澳地区先后签署了《更紧密经贸关系安排》（CEPA），并于 2004 年

初生效，这为内地与港澳地区的经济统一铺平了道路。

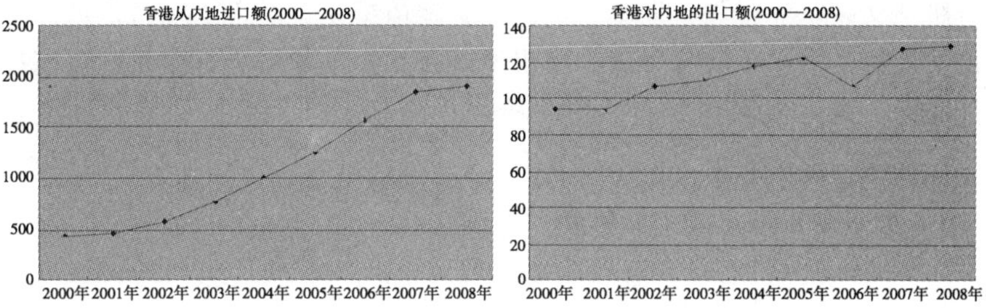

图 5－12　香港与内地的贸易状况（2000—2008 年，亿美元）

香港在中国的改革开放中起了特别重要窗口和通道作用，同时香港也从内地经济发展中获得巨大利益。香港促进了内地的改革开放，而内地的改革开放促进了香港的繁荣。改革开放以来，内地与香港货物贸易呈快速增长态势。1990 年两地贸易总额为 512.35 亿美元，2008 年则升至 2036 亿美元。香港产品对内地出口，在改革开放前 15 年增长非常快，年均增幅约 45%；自 90 年代中期以后，香港对内地出口进入停滞阶段，2008 年为 129 亿美元；香港对内地的进口则持续大幅上升，2008 年已达到 1907 亿美元。30 多年来，香港与内地形成了日益紧密的经济关系，香港成为内地对外经济关系的重要桥梁和纽带，内地则是香港经济增长的动力；据测算，内地与香港的贸易对香港 GDP 增速的贡献超过 10%。随着经济环境的变化，香港面临一系列困难和挑战，香港经济需要向高增值服务型经济转型，而加快与内地经济的全面融合，并借助大陆市场对于香港加快实现产业转移与结构升级，把香港建成全球重要的金融、航运、商业等高端服务业中心，对于促进两地经济共同增长有着重大的意义。澳门的情况与香港类似，CEPA 对于澳门的经济社会发展同样具有重要战略意义。

CEPA（Closer Economic Partnership Arrangement）的主要内容体现在三个大的方面：一是关于货物贸易的非关税措施，CEPA 规定，一方将不对原产于另一方的进口货物采取与世贸组织规则不符的非关税措施，内地将不对原产于香港和澳门地区的进口货物实行关税配额；一方将不对原产于另一方的进口货物采取反倾销和反补贴措施。二是关于服务贸易的规定，CEPA 在其附件中就每一个所列部门都作出了具体承诺，其中包括管理咨询、广告、会计、工程建筑、旅游、物流、电信、法律服务以及等银行、保险和证券等金融活动。三是关于贸易投资便利化的规定，中国大陆与香港和澳门地区将在 7 个领域进行合作：贸易投资促进、通关便利化、商品检验检疫、食品安全、质量标准、电子商务、法律法规透明度、中小企业合作、产业合作。自 2004 年年初以来，CEPA 的多项内容已经分阶段逐步落实。

CEPA 是大陆与港澳在符合世贸规定下所签订的自由贸易协议，并给予香港、澳门开拓内销市场优惠待遇；也是在 WTO 与一国两制的架构下，同一主权国家内部实现区域经济整合的一种制度安排，标志着港澳地区与内地的经贸关系从民间自发合作迈向政府之间制度性合作安排的新阶段。

3. 内地和台湾的经贸往来以及政治和解为经济一体化创造了机遇

改革开放以来，两岸投资与经贸交往迅速发展，台湾在经济上已经对大陆市场产生了很强的依赖。1978—2008 年，台湾与大陆贸易总额累计 8574 亿美元，其中台湾实现顺差 5538 亿美元，两岸贸易对台湾经济增长做出了重要贡献。2008 年台湾对大陆的贸易顺差高达 774 亿美元，占其 GDP 的 20%；对大陆的出口总额占 GDP 的比重高达 1/4 以上(26.3%)，占其出口总额的 40.4%；2008 年全年台湾对外直接投资总额为 143 亿美元，其中大陆投资占比接近 70%[①]。不管台湾的政客如何宣扬经济脱离大陆，事实上离开大陆市场的台湾必然会陷入经济崩溃。

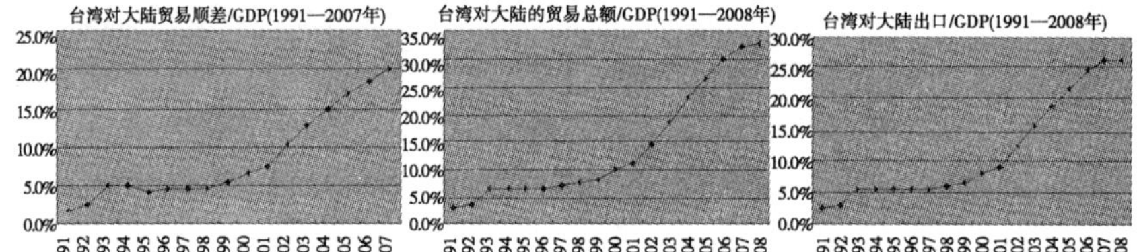

图 5－13　台湾对大陆的经济依附日益加深

自 1999 年李登辉抛出“两国论”以来，台湾岛内局势被政治纷争主导。期间，台湾经济增长明显下滑，错失了经济发展的黄金机遇期，

① 数据来源，中华人民共和国商务部台港澳司。

经济发展也失去了方向。1951—1988 年是台湾工业化时期，后期经济增长率平均在 9% 左右；1989—1999 年，台湾经济开始向后工业化阶段转型，期间经济增长率平均为 6.3%；1999—2008 年，台湾平均经济增长率快速下滑到 3%，远逊于港、新、韩，失去了经济转型的黄金机遇。相对于新加坡近期正式将简化汉字定位官方文字的战略决策，台湾的战略狭隘越发突出，并在与大陆的经济谈判中日益被动。台湾未能洞悉区域经济一体化发展对台湾的经济政治影响，也未能较好地利用先发优势，在两岸经济合作中谋求最大利益。

表 5－5　　1998—2008 年台湾对大陆的贸易状况　　单位：亿美元

	贸易总额	进口总额	出口总额	贸易顺差
1998 年	205	38.7	166.3	127.6
1999 年	234.8	39.5	195.3	155.8
2000 年	305.3	50.4	254.9	204.5
2001 年	323.4	50	273.4	223.4
2002 年	446.7	65.9	380.8	314.9
2003 年	583.6	90	493.6	403.6
2004 年	783.2	135.5	647.8	512.3
2005 年	912.3	165.5	746.8	581.3
2006 年	1078.4	207.4	871.1	663.7
2007 年	1244.8	234.6	1010.2	775.6
2008 年	1292.2	258.8	1033.4	774.6

数据来源：根据商务部台港澳司数据整理。

经过 10 年的经济失落，极端台独势力的影响受到了较大削弱，为两岸的和解创造了条件：一方面是失落的十年，另一方面是经济对大陆市场的依附日益加深，台湾已在经济上被大陆俘获。事实上，两岸经济一体化已经在台独喧闹的十年中悄然完成，只是缺乏两岸政府部门的官方文件认可以及相关制度的确立和完善。2010 年，中国与东盟的“10＋1”自由贸易区将正式启动，“10＋3”东亚经济体发展框架也已见雏形，这对台湾确立未来发展战略而言，形势越来越严峻。在严峻的国际经济形势下，两岸的和解已经不主要取决于哪一党派主政，而是成为历史发展的必然趋势。瑞士银行曾有分析："中国大陆是台湾经济唯一的希望，但是碍于统独之争，在这方面台湾政府脚步缓慢。台湾经济的好转，以改善两岸关系最重要。"正是在这种背景下，两岸的政治交流与经济交流空前高涨，两岸的"三通"、"自由贸易谈判"、"开放投资"等一系列重要战略举措先后登台，这为两岸在制度上完成经济一体化创造了机遇。

5.2.1.2 中国经济增长展望：未来10—15年有望继续维持8%—9%的高速增长

自改革开放以来，中国经济已经保持了30年接近10%的高速增长。特别是在次贷危机大背景下，欧美发达国家陷入战后以来最严重的衰退，中国宏观经济运行面临严峻的外部环境。但是从长远看，中国经济增长仍有潜力继续维持10—15年的高速增长。

1. 中国经济增长的动力分析：尽管外部需求出现萎缩，但是总需求依然旺盛

根据宏观经济理论，拉动经济增长的三大动力分别是净出口、消费需求和投资需求。从历史经验与当前经济环境综合考虑，尽管中国外部需求在中期内会出现萎缩，但是总需求仍能保持较高水平。

从外部需求（净出口）看，改革开放以来，我国对外贸易增长迅速，成为推动经济增长的一个重要动力。30年来，净出口对GDP增长的平均贡献度为8.0%；其间，我国净出口对GDP增速拉动效应为负的情况出现过三次，分别是1978—1979年、1983—1985年、1992—1993年，主要原因是进口增长速度远快于出口增长速度，导致进出口净额同比大幅度下降，出现了贸易赤字。自1994年以来，净出口对经济增长的拉动效应一直维持正值。当前，我国对外贸易的形势空前恶化。主要贸易伙伴受次贷危机深入发展影响，全面陷入衰退，根据IMF以及世界银行的最新预测，2009年发达国家可能出现大危机以来的首次全面负增长，美欧日是我国最主要的出口地区，约占我国对外出口的70%（包含香港的转口贸易），当前贸易环境的恶化程度远远超过亚洲金融危机和"9·11"事件。但是，在各国的联合干预下，全球经济已经出现了企稳态势，预计未来的外部需求将缓慢回升。

从消费需求看，长期以来，消费一直是推动我国经济增长最为稳定的动力。从 1978—2007 年 30 年期间的统计数据看，最终消费需求对 GDP 增长的平均贡献度为 55.6%，对年度 GDP 增速平均拉动 5.5 个百分点。90 年代中后期以来，最终消费对 GDP 的贡献有所下降，目前已趋于稳定。我国最终消费需求在结构上可以分为农村居民消费需求、城镇居民消费需求和政府消费需求。从我国最终消费支出的总体变动趋势看，90 年代中期以前增长率呈现较大的波动性，反映了当时宏观调控能力的不足，体现在国民经济"一放就乱、一抓就死"；90 年代中期后，随着经济软着陆的实现，我国政府宏观调控能力越来越强，经验也越来越丰富，包括消费需求在内的主要宏观经济变量走出了大起大落的怪圈，波动性显著缩小。反映在最终消费需求上，呈现出稳步增长的势头，尤其是 2004 年以来，实际增长率稳定在 12% 以上。从我国最终消费需求的支出结构看，1990 年之前农村居民消费是我国消费总需求的主体，在 80 年代中期之前，农村居民消费需求占总需求的 50%；1990 年之后，城镇居民消费在总消费中的比重快速上升，并逐步取代农村居民消费，在消费总需求中占据了半壁江山；政府消费需求在总需求中的比重稳步上升，并在 2000 年之后超过农村居民消费需求。消费需求结构的变动，反映了我国经济体制改革从农村到城市的变迁过程，也反映了 90 年代以来农村居民的收入增长远远落后于全国平均水平的现实状况。

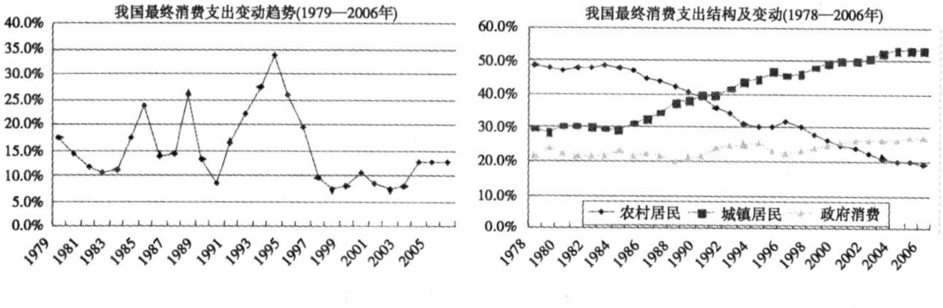

图 5－14　我国消费支出与消费结构的变动趋势

进一步分析未来农村居民消费需求、城镇居民消费需求、政府消费需求变动，并以此对未来消费总需求的变动趋势作出预测。（1）农村居民消费将保持稳定增长。一是国家对农村地区的财政倾斜、城镇化与新农村建设的快速推进，将使农村居民的收入继续保持平稳增长。二是农村居民的消费结构更偏重于生活必需品和生产资料支出，消费需求的收入弹性较小，农村居民收入的稳定增长预期是支撑农村地区消费稳定增长、启动内需的坚实基础。综合看来，农村居民消费支出在总消费需求中的占比已于2006年达到了历史低谷，未来将稳步回升。（2）城镇居民消费面临回调压力。城镇居民的实际收入增速已由2007年的9.5%下滑到2008年的8.4%，但依然处于较高水平；以汽车、住房等为代表的大宗耐用消费品以及旅游等休闲消费需求为代表的城市居民的消费需求升级还将持续下去，因此只要收入增长不出现大幅下滑，城镇居民的消费需求变动趋势不会发生太大变化。（3）政府消费将继续保持稳定增长态势。进入21世纪以来，政府消费一直是最终消费需求中增速最快、波动最小的部分。随着财政收入的增加与扩张性财政政策的出台，预计政府消费支出会继续保持稳定增长的趋势。综合看来，在最终消费的三大构成中，农村居民消费、城镇居民消费和政府消费仍将保持稳定增长。

从投资需求看，90年代中后期以来，投资需求对GDP增长的贡献整体呈上升趋势。2001—2007年，最终消费对GDP的平均贡献度为48.3%。从我国投资需求的总体变动趋势看，一直未摆脱大起大落的循环，年度同比最大波动幅度超过100%，反映了我国政府对经济增长的主导作用。在三大需求中，投资需求是各级政府唯一能够直接操控的变量，也是我国调控经济的重要手段。投资需求的不稳定性，从侧面反映了政府对投资干预的有效性，与宏观调控周期高度吻合。在较长时期内，投资需求在宏观调控需要时仍能成为拉动我国经济增长的主要动力，并确保国民经济的稳步增长。

2. 中国在未来10—15年仍有维持8%—9%高速增长的潜力

改革开放以来，我国GDP增长呈现出显著的周期特征。以GDP增速的峰值为标志，我国宏观经济运行已经历了三个完整周期，目前正在进入第四个周期。我国经济周期有三个显著特点：一是周期有逐渐加长的趋势。从1978年形成的第一个高峰点11.1%到1984年形成的第二个高峰点15.2%，峰值周期为7年；从1984年的第二个高峰点到1992年形成的第三个高峰点14.2%，峰值周期为9年；从1992年的高峰点到

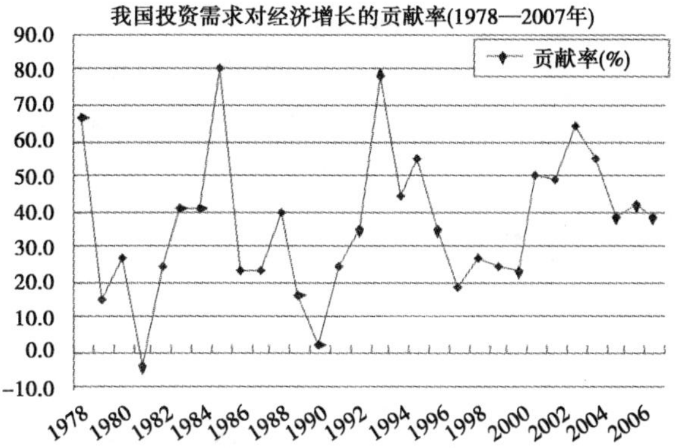

图 5－15　我国投资需求对经济增长贡献率

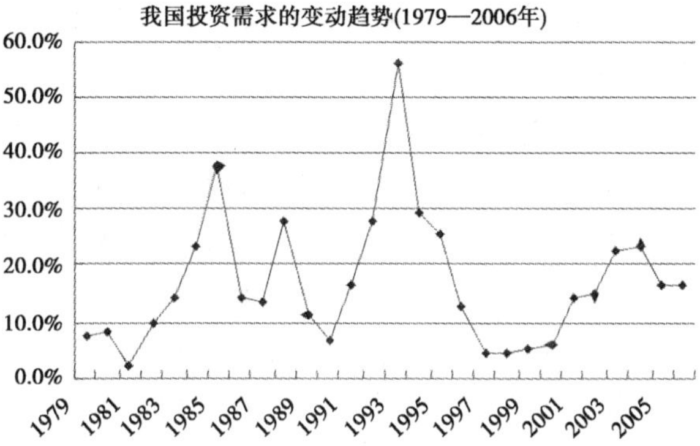

图 5－16　我国投资需求的变动趋势

2007 年形成的第四个高峰点 11.9%，峰值周期为 16 年。二是波动幅度有逐步减小的趋势。90 年代之前的周期波动幅度约为 10 个百分点，90 年代后已缩小到 6.6 个百分点，国民经济的大起大落已经得到了有效遏制。三是上行阶段整体长于下行阶段。以第三个周期为例，从 1992 年开始，为调控经济过热历时 6 年成功实现了软着陆，此后上行阶段持续了 10 年，并在 2007 年见顶。

我国国民经济运行周期的演变，一方面表明随着我国经济规模的快速膨胀和经济结构的逐步优化，经济运行抵御外部冲击的能力在提高；另一方面也显示政府宏观调控的经验和能力越来越强。预计已经开始的国民经济第四个经济周期持续的波动幅度会更小，下行阶段会更

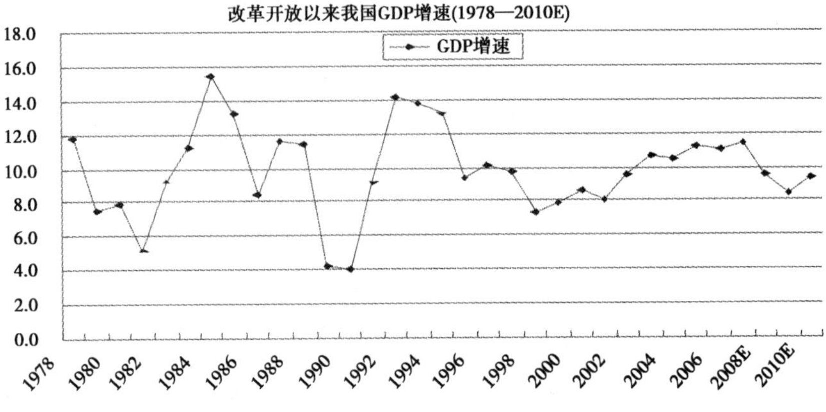

图 5－17　改革开放以来我国 GDP 增速

短，运行区间将有望维持在 8% 左右，如果改革举措得当，能够进入新的平稳增长阶段。

未来 10—15 年，中国国民经济的增速仍有望保持快速增长，但是增长速度和波动幅度都会较过去 30 年有所放缓。经济增长的主要动力，如城市化、工业化将持续下去，区域经济发展不平衡为产业转移创造了空间条件，高储蓄、高投资等支撑经济增长的要素短期之内难以转变，技术上的落后还将为技术引进与产业更新提供机遇。但是，也必须清醒地认识到，我国人口红利与工业化已经进入后期阶段，支撑过去 30 年经济增长的条件正在发生变化，未来经济增长的可持续性取决于能否顺利实现增长方式的转变以及找到新的、可持续的增长点（如美国 20 世纪 90 年代的互联网革命），以有效应对全球性的资源与环境硬约束。

此外，根据麦迪森对全球主要国家千年经济增长的分析，如果中国能够较好地解决内部问题，中国高速增长在接近全球技术前沿之前不会终止。即在全球经济一体化的条件下，中国如果能够充分利用全球资源支持经济增长，同时优化产业结构升级，实现服务业的崛起与对产业链的控制，则高速增长有望保持到人均 GDP 接近发达国家平均水平以前。当然，如果中国不能顺利解决内部日益严峻的结构性失衡矛盾，则经济增长可能随时停滞，提前重演日本、苏联追赶过程中的悲剧。

5.2.2　不利因素：内部结构性失衡矛盾日益突出

要构建一个强大紧密的中国经济区，需要通过制度改革确保经济发展的可持续性，强化统一大市场的深度，并创造一种可以借鉴的发展范式。从这一角度看，构建中国经济区的主要矛盾仍在内部，即在三十年改革发展中逐步积累的制约经济可持续发展的一系列结构性矛盾，已成为制约中国经济社会稳定发展与统一大市场构建的深层次因素。

一是区域经济与城乡发展失衡。当前，区域协调发展面临的突出问题，主要是区域发展差距较大，地区差距主要表现在：发展水平差距继续扩大，东部地区与中西部地区的人均生产总值倍数由 1978 年的 1.6 倍、中部的 1.9 倍扩大到 2007 年的 2.1 倍和 2.4 倍；经济总量差距拉大，东中西部地区 GDP 占全国 GDP 比重，由 1978 年的 50.3%、29.06% 和 20.63%，变为 2007 年分别为 59.27%、23.36% 和 17.37%；区域收入差距较大，从 2007 年分地区人均年收入看，东部地区分别是中西部地区的 1.49 和 1.53 倍；如果分省计算，不同省份居民收入之间的差异已经扩大到了 10 倍，远高于美国的 2 倍。从城乡收入差距看，1978—2008 年，我国农村居民纯收入的增长速度长期低于城镇居民可支配收入，城乡居民收入差距在经历短暂下降后，从 1.7 倍迅速扩大到 3.3 倍；其中东部省份城乡收入差距仅为西部省份的 1/2。根据国务院发展研究中心李善同等的研究，中国经济发展的地区差距和城乡差距在相当长时期内会继续存在并扩大。区域经济发展失衡是构成中国经济可持续增长和增加市场深度的重要制约因素。

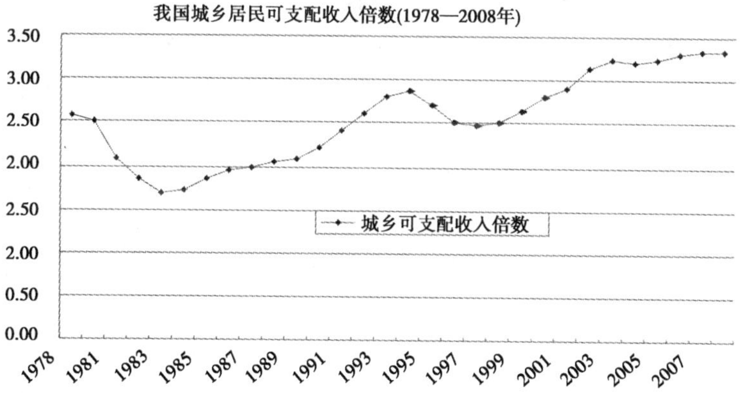

图 5－18　我国城乡居民收入差距的演变趋势（1978—2008 年）

二是收入分配失衡与贫富差距过大。改革开放近 30 年来，我国社会各阶层在社会财富占有上的差距已经达到了非常惊人的程度，社会资源和财富迅速地流向了少数特权阶层和利益集团。根据钟伟的统计，内地 50 个富豪的资产即相当于 5000 万农民的 1 年纯收入，300 万个百万富翁的资产，则相当于 9 亿农民两年的纯收入。另外，中国社科院在年度调查报告中也指出，2006 年中国的基尼系数已经达到的 0.496，是公认的收入分配严重不公的高水平，远高于同期印度的 0.33 和美国的 0.41。美国波士顿咨询公司发布的《全球财富报告》显示，中国 0.4% 的家庭占有了 70% 的国民财富，而在日本、澳大利亚等国，一般是 5% 的家庭控制国家 50% 的财富。2007 年 12 月，世界银行在北京发布《贫困评估报告》初步研究结果，显示在 2001 年至 2003 年间，中国经济以每年接近 10% 的幅度增长，而 13 亿人口中最贫穷的 10% 人群实际收入却下降了 2.4%。中国已成为世界上财富高度集中的国家之一，如果经济发展的成果不能普遍惠及国民，长期的社会稳定将难以保障。

三是要素的自由流动受到限制。制约中国要素自由流动的因素有制度因素和非制度因素等两个方面。制度因素是制约中国要素流动的深层次原因，主要体现在长期存在的户籍制度，分割性的社会保障制度（如医疗、养老等不能跨省迁移）等，制度因素也是导致非制度因素盛行的原因之一。非制度壁垒主要体现在形形色色的地方保护主义，中国市场的地方保护主义由来已久，从烟酒消费的行政性排外，到出租车、公务车的强制性本地采购，而在当前经济危机背景下，“扩内需、保增长”的政策更为地方保护主义的复发提供了温床。2008 年抗危机的政府投资主导经济刺激计划，更为地方政府优先采购本地产品提供了可能。广西、安徽、河南、南京、杭州、长春、东莞等越来越多的地方政府出台了具有显著地方保护主义色彩的鼓励经济发展的计划，地方保护主义使同一个主权经济体下的中国形成了诸侯割据的小版图，制约了统一大市场的形成与中国经济梯度开发，不利于区域产业升级和区域经济趋同。

四是尽管经济总量跃居世界前列但是社会有效财富总额较低。经济总量（GDP）是由多种因素决定的，特别是要素投入总量与经济总量具有直接关系，因此人口大国通常经济总量都比较大。但是，总量并不能全部转化为国家实力，而是经过一定扣除后的社会有效财富总额才更能较好地代表一国经济实力。以农村居民为例，仅仅按照每日 1 美元的国际贫困线对人均实际进行扣除，2008 年中国 7 亿农民的人均有效财富仅为 2200 元左右，很难支付教育医疗等家庭发展的必要费用，也就很难形成一个具有有效需求的大市场。对于城市居民而言，如果住房、医疗、教育、养老等基本生活支出较高，则有效财富在收入总额中的比重会更低；如果再统筹考虑收入分配因素，中国庞大的经济规模背后是有效财富（或者剩余财富）相对较低。相对美国和日本而言，中国城市居民住房支出占可支配收入的比重过高，以房价收入比衡量，美国顶峰时期为 4—5 倍，而中国的房价收入比不同的人测算的结果不同，但普遍在 7 倍以上，中心城市基本在 10 倍以上，而东部一线特大城市普遍在 15 倍以上，过高的房价直接压低了社会有效财富总额。如果不能快速提高中国的有效财富，中国消费需求不足的局面很难得到根本改观，中国也就很难在经济实力上对日本形成压倒性优势。

五是过于依赖出口的模式难以为继，并承受了巨大的福利损失。中国过于依赖外需的增长方式在亚洲金融危机后并没有得到改善，反而得到进一步强化。1990 年、2000 年和 2008 年，中国贸易总额与 GDP 的占比分别为 28%、44% 和 59%；而同期社会商品零售总额与 GDP 的占比分别为 47%、38% 和 36%，[①] 此消彼长，国内消费严重不足的现象已经日益显著，中国经济增长的自主性与安全性受到威胁。过于依赖外需，使中国社会遭受到了巨大的福利损失，生产者剩余过低，产品的大部分价值以消费者剩余与商业利润的形式被贸易对手获取。中国 GDP 的潜在损失可以通过分解一个玩具产品出口形象说明，如果中国出厂价 2 元，美国到岸价 3 元，销售价 10 元，则次产业链在中国产生的 GDP 最多不超过 3 元，在美国产生的 GDP 至少为 7 元（取决于运输费用付给美方企业还是中方企业）；如果此产品在国内以 5 元的价格销售，则会进一步增加从产业工人到居民的福利，也会大幅度增加 GDP。据美国政府统计，美国 GDP 的增长率很大一部分归功于进口的增长，以 2000 年为例，美国 1.25 万亿美元的进口直接形成了美国 2.5 万亿美元的 GDP，约占美国当年 GDP 的 28%。由于过度压缩价格和大量出口，

---

① 根据 1990、2000、2008 年国民经济和社会发展的统计公报以及年度平均汇率计算。

中国每年损失的GDP相当于同类产品的国内零售价格与出口价格的差额，有学者估计其额度与中国出口总额度相当。这也是中国要想取得长期可持续发展，增加国内居民福利，必须调整政策启动内需的根本原因。

如果这一系列结构性矛盾不能在短期之内得到有效解决，中国的内需就很难启动，统一大市场的建设将受到较大约束，就难以改变人民币在现有国际金融体系中的被动地位，难以消除长期积累的贸易失衡问题，难以取得战略优势支持货币国际化进程，人民币成为国际主导货币必然缺乏长期稳固基础。同样，如果改革不能创造一种具有内在活力和较强自我纠错能力的制度，中国构建经济区已取得的战略优势将很难长期维持下去，也就会丧失构建中国经济区的战略机遇。

5.3 构建中国经济区的战略设想与实施次序

构建中国经济区的首要目的是保障经济增长的可持续性和经济安全，实现在区域经济内的合理产业分工，并依托一个紧密经济区确保在国际经济政治格局中的主导地位。当然，从经济区的发展历史看，现代经济区内要保持长期稳定的关系，需要建立在互利开放的基础上。

5.3.1 中国经济区的战略设想："一体两翼多环"层次推进

中国经济区的构建战略应以地缘政治为基础，综合考虑社会文化等意识形态与历史传统，着眼于中国的经济安全与要素和市场需求。

从地缘政治看，中国兼具两个双重特征，即大陆和海洋的双重特征、陆心和陆缘的双重特征。我国东部占据了亚欧大陆的重要海岸线，是地缘中心力量之一，经济重心在亚欧大陆的沿海边缘区域，华人也是历史上东南亚地区经济开发的主力，与日本和韩国具有重要的历史渊源；向西国土直接进入中亚地区，处在传统亚欧大陆心脏地带，并通过上海合作组织成为该地带最重要的力量之一。我国复合型的地缘身份在整个欧亚大陆具备独特的地缘政治优势，这种地缘特征决定了中国经济区的核心范畴应以西太平洋经济带和中亚经济带为战略纵深空间。

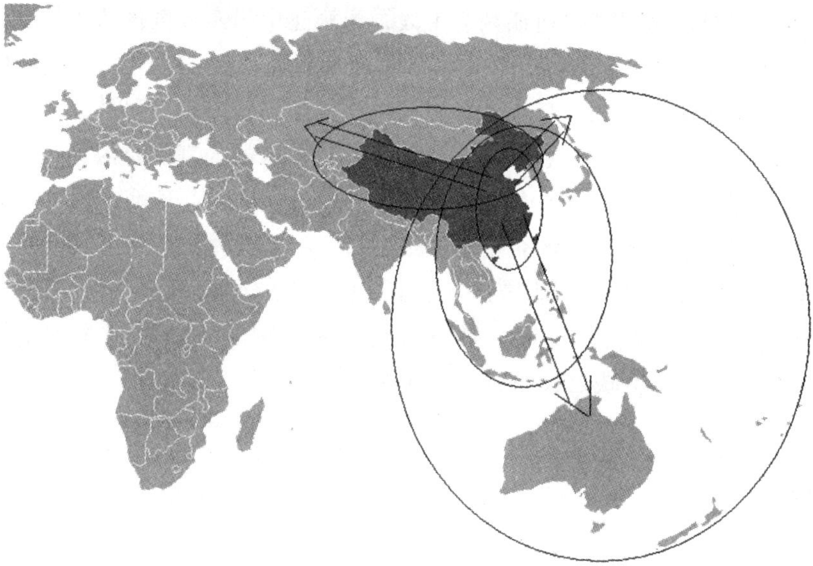

图 5－19　中国经济区的战略设想

构建中国经济区应坚持“一体两翼多环层次推进”的发展战略。“一体”战略即构建以两岸四地为中心的统一大市场，这是中国经济区构建成败的关键，如果没有强大的“一体”为支撑，在经济上难以形成强大的有效需求；在军事上无法保障东部沿海地带的安全。“两翼”即以中国东部沿海为中心由内而外向两侧延伸，向西构建中亚经济带，向南北构建西太平洋经济带，两翼即是中国能源的重要保障之一，也是中国大市场的扩展。“多环”的第一环（内环）就是“一体”；第二环是恢复中国历史上的“朝贡体系”中心区域，主要包括俄罗斯远东地区、中南半岛（东南亚）、朝鲜半岛以及亚欧大陆东部的海洋国家日本、菲律宾、印尼、新加坡等；第三环将涵盖“两翼”的所有区域。从战略上讲，“一体两翼”与“多环”是存在交叉的，体现了中国经济区建设的复合性与多层次性。如果“一体两翼多环”的战略能够成功实施，在未来中国可以实施以中国经济区为中心的大三角战略，即加强与非洲大陆和拉美地区的经济贸易合作，真正恢复中国在 15 世纪前的国际地位。

从现实看，进入21世纪后，中国已开始主动利用内地市场与资本优势，以自由贸易区双边谈判为手段，为构建中国经济区创造条件。到2008年底，中国现已开展了14个自贸区谈判，涉及31个国家和地区，如中国—东盟、中国—新西兰、中国—巴基斯坦、中国—秘鲁、中国—澳大利亚、中国—智利和中国—挪威等，自贸区的谈判主要内容集中于贸易与投资。2008年中国对东盟直接投资达21.8亿美元，同比增长125%。越来越多的中国企业已经把东盟国家作为主要投资目的地，2008年对其直接投资同比增长一倍多，接近22亿美元。尽管自贸区的谈判工作进展顺利，但是如果中国经济区的构建不能在根本上解决"一体"问题，就缺乏长期稳固的基础。

5.3.2 中国经济区战略的实施次序：以内地统一大市场为支点的稳步扩张

5.3.2.1 中国经济区的扩展次序

从理论上讲，区域经济一体化发展有六个阶段：合作范围与紧密程度从低到高依次是优惠贸易协定（PTA）、自由贸易区（FTA）、关税同盟（CU）、共同市场（CM）、经济同盟（EU）和政治经济同盟（PEU）。这种扩展次序实质上是以最适度货币区为思想基础的，是一种政治经济趋同条件下的联盟策略。前文已经分析过，经济区的形态是多样化的，欧盟、东盟等仅仅是一种形态，并不具有普世价值。

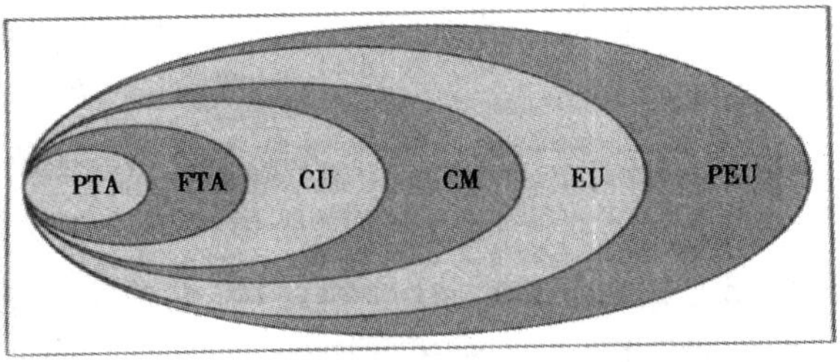

资料来源：Linda Law，*Political Economics of RTAs under Asian Multilateral Systems*，2000. http：//www. fba. nus. sg

图5－20 区域经济一体化的发展阶段

中国经济区合作内容的扩展次序不能完全按照这一次序，而应坚决舍弃政治联盟设想，以经济整合与深度一体化为主要内容，在政治上确保成员国平等互利和相互尊重，坚持亚洲地区长期形成的“和平共处五项原则”精神。否则，中国经济区的构建将会受到亚洲经济一体化系列障碍因素制约（见 5.1.1.4）。

基于此，中国经济在地理范围的扩展上，应坚持以内为主，加快建设内地统一大市场，优先落实“一体”战略，稳步推进两岸四地经济一体化、湄公河区域合作、东北亚区域合作、上海合作组织功能拓展等，建立中国经济区地缘力量的稳固支点。中国不需要采取类似德国在欧洲共同体中以退为进的策略，而应该在新世纪的第二个 10 年注重承担起在亚洲的责任，用开放与机会均等策略使中国成为亚洲乃至世界的需求中心和增长动力。

5.3.3.2 构建中国内地统一大市场的策略

国际货币作为公共物品，具有内在的规模经济与范围经济，货币发行国市场的广度、深度决定了一国主权货币作为国际货币应对外部冲击的能力。为扫除我国中长期经济增长面临的潜在障碍，中国需要在发展理念上融入并引导全球发展潮流，成为全球未来发展的引导者。为此，下一步的经济改革要把握好以下着力点，坚决打破路径依赖，促使经济增长与结构调整达到较好的结合，逐步将中国内地建成全球最大的统一市场和需求中心。

一是应将解决收入分配作为头等大事来解决，改变劳动要素在国民收入分配体系中的不利局面。切实把如何推进国内发展和民富摆在首位，不断提高工薪阶层收入，增加农民收入，从而促进社会和谐，使每一个劳动者都能充分分享国民经济发展的成果，为建立一个庞大的内需市场创造基础条件。从 1995 年到 2007 年，劳动者报酬在 GDP 当中的比例从 51% 下降到 39%；企业盈余从 23% 上升到 31%，劳动者报酬在分配收入结构中有所下降，资本处于垄断强势。与劳动在收入分配中处于劣势地位并存的是不同阶层人群收入差距过大，中国的基尼系数已接近 0.5，在全球主要国家中处于最前列。一个收入和财富高度失衡的社会是对中国经济可持续发展的最大挑战，收入分配格局的变动将直接决定中国统一大市场的深度和广度，也最终决定人民币国际地位的基础性条件。

二是注重开发新的市场需求，为把内需潜力转变为现实购买力创造基础条件。中国有庞大的内需潜力，2007 年国民储蓄率已攀升到 52%；到 2008 年 10 月，居民储蓄已达 21.1 万亿，同比增加 4.3 万亿。能否把中国居民巨大的消费潜力转变为现实购买力，将直接关系到中国经济能否有效抵御外部冲击，降低宏观经济的波动性和增长的可持续性。为此，宏观调控要注重破除制约居民消费的制度因素。要鼓励和加快建设多层次、全覆盖、广领域、全国统筹的社会保障体系，以降低居民储蓄率，拉动内需增长。70 年代末开始，随着日本社会保障体系的开支增加与企业年金的普及，日本居民储蓄率由 80 年代初期的 20% 以上大幅下降到 90 年代末期的 10% 左右。要加快医疗教育等民生领域改革，有效解决看病难特别是看病贵问题。数据显示，2007 年我国人均住院费支出约 5000 元，占全年支出的 7%，如果不考虑基本医疗保险的保障（2007 年保障面仅为 15%），人均住院费支出将突破万元，高昂的医疗费用已成为制约居民消费开支的重要因素。要以提高收入为切入点，加快推进新农村建设和农村市场的开发，有效解决目前底端出口领域的有效需求不足与产能过剩问题。

三是注重推进区域经济的梯度开发，破除制约生产要素自由流动的障碍，为国内产业转移与产业升级创造基础条件。庞大的国土、人口与复杂的区域经济现状，为中国区域经济的梯度开发创造了良好的经济地理条件。能否充分利用这些客观条件，顺利实现产业结构升级将决定中国中长期经济增长趋势。因此，宏观政策要注重推进梯度开发战略，破除制约生产要素自由流动的制度与非制度壁垒，使中西部地区有效承接东部的产业转移，为东部地区的产业升级创造条件。为此，一定要解决好政府效率、物流成本和合格劳动力等决定国内产业转移的关键因素，即中西部地区要注重提高政府效率，达到江浙粤等沿海发达地区的水平；要通过基础设施建设，把中西部地区的物流成本显著降低到合理水平；要重视基础教育在中西部地区的普及，以为承接产业转移提供足够合格劳动力。要通过切实推进中国的“西进运动”和“进步运动”，催生统一有效的大市场。

四是注重落实国家创新战略，引导经济增长由“追踪战略”到“创新战略”的转变。落实国家创新战略是决定由大国向强国转变的基础条件。要通过金融、税收等领域的政策调整，引导企业发展从以技术引进为主的追踪战略向以技术创新为主的“创新战略”转变；要引导经济增长方式由粗放型的“高能耗、高污染、低效率和低附加值”模式向“低能耗、高效率”方向转变，增强企业对产业链的控制力，提高科学发展能力。中国经济应力求在全球新一轮的产业升级中确立重要的领导地位，要力争在新能源革命、生物技术革命以及海洋开发等领域的创新中取得重大突破。

回顾荷兰、英国、美国、日本等主要国家崛起的过程，都经历了一个约 30 年的超快速发展时期，如英国的 1790—1820 年，美国的 1870—1900 年，日本的 1950—1980 年。与中国不同的是，这些国家在经历高速发展之后，不但在技术上和经济总量上进入了同一时代的领先行列，更为关键的是国民收入分配结构产生了重大变化，劳动收入在国民收入分配中占据了主导地位，其直接后果就是人均收入进入世界前列，培育了富裕的国民和庞大的中产阶层，积累了大量的剩余财富总量，庞大的国内市场和有效财富逐步成为其对外扩张和谋求世界政治经济主导权的坚实基础。

第6章

基于中国经济区的人民币国际化次序

国际货币格局演变的历史显示：任何一个新兴的国际主导货币必然会对旧秩序构成强有力冲击，并激发旧秩序产生本能的应激反应。新的国际货币体系形成需要历史契机，能否把国际货币潜力转变为国际货币实力，关键不在于如何设定目标，而是如何应对潜在挑战。这就需要把人民币国际化纳入国家政治经济体制改革的战略统筹范畴，夯实人民币国际化的基础，把握好人民币国际化的次序，避免因盲动与战略失误贻误货币崛起的机遇。人民币国际化是一项全局性的系统工程，不单纯是一个金融与经济问题，而是国家战略与政治外交的综合产物。如果不能坚持以内为主的战略，重点解决内部问题，谋求实现全体公民的共同富裕与经济增长的可持续性，人民币国际化只能带来“短快长痛”的结局，因为它会进一步掩盖内部矛盾，强化路径依赖的“闭锁效应”，进一步削弱改革的动力，重蹈追赶型国家的历史悲剧。

6.1 人民币国际化现状：初步具备国际货币雏形

货币国际化是一个渐进过程，也是一个由自发到自主的过程。国内对于人民币国际化的讨论始于20世纪80年代末期，经历了1994年以前的理论分析期、1994年至1996年制度改革引起的重大转折期以及亚洲金融危机以后的的快速发展期。目前，人民币已经初步具备国际货币的雏形。

6.1.1 人民币国际化历程回顾

从历史上看，危机往往是一国货币走上国际舞台的契机。二战催生了以美元为中心的布雷顿森林体系，而布雷顿森林体系的解体造就了不受约束的美元霸权；动荡的70年代（石油危机、美元危机等）促使马克和日元崛起为次级国际货币；而人民币的国际化进程同样起始于对危机的反应。

6.1.1.1 汇率改革为人民币国际化创造了制度条件

1994年中国开始对人民币汇率形成机制进行改革，取消了双重汇率制度，人民币官方汇率与市场汇率并轨，实行以外汇市场供求为基础的单一的有管理的浮动汇率制。1996年接受IMF第八条款，实现了经常项目下的人民币完全可兑换。随后，开始着手稳步开放资本项目[①]。2005年后，继续推进资本项目的开放，加快人民币可兑换进程。1994

---

① 根据国家外汇管理局的评估结果，截至2004年末，我国资本项目下实现可兑换的已有11项，占25.6%；较少限制的有11项，占25.6%；较多限制的有15项，占34.9%；严格管制的仅有6项，占13.9%。由于经常项目和资本项目下资金流动难以严格区分，我国资本项目的开放程度已经超过现行制度规定的范围。

年至2005年期间，央行一直在按照主动性、可控性和渐进性的原则，致力于完善人民币汇率形成机制的工作。2005年7月，放松了对人民币汇率的限制，实行“以市场供求为基础、参考一篮子货币进行调节、有管理的浮动汇率制度”，人民币进入稳步升值通道。

2004年4月，中国外汇市场正式运行，此后发展外汇市场一直是金融改革的一项重要内容。采取的主要举措有进一步改革汇价管理，扩大外汇市场交易主体，积极增加市场交易品种，充分为国内金融机构和进出口企业提供更有效的市场环境和必要的避险工具。从市场主体看，目前银行间外汇市场的交易主体类别已从国有商业银行、股份制商业银行、政策性银行、外资银行扩大到农村信用联社、非金融企业和非银行金融机构，市场主体发展十分迅速。从交易品种看，外汇市场交易模式进一步丰富，已由简单的本外币即期交易发展到外币对外币交易和远期交易。

6.1.1.2 亚洲金融危机后人民币走出国门的步伐加快

中国经济的高速增长、国际贸易迅速扩张、人民币币值的持续稳定，以及政府在亚洲经济危机中体现出的高度责任感等，使人民币国际信用显著提高，周边国家居民在其国内国际贸易流通中逐渐认可并接受人民币作为交易货币和清算货币。

一是人民币开始在边境贸易结算中使用。目前我国已与越南、蒙古、朝鲜、俄罗斯、老挝、尼泊尔等国家签订了双边结算与合作协议，2004年人民币在中越边境贸易中的结算量约为81%，中蒙边境贸易中的结算量约为90%，中朝边境贸易中的结算量约为45%，中俄边境贸易中的结算量约为15%，人民币成为与周边国家边贸结算中的主要货币。此外，目前在部分边境地区也出现了用人民币计价的民间直接投资活动。在越南、缅甸等国家，人民币已可以全境通用，部分国家甚至已经宣布人民币为自由兑换货币，并逐日公布人民币与本币的比价。人民币在周边地区的流通范围越来越广，越来越多地被用于边贸支付结算。2008年，我国与周边国家和地区的结算量已经达到了230亿元，基本上实现了准周边化。

二是人民币已深度融入港澳台地区。2003年底，人民银行与香港金融管理局签订合作备忘录，决定为香港银行开办个人存款、兑换、汇款和银行卡业务提供清算安排；2 月 25 日，此项安排正式启动，人民币开始在香港流通；同年底，澳门的人民币业务也正式开展，人民币现金在港澳地区的正规回流渠道正式建立；2008 年 6 月，台湾公布《人民币在台湾地区管理及清算办法》，人民币在台湾开始双向兑换。此外，离岸的人民币债券市场也已在香港设立，自 2007 年 6 月开始，内地有多家银行在香港发行人民币债券，总额超过了 200 亿元人民币。

三是鼓励人民币走出国境。2005 年 1 月 1 日，中国公民出入境、外国人人出境每人每次携带的人民币限额由 6000 元调整为 20000 元，人民币现金出入境限额的大幅提高，有利于促进人民币国际化进程的加快。继人民币银联卡在香港和澳门地区实现受理后，中国银联于 2005 年 1 月 10 日正式开通人民币银联卡在韩国、泰国和新加坡的受理业务，当前已进一步扩展到美国、欧洲和日本等国。

此外，随着中国经济的增长以及人民币汇率形成机制的不断完善，国际上许多国家也逐步在其汇率体系中考虑人民币因素。2005 年 4 月起，欧洲央行已将人民币纳入其每日统计并发布的欧元指导汇率体系。

6.1.2　人民币国际化现状

次贷危机爆发后，逐步演变为全球性经济危机，以美元为主导货币的国际货币体系广受诟病。国内无论是在理论界还是政策制定部门，人民币国际化的呼声再次高涨。时过境迁，中国在固定人民币与美元汇率的同时，采取了与亚洲金融危机迥然不同的策略，即开始采取在全球范围内推广人民币使用范围的一系列举措。可以说，尽管人民币成为国际主导货币的路还很长，但是人民币国际化进程已经开始。2007 年次贷危机爆发后，人民币国际化的最新进展主要体现在四个方面。

6.1.2.1　人民币双边互换协议

中国的人民币互换开始于新世纪之初，2001 年和 2002 年，中国央行与泰国和日本央行分别签署了总额为 20 亿美元和 30 亿美元的货币互换协议，允许在紧急情况下相互融通协议规模的对方本币。次贷危机引发的全球性经济危机爆发后，中国央行积极参与应对危机的国际和区域合作，缓解贸易融资难、解决短期流动性不足问题，中国央行自 2008 年 12 月—2009 年 4 月间先后同韩国等 6 国央行签署了总规模约 6500 亿人民币的多个双边本币互换协议。从互换货币的使用范围看，不同的互换协议作用有所差别，如阿根廷、马来西亚和印尼主要将人民币用作双边贸易的支付结算手段，白俄罗斯主要将人民币作为储备货币，韩国主要用于对在华企业的融资支持，香港主要为满足资金供给。当前货币互换与早期的互换主要功能出现了显著改进，如有效期限延长为 3 年、用途向贸易融资、支付结算、官方储备等多方向拓展；在运作机制上，主要是通过将互换所得的货币注入本国金融体系，支持本国商业机构的对外经贸与投资活动。从长远看，这些货币互换协议对于提升人民币的国际地位，实现人民币国际化有一定的积极作用。

表 6－1　　危机爆发以来我国对外货币互换情况　　单位：亿人民币

签署对象	韩国	香港	马来西亚	白俄罗斯	印尼	阿根廷
规模	1800	2000	800	200	1000	700

数据来源：根据中国人民银行公告整理。

6.1.2.2 人民币贸易结算试点

2009 年 6 月 29 日，中国央行与香港金管局签署了两地跨境贸易人民币结算的补充合作备忘录，根据这项协议，香港将与上海、广州、东莞、深圳及珠海开展人民币贸易结算。7 月 1 日，央行、财政部等六部委联合发布《跨境贸易人民币结算试点管理办法》，由政府推动的人民币跨境贸易结算正式启动。从试点情况看，跨境结算并未达到预期效果，推出试点后的前两个月，珠三角地区人民币贸易结算业务完成金额仅为 2000 万元，仅有 90 余家企业完成了 30 余笔结算业务。尽管从理论上讲，跨境贸易人民币结算业务可为企业带来更多的灵活性，避免不必要的中介环节，能够有效规避汇率风险。但是在实际操作中，一方面试点区域过窄，且面临统计、申报、税务等一些技术问题；另一方面，人民的升值预期、低接受程度和较低的境外存量，也限制了其使用范围。人民币在贸易结算中的推广，需要进一步扩大试点范围，加快配套制度的完善，通过对外输出增加境外人民币的存量。

6.1.2.3　人民币成为部分国家储备资产

人民币作为储备资产主要是在周边国家，且规模非常有限。根据有关资料，马来西亚中央银行的货币储备中就有约 1 亿元人民币，白俄罗斯等国也已把双边货币互换协议中的人民币纳入外汇储备。随着中国经济实力的进一步提升以及双边货币合作的开展，人民币也会逐步加快其作为储备货币的进程。但是也需要清醒地认识到，作为储备资产的人民币，在资本账户自由兑换以及国内金融市场改革开放做好相应准备之前，很难取得突破性进展。

6.1.2.4　人民币已被国际金融组织接受

随着经济危机深入发展，IMF 的资金不足问题日益突出，不得不在历史上首次发行债券筹集资金，以更好地应对国际金融危机。根据中国与 IMF 达成的认购债券协议，中国将以人民币认购 500 亿美元的 IMF 债券。通常而言，购买国际金融组织发行的债券应使用国际上能普遍接受的货币；本次认购 IMF 的其他国家（如印度、韩国、俄罗斯等）均不能使用本国货币，从某种意义上讲，IMF 已将人民币视同为准国际货币，也意味着广大发展中国家能够接受 IMF 提供的人民币援助，人民币在更广范围内的国际需求已经出现。另外，世界银行等其他国际金融组织也对人民币融资表示出了良好意愿。人民币被国际金融组织广泛接受，也意味着人民币在拓展支付手段和储备货币功能时面临的形势更为有利。

从国际货币功能出发，目前人民币承担国际货币职能已出现如下萌芽：储备货币、支付结算手段和交易媒介。但是无论从规模上还是使用区域上，人民币国际化仅仅处于萌芽状态，在可以预见的将来仍无法动摇现有以美元为单一主导货币的国际货币体系格局，更无法动摇美元在全球定价体系中的垄断作用。在这种现实条件下，盲目的国际化或者出现战略与次序失误，很可能会重蹈日元国际化失败的覆辙。当前阶段中国人民币货币化在货币领域的最主要问题是如何将越积越多的美元储备顺利消化掉，以实现储备价值的最大化，并在此过程中稳步提高人民币的国际地位。

6.2 国际货币体系展望：美元前景与主导货币多元化

单一的主权信用货币作为国际主要货币具有先天缺陷，即存在难以克服的“特里芬难题”，未来的国际货币体系必须解决特里芬难题的制约。从历史看，金本位制通过自动调节机制不具备特里芬难题，但是存在长期通货紧缩趋势，贵金属供给刚性不能适应全球经济增长的需要。从长远看，单一超主权货币在理论上既能够解决特里芬难题，也能够避免金本位制的弹性不足问题，但是在全球缺乏统一政府之前，其运行难以具备稳健可靠的基础，如同联合国和 IMF 不能解决全球政治经济问题一样，协调成本之高使全球统一货币成为可望不可及的愿望。因此，未来国际货币体系的演变，必须做到既能避免特里芬难题，也能解决金本位制下的通货紧缩缺陷。

6.2.1 “特里芬难题”的再思考：国际货币体系演变的内在动力

从理论上讲，一个稳健和运行良好的国际货币体系必须解决三个主要问题：提供国际储备货币、平衡国际收支与管理国际资本流动，其本质就是主要储备货币发行国必须在国际范围内提供足够的流动性，同时要保持储备货币价值的稳定。

6.2.1.1 “特里芬难题”及其本质

二战后期，出于对两次世界大发展之间混乱的国际货币体系以及金本位制缺陷的反思，以美国为首的盟国确立了战后的国际货币体系，即以其他国家货币与美元挂钩以及美元与黄金挂钩为主要特征的布雷顿森林体系，从而确立了美元唯一国际主导货币的地位。但这种以一国货币作为最主要国际储备资产的体系有一种内在的不可克服的矛盾：美国以外的成员国必须依靠美国国际收支持续保持逆差，不断输出美元来满足它们的国际清偿能力需求，日积月累必然会危及美元信用从而动摇美元作为最主要国际储备资产的地位；同时，美国若要维持美元价值的稳定，则必须维持国际贸易处于平衡或者盈余状态，则会出现全球性国际储备不足，从而影响到国际贸易与经济的增长。在上个世纪 60 年代，美国耶鲁大学教授罗伯特·特里芬在《美元与黄金危机》一书中对这一现象作了深入总结，提出任何一个国家的货币如果充当国际货币，则必然在货币的币值稳定方面处于两难境地，这种币值稳定与流动性供给的矛盾就是“特里芬难题”，并且据此预言布雷顿森林体系会由于这一内在矛盾而必然走向崩溃。

从历史经验看，以单一国家主权信用货币作为国际储备货币具有无法克服的困境。“特里芬难题”仍然是储备货币发行的重要约束之一，同时在储备货币国和使用储备的国家之间存在着显著的利益转移。由相对单一的国别货币来承担国际储备货币的职能，这种格局不仅对发展中国家不利，实际上也不利于发达国家的经济平衡。“特里芬难题”的本质概括起来就是国际流动性供给与币值稳定之间的矛盾关系，它并非仅仅存在于布雷顿森林体系，而是贯穿国际货币体系的一对主要矛盾。

6.2.1.2 “特里芬难题”在不同阶段的表现

“特里芬难题”在总结历史经验的意义上超越了布雷顿森林体制本身，其所揭示的矛盾在国际货币体系发展的不同阶段，以不同的形式存在。一旦国际货币体系的运行不能适应现实经济的发展，这一矛盾就会激化，引发国际货币动荡和变革。

在金本位制下，“特里芬难题”表现为流动性不足与长期通货紧缩倾向，无法适应工业革命在全球广泛传播后的形势，极大地限制了资本的积累和生产能力的扩张，也限制了消费需求。黄金作为贵金属，在经济发展的早期阶段，具有作为货币的天然属性；但是，黄金的供给具有显著的刚性特征，如果严格限定在黄金存量所允许的范围内组织国际经济活动，则相对于日益庞大的生产规模，必然会出现长期通货紧缩倾向，需要付出世界经济停滞和人类进步受阻的机会成本。因此，金本位制下的全球流动性缺陷之害，丝毫不差于流动性泛滥。这也意味着金本位制以及一切试图以自然资源或者某种商品未发行储备的货币制度，不符合人类社会进步的需要。

在布雷顿森林体系下，“特里芬难题”表现为美元与黄金比价难以维持，为了满足全球流动性需要，美国必须大量输出美元。不管是通过贸易途径还是资本途径输出美元，布雷顿森林体系要想成功运作必须满足一系列较为苛刻的条件，如与美元供应相适应的黄金无限性、美国国际收支逆差扩大与美元的稳定性、美国霸主地位的永恒性、其他国家和地区对美国依赖的永恒性。然而，这种条件只能在一定阶段得到满足，国际政治经济不平衡发展的内在规律，必然会打破上述限制，使特里芬难题开始显现并恶化。布雷顿森林体系并没有完全摆脱黄金对经济发展的制约，而是以黄金与美元的比值稳定矛盾出现，因此也难逃金本位制崩溃的厄运。

在美元信用本位体系下，通过对黄金的非货币化彻底摆脱了贵金属对人类经济活动的限制。作为国际主权信用货币的美元，其“特里芬难题”以美元流动性供给与购买力持续下滑的形态出现，其背后是美国内外政策的矛盾以及全球经济的失衡。20 世纪 90 年代以后，马克麦考利（McCauley）（2003 年）对信用本位下的“特里芬难题”作了归纳：即国际货币体系的稳定取决于美元的稳定，美元的稳定又取决于美国的国际收支平衡，但全球流动性供给依赖于美国的国际收支逆差，美元铸币税特权使美国货币发行和国际收支逆差缺乏约束机制。由于国际上缺乏对美元的有效制衡机制，美国没有动力对其长期双逆差进行再平衡，全球经济不平衡的矛盾就会日积月累，当前由美元扩张和信用危机引发的全球金融危机，就是在新的历史条件下“特里芬难题”所包含的美元供求矛盾的集中释放。也意味着，当前的国际货币体系需要依据全球经济格局的演变作出调整。

6.2.1.3 破解“特里芬难题”是国际货币体系演变的动力

“特里芬难题”是国际货币体系演变的主要矛盾，也是推动国际货币体系演变的内在动力。布雷顿森林体系的建立就是在新的历史条件下，对金本位制下黄金对货币发行严格限制的突破，缓解了金本位制下通货紧缩倾向。尽管美元与黄金维持固定平价关系，但是美元的发行已经脱离了黄金储备的限制，可以说布雷顿森林体系是对金本位的修复。为了有效满足主要国家对国际流动性的需求，美国通过马歇尔计划以资本输出形式向全球大量投放流动性，对于促进全球经济从战争废墟中恢复做出了重要贡献。

但是随着全球经济的恢复，特别是德国和日本的迅速恢复并崛起改变了全球战后初期的经济格局。在战争等因素的综合影响下，美国逐步由债权国向债务国转变，长年的国际收支逆差以及逐步积累的巨额国际债务，削弱了美元作为国际本位币的地位，布雷顿森林体系最终崩溃。在新的牙买加体系下，以美元为主的多元储备货币和自由浮动的汇率体系在一定程度上缓解了“特里芬难题”，却没有彻底根治这个问题。虽然出现了以美元、欧元、日元、英镑等为主的多元化国际储备体系，但是这只能在一定程序上缓解“特里芬难题”所揭示的矛盾，只要美元独大的格局不被打破，就难以有效解决“特里芬难题”。解决“特里芬难题”依然是推动当前国际货币体系改革的动力。

6.2.2　国际主导货币多元化：美元、欧元、人民币的竞争均衡

针对当前以美元为核心的国际货币体系，很多学者提出了改革建议。本书认为，为了有效解决国际货币体系的“特里芬难题”，在可预见的未来，国际货币体系应建成一种信用货币体系下的、多元主导货币并存的、多层次的国际货币体系，并通过国际主导货币的竞争均衡满足全球流动性供给需求并维持国际货币币值的稳定，破解有限博弈格局下的“囚徒困境”。

6.2.2.1　未来国际货币体系发展方向的主要代表观点

当前关于国际货币体系改革方案有多种，可谓仁者见仁智者见智。概括起来可分为三大类别六种主要观点。

一是完善主权信用货币体系。即未来的国际货币体系仍以主权信用货币为主，一些学者认为可以通过修复当前的美元本位制度，克服美元泛滥以及美国经济长期的结构性失衡，特别是随着美国经济的恢复，这种观点可能会更为突出；另外一些学者认为，要建成多元化的国际货币

体系，依靠竞争约束美元发行的财经纪律。

二是建立实物储备货币体系。一些人认为应恢复黄金本位，由于传统的金本位制具有自由兑换、自动调动、汇率固定等作用和优点，主张恢复金本位制的人越来越多，但这种主张既缺乏现实性，也会进一步加重“特里芬难题”。另一些人认为应建立商品储备货币制度（如石油、资源或者能源），以克服金本位制下的流动性紧缩倾向。需要指出的是，商品货币作为一个历史现象，缺乏恢复的现实基础，任何一种商品作为货币发行储备，都不可避免的会遇到黄金遭遇的问题。如果其产量能够取得突破性进展，能够适应经济发展需要，则其价值稳定性必然受到冲击；如果不能有所突破，则通货紧缩难以避免。金本位制后期国际货币体系的多次动荡，已经说明以实物储备为发行基础的货币体系不再适应人类社会的发展现实。

三是创建超主权国际信用货币。主张创造超主权信用货币的学者认为，彻底解决”特里芬难题“，必须抛弃主权信用货币作为国际主要储备货币。在创建超主权货币方面，又存在两种观点：一种是在现有的IMF框架内改革SDRs，赋予其更多的职能，拓宽其适用范围，并逐步取代主权国际货币；另一种观点类似于20世纪40年代的“凯恩斯计划”，认为应由世界各国集体创造一种“国际通货”。但是，在现实金融制度调整中，创造一个新的超主权货币，需要不同国家和地区的利益平衡，其协调成本之高和各国利益的不同主张，使这种主张只能作为一种理想状态，在可预见的未来缺乏可操作性。

总体而言，本书认为进一步完善主权信用货币体系，通过多元竞争约束“特里芬难题”发挥作用的机制，是一种更为现实和理想的模式。

6.2.2.2 国际主导货币多元是破解信用本位下“特里芬难题”的唯一选择

从货币的产生发展过程看，信用货币制度是实现经济体系最佳的制度，也是金融体系发挥金融功能的基础。货币的演变是以适应人类社会发展需要为基础的，从一般商品货币到贵金属货币再到信用货币，是一个不可逆的发展过程。因此，国际货币体系作为货币体系的一个子系统，只能在信用货币本位下寻求发展改革的突破口。

1. 国际主导货币多元化概貌

在信用本位下，以单一主权信用货币作为国际主导货币，必然导致“特里芬难题”的失控和全球不平衡矛盾加深，并产生强大的路径依赖，使改革的成本越来越高，进入一种“恐怖的美元金融平衡”。为此，一个稳定的国际货币体系其主导货币应是竞争和多元的，主导货币必须能够代表全球经济的主要力量，且具有一套灵活的调整机制，能及时纠正全球经济的结构性失衡。

在多元国际主导货币的体系下，国际主导货币发行国必须有足够大的经济规模、足够强的经济实力、足够广的区域人口辐射能力，能够反映全球政治经济格局演变趋势；从现实看，美元、欧元、人民币作为主导货币是较为现实的选择。特别是如果以中国为主的东亚经济区建成以后，这种三极体系将是更为现实的选择。根据 IMF 测算，到 2020 年，北美、“欧元区 + 英国”、“金砖四国 + 日本”三大区域经济在全球 GDP 总量的份额将分别为：20%、21%、31%；根据麦迪森的估计，到 2030 年，以购买力平价衡量的西欧、美国和中国的 GDP 总量之和仍将占到全球的 55%。这意味着世界经济格局将演变成大致均衡的中美欧三极，区域经济多极化趋势将是国际储备多元化最有力的推动因素。

事实上，蒙代尔（2000 年）曾提出“金融稳定性三岛”（Three Islands of Stability）的国际主导货币基本架构，即欧洲、美洲和亚洲分别以美元、欧元和日元为主的区域货币联盟。蒙代尔的“三岛”设想符合国际货币演变的趋势，也能够有效改善现有美元作为唯一国际主导货币背后的流动性与币值稳定矛盾。但是，受到历史状况限制，蒙代尔对于主导货币的选择更多的是基于对历史的考察，而没有有效预见亚洲乃至国际经济格局的快速变化，特别是对于中国的迅速崛起以及日本长达 20 年的萧条，超出了绝大部分经济学家的预期，导致“稳定性三岛”的日元已经很难代表亚洲的国际地位，也很难起到稳定的作用。最近，蒙代尔（2009 年）认为，人民币将很快超越日本在国际货币体系中的地位，这也意味着，人民币有潜力成为国际货币体系的“稳定三岛”之一。

表 6-2　世界主要地区和国家的 GDP 以及人均 GDP，1952—2030 年

	国　别	1952 年	1978 年	1990 年	2003 年	2030 年
GDP（1990 PPP $，亿元）	美国	16250	40900	58030	84310	166620
	西欧	15320	46090	60330	78570	125560
	日本	2020	14460	23210	26990	34880
	中国	3060	9350	21240	61880	229830
	印度	2340	6250	10980	22670	100740
	全世界	59130	189690	271360	409130	965800
人均 GDP（1990 PPP $）	美国	10316	18737	23201	29037	45774
	西欧	4963	12621	15965	19912	31389
	日本	2336	12585	18789	21218	30072
	中国	538	978	1871	4803	15763
	印度	629	966	1309	2160	7089
	全世界	2260	4432	5162	6516	11814

数据来源：Maddision（2007）。转引自安格斯·麦迪森，伍晓鹰等译：《中国经济的长期表现》（公元 960—2030），上海人民出版社 2008 年版，第 109 页。从表中可以看出，尽管中国的 GDP 总量在 90 年代已经赶上日本，但是由于人均数量过低，形成的社会有效财富不足，需求市场对全球的影响远远小于同时期的日本。

2. 国际主导货币多元化能够有效制约“特里芬难题”发挥作用的机制

1971 年，查尔斯·金德尔伯格在其名著《萧条中的世界：1929—1939》中首次提出“霸权稳定论”，随后该理论被罗伯特·吉尔平加以系统完善，认为世界经济必须有一个超级霸权大国作为“稳定者”（stabilizer），为全世界范围内的剩余产品提供一个市场，保证资本的充分流动，并在银行面临危机的紧要关头发挥救助作用。这一观点构成了美元独霸世界的理论基础。客观上讲，“霸权稳定论”的提出是基于对两次世界大战间国际经济货币乱象的反思，也是对“囚徒困境”导致的集体非理性的制约。随后，金德尔伯格进一步发展了这一观点，认为正常时期也同样需要一个稳定者，以维持国际汇率结构、协调各国的宏观经济政策，并为世界经济提供稀缺的公共商品（如国际货币）。硬币总有两个方面，任何一个主权信用货币独自承担国际主导货币职能，在

短期可能有利于世界经济的恢复和增长，但从长期看必然带来更严重的后果，因为政治经济不平衡发展是一个永恒的规律，在国际事务中也从来就不存在超国家利益，随着国际经济格局的演变，霸权货币必然会置国内利益于国际利益之上，利用自己的独特地位，侵害他国利益。英镑在主导国际货币体系的后期如此，美元同样也不例外。任何一个主权信用货币独自承担国际主导货币职能，从长远看只会带来更严重的“特里芬难题（困境）”。

进一步从历史发展角度考察，美元独大现象已不符合全球经济格局演变的现状：一是单极货币体系与世界经济结构变化方向相矛盾，任何单一经济体在经济领域都难以长期维持绝对优势地位，这是一个大国兴衰的历史规律，美国也不例外。美国 GDP 占全世界的比重由战后初期的约 1/2 降至当前不足的 1/4，降幅达到了 50%；根据 IMF 公布的 GDP 增速，近 30 年新兴市场经济体的平均增速为 4.2%，其中后 8 年高达 6.4%，呈现显著的加快趋势；同期发达经济体平均增速为 2.7%，呈现逐步放缓趋势。二是单级体系本身蕴含重大缺陷，因为它隐含一个理想化的先决条件，即霸权国家经济运行永远安全高效，否则一旦国际货币主导国出现重大问题，必然会将全球经济带入动荡与混乱。三是历史发展可以提供破解“囚徒困境”的机制，正是存在两次世界大战及其不可承受的损失，为“囚徒困境”提供了可置信的威胁，能够避免个体理性向集体非理性演变，为多元化的国际主导货币提供稳定均衡机制。

在美元本位制下，特别是黄金非货币化后，美元独自承担国际主导货币的负面作用越来越大。美国政府不用再承诺维持其货币价值的稳定，但是由于路径依赖的作用，特别是在石油危机中美国成功迫使 OPEC 国家接受美元为石油的唯一计价货币，其他国家政府、国际经济组织以及私人部门基于相对实力与制度惯性，继续延续了以美元为中心的国际货币体系。这就意味着，当美国内外经济政策发生冲突时，会自然地以维护内部利益为主，表现为美元发行的财政纪律失去约束，制造全球过剩流动性，攫取丰厚的“铸币税”，对财政与贸易的“双赤字”实行纵容政策，以支撑国家预算和过度消费。次贷危机就是各类失衡矛盾日积月累的集中爆发，中国低价产品的持续供给使美国对经济体系失

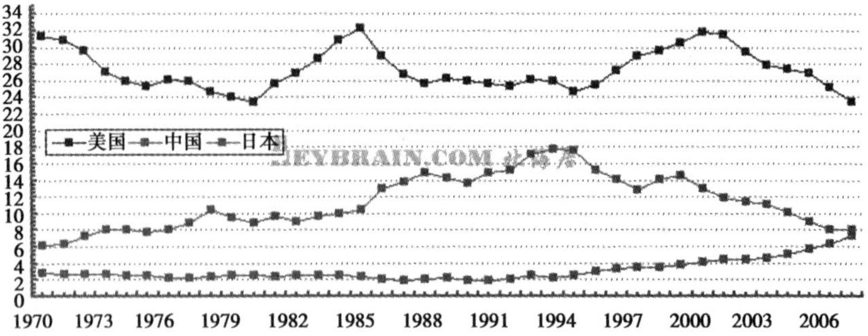

数据来源：联合国统计司。

图 6－1　1970—2008 年中日美占全球 GDP 的比重（市场汇率）

衡失去了应有的警惕，长期宽松的货币政策导致全球流动性泛滥，压低了美国金融市场长期利率，从而出现罕见的房地产泡沫与衍生品泡沫，资产价格泡沫的出现本身就意味着美元的购买力已经出现了危机。

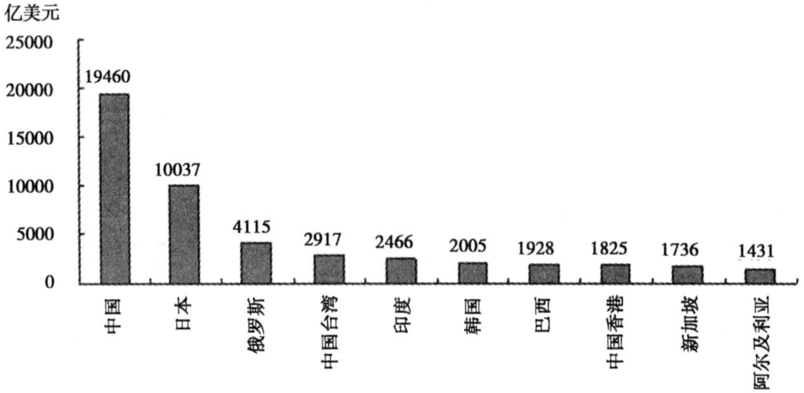

图 6－2　2008 年底外汇储备前十位的国家和地区

全球外汇储备的分布也能较好地解释全球经济体系的失衡。以中国、日本为代表的东亚国家美元储备的迅速上升就是这种货币体系失衡的典型表现之一。从 2008 年外汇储备最多的 10 个国家和地区看，欧美等真正的世界强国，无一进行大规模外汇储备，而是充分利用社会财富为国家和民众谋求最大福利。这种格局，充分体现了全球经济的不平衡，穷国为富国大量输出资本，而自身内部社会福利的提升却相对缓慢，也是落后国家劳动者的悲哀。

为了对美元形成有效外部约束，促使美国对等承担起调节国际经济失衡应有的责任，国际货币体系必须改变美元独大的格局。国际主导货币多元化不同于国际货币多元化，事实上自牙买加体系确立后，全球已经进入多元国际货币时代，即美元、马克（欧元）、日元、英镑等都具备国际货币职能，但是美元显著处于一支独秀状态，其他货币无法与其构成竞争，也就无法约束美国对于美元地位的滥用，“特里芬难题”仅仅得到部分缓解。因此，未来的国际货币体系必须由国际货币多元化向国际主导货币多元化转变，同时在国际主导货币之下形成多个次级国际货币，构成多元化、多层次的国际货币体系，以克服单一主导货币下的“特里芬难题”，通过市场选择降低对美元的需求，打破美元在大宗商品定价方面的垄断，减少全球经贸活动对美元的依赖程度。历史证明，只有多元化才能形成制衡力量，而任何一种垄断，无论其是超主权的还是基于主权的，都最终陷入“特里芬难题”的困境。

3. 未来国际货币体系的主要特征

以多元国际主导货币为中心的新国际货币体系将具备以下几个特点：

一是美元仍是主导货币之一，并在较长期限内仍处于主要地位，但国际收支调节的责任将趋向公平，美元的独特地位将受到限制。尽管美元过度扩张已经损害了大多数国家的利益，尤其是持有大量美元储备的发展中国家的利益，但是美元的国际地位从根本上取决于其经济科技和军事实力，是美国综合国力长期演变的结果，因此具有很强的路径依赖惯性，金融危机很难在短期之内完全改变美元主导下的国际货币体系。当前在国际金融领域内的美元资产广泛分布在储备资产、金融资产（美元债券、股票和期货等资产）、能源美元（石油、矿产）和贸易美元，依托美国规模庞大和创新能力超强的金融市场，美元在国际产品定价上具有垄断优势。即使受到金融危机冲击，美国在较长期限内仍然会维持世界第一大国地位，美国的债务状况依然优于日本、英国等其他主要西方国家，而新兴市场的崛起是一个渐进过程，相对美国存在诸多的制度和市场劣势。因此，依靠庞大的经济规模、超强的经济实力和先发优势，在可预见的期限内，没有任何一种货币能够完全替代美元的作用，人民币国际化必须在这个框架内积累挑战美元的能力，同时善于借助美元的地位，采取一定的策略（如以美元为基础货币互换或者与其他强势货币结盟），等待成为国际主导货币的历史契机。

二是欧元有望成长为第二个国际主导货币，但是其最终地位将由欧洲政治经济一体化发展程度决定。从1999年诞生至今，欧元已经迅速成为仅次于美元的第二大国际货币。以经济贸易实力衡量，欧元区已经能够与美国并驾齐驱，欧元也最有希望成长为第二个国际主导货币，但是目前欧元的使用范围主要集中于欧元区内，在更广阔的国际经贸活动中还没有对美元形成强有力的挑战。其原因主要有：欧元区至今没有形成一个统一的强大资本市场，没有基于政府信用的统一的欧元政府债券，任何成员国单独的债券市场无法与美国抗衡；欧盟在政治上仍处于成员国各自为政的局面，无法实现财政政策和货币政策协调；如在本次金融危机中，欧盟共同的财政刺激计划很难形成，这就意味着欧元背后的经济体联盟是不稳固的；欧元作为欧盟实现经济一体化的重要手段和目标，至今无法统一英镑及瑞士法朗这两个国际货币。此外，由于欧元不是一个主权信用货币，形成统一的决策较难，政策协调程度远无法像美元的一国决策具有效率。因此，欧元最终的国际地位将由欧盟政治经济一体化发展程度以及欧元区的财政货币制度改革决定。

三是新兴力量迅速崛起，发展中国家在国际货币体系中取得与其经济发展成果相匹配的地位，其一个重要标志就是人民币崛起为国际主导货币之一。近年来，新兴和发展中经济体对世界经济增长贡献率不断上升，逐步成为世界经济增长主要动力。2008年，“金砖四国”（巴西、俄罗斯、印度和中国）对世界经济增长的贡献率继续超过50%；新兴市场国内生产总值（GDP）已占全球的50%，贸易量占40%，外汇储备占70%。根据高盛2003年的报告，到2014年“金砖四国”将出现8亿中产阶层，规模超过美国、西欧和日本的总和，并在能源、天然资源、资本三大市场方面发挥重要作用，成为全球最重要的消费市场。经济的发展，需要改革现有的国际金融体系，以保护自身的正当权益。在本次金融危机之后的三次G20金融峰会上，以“金砖四国”为代表的发展中国家发出了改革现有以美元独大为主要特征的国际货币体系，并要求扩大发展中国家在IMF中的地位，为新兴经济体争取更大话语权。作为四国中经贸实力与政治力量最强的中国，将有望在自身经济改革的稳步推进基础上，实现人民币在国际货币体系中的崛起，成为国际主导货币之一。

四是在主导货币周围将形成不同层次的次级国际货币，在区域经贸与投资活动中发挥一定作用。区域化是全球化的一个过程和特定阶段，由于全球经济体差别过大，短期之内不太可能形成紧密的一体化市场，但是相邻的区域主体可以依据经济发展与产业分工的需要，形成区域经济联盟，实现各自利益的最大化。与此相应，在多元国际主导货币体系之下，还会出现不同层次的区域性次级国际货币，在区域经贸交流中发挥作用。

全球性生产过剩与大量贫困人口的并存本身就已深刻说明现有国际经济货币体系存在重大缺陷。为了积极推动国际货币体系的改革进程，迎接以美元、欧元和人民币为核心的，以日本、俄国、巴西、印度、南非等货币为次级国际货币的多元多层新型国际货币体系。全球各国应放弃贸易保护主义，主要需求市场实行开放的经济贸易政策；发达国家应加大技术扩散力度，促使全球经济实现均衡增长，使落后地区能够在新的增长范式下赶超发达国家，并由此促进人类整体福利的快速提升。

6.3 人民币国际化次序选择：以内为主的稳步推进战略

国际货币的形成是一个渐进过程，国际主导货币地位的取得更是政策推动与市场选择相结合的结果，人民币国际化的目标只能是国际主导货币，为此，必须坚持以内为主的稳步推进战略。以“内”为主，在这里“内”有双重含义，第一层指的是中国统一大市场的构建和内部金融基础设施的完善，这是人民币国际化的市场条件；第二层指的是人民币国际化必须以首先取得中国经济区内主导货币职能为基本策略。

6.3.1 人民币国际化次序设计：多重三步走的协同推进

从国际货币竞争的发展来看，国际货币体系在未来将从单一货币垄断局面向多元国际主导货币竞争发展格局演变，人民币国际化的目标是成为多极化的国际主导货币之一。在这一过程中，人民币必将遭遇现有优势货币（包括美元、欧元，甚至日元）的竞争与压制。因此，人民币国际化首先需要形成一个稳定强大的中国经济区，并以此为基础设计好国际化的次序，等待崛起的历史契机。具体而言，在经济领域，要构建一个具有强大需求力量的中国经济区，为国际货币创造一个必要的稳定内部环境与社会秩序（见5.3）；在货币领域，人民币国际化要把握好内外次序、区域次序和职能次序，建设一个能够有效服务于货币崛起的汇率制度，通过多重三步走的协同推进，稳步推动人民币走向国际主导货币。

6.3.1.1 内外次序：以内为本的国际化次序

现代资本主义产生以及各历史时期主导性世界强国（如荷兰、英国和美国）演变的过程表明，发达的金融市场是经济崛起和平稳运行的重要条件，经济的崛起和稳定是货币崛起的前提。德威尔和洛锡安（Dwyer Jr. and Lothian，2002年）考察了5世纪以来的国际货币历史（5—7世纪的贝占廷金币、8—9世纪的阿拉伯dinar、13—15世纪意大利城市国际货币、17世纪的荷兰盾到现代的英镑和美元），发现国际货币除了具备单位价值高、长期保持购买力稳定、由主要经济贸易大国发行等特点外，货币发行国都具有发达的金融市场，并通过市场选择最终确立国际国币地位。基于此，人民币国际化首要需要解决内部金融市场发展改革问题，坚持先内后外，以内为本的国际化次序。如果没有一个高度发达的金融市场和功能完善的金融体系，人民币国际化将缺乏市场基础和制度基础。

当前，我国金融市场和金融体系还不成熟，市场的广度、深度都不够，金融机构的市场化程度不深，金融监管和宏观调控能力还有待于进一步提高。货币的国际化，特别是作为国际主导货币，本质上就是本国金融市场在国际上的延伸，如果本国金融市场不发达，而强行将主权货币职能延伸到国际范围，即使勉强被接受，也将带来巨大风险。人民币要成为国际主导货币，需要一个具有足够广度和深度的金融市场尤其是资本市场作支撑。为此，我国金融改革首先要解决以下几个问题：

一是加快金融机构改革。以市场化为导向，逐步放开金融业的进入壁垒，实现内资、外资，国资、民资的同等待遇，通过市场竞争促使金融机构改善经营业绩，完善风险管理，消除因制度因素而蕴含的重大系统风险。以当前银行业为例，为了减轻利率高峰时期形成的成本压力，随着应对次贷危机的刺激性财政政策出台，我国银行业的信贷冲动非常强烈，一方面贷款在向各级政府和大型国企集中，并出现了贷款条件放松的迹象；另一方面中小企业资本约束依然偏紧。保险业同样具有类似现象，市场的恶意竞争在很大程度上是行业的准入限制和过度保护造成的，大型国有企业由于资本的软约束，往往是市场竞争失范的始作俑者。如果因为担心恶性竞争而持续对行业实行严格的进入壁垒，整个银行、保险、证券业所积累的系统风险会越来越大，国家财政很难再次承担不良资产剥离的成本。

二是稳步推进金融产品价格市场化改革，完善价格形成机制。我国一直对金融市场实行严格的价格管制，利率、汇率、人身险费率都实行政府控制，保护性政策是国内金融机构在享受高额垄断利润的同时，也削弱了我国金融机构的创新发展的动力。更为主要的是，价格管制扭曲了资本配置机制，使资源不能流向最有活力和效率的需求环节，而是逐步向各级垄断势力集中。信贷资金如此、股市债市融资如此、保险资金的投放方向也如此，这必然会抑制国民经济的活力。缺乏市场机制的约束，人民币国际化后会面临一系列的价格信号扭曲，容易导致制度寻租和投机冲击。

三是构建人民币国际化的金融市场制度基础。大力发展人民币货币市场和国债市场，为完善金融价格形成机制和金融宏观调控传导机制创造市场条件；积极推动中国金融机构开拓海外市场，为人民币国际化服务；构建人民币结算的海外清算网络，允许外国特别是中国经济区内的各类商业银行参与到中国央行人民币大额实时清算体系及银行间资金拆借体系之中，以满足其人民币流动性资产配置的需求。此外，尽管资本账户开放不是人民币国际化的一个必要条件，但是如果人民币要成为国际主导货币，仍需要稳步推进资本账户自由化。

四是完善资本市场体系，加快资本市场开放步伐。我国股票市场诞生后，虽然历经多次制度变革，其金融功能在不断改进，但是偏重解决国有企业融资饥渴的现象并没有得到根本改观。特别是大型国有企业上市，往往可以享受“绿色通道”的超优惠待遇，甚至不必理会现有法律法规的约束条件，市场微观基础并不稳固。一个不具备可持续发展能力的资本市场，必然是一个缺乏吸引力的投资性资本市场（倒是有可能吸引大量国际投机资本），其主权货币不可能成为国际主导货币。因此，发展资本市场必须要通过持续加强制度建设和完善法制体系实现规范发展，增强对市场主体和资金的吸引力，实现资本的可持续流动，保持资本市场的健康稳定。此外，为了适应人民币国际化的需要，需要加快资本市场开放步伐，实现 A、B 股市场并轨，引进国际上市公司在内地资本市场上市交易。

五是充分发挥香港国际金融中心的作用，加快建设内地国际金融中心。当前，应充分利用香港的国际金融中心地位，扩大香港人民币业务、推进人民币贸易结算、发展人民币借贷市场和人民币离岸业务（如债券发行和交易）等，稳步将香港建成人民币离岸中心，探讨深港一体化，巩固香港国际金融中心地位。从长远看，要建设多层级的国际金融中心，以满足中国经济崛起的需要，全力打造上海国际金融中心，建成“上海—香港”双中心布局；积极推进次级金融中心建设，满足中国区域经济发展以及参与国际区域经济合作的需要，如实现京津金融一体化，建成东北亚区域合作的资本配置中心；建设西北、西南金融中心，为推进能源交易的人民币计价创造条件。

6.3.1.2 区域次序：以中国经济区货币锚优先的国际化次序

国际货币作为一国主权信用的对外延伸，其区域发展次序需要与经济区延伸次序保持一致。要在顺应市场需求的基础上依靠强币战略引导市场需求，依靠市场选择力量有意识推进人民币国际化的区域扩展次序。

一是要优先整合两岸四地，使人民币能够在四地范围内自由流通、成为港澳台地方货币的货币锚。

二是借助区域性合作组织，稳步推广人民币的国际使用范围，使人民币成为区域金融稳定的本位货币。如借助中国东盟的“10 + 1”机制，将人民币推行到东盟地区，稳步扩大人民币在东南亚的市场影响力；扩展“上海合作组织”职能，通过边境贸易与战略合作将人民币推向中亚地区；同与中国有着紧密双边贸易关系的国家，通过贸易和货币协定，提高人民币的市场接受程度；通过对外援助，实现人民币在非洲、拉美等地区的使用与推广。

三是人民币在国际上达到一定接受程度后，逐步将人民币从双边关系和局部区域扩大到世界范围的生产、贸易和货币兑换领域，逐步成为可替代美元的国际主导货币之一，为国际主导货币多元化做出重大贡献，弥补和缓解单一美元主导下国际货币体系的内在矛盾。

整体而言，人民币国际化的区域次序是：以大中华经济区为基础，逐步实现周边化、区域化和国际化，以与我国贸易关联度、市场关联度和对人民币的认知程度高低为标准，次第推进人民币国际化，逐步由主权货币向区域主导货币和国际主导货币演变。

6.3.1.3　职能次序：以区域内结算货币优先的国际化次序

在国际货币职能上，主权货币国际化也需要分步进行，即坚持人民币结算货币、人民币投资货币、人民币储备货币的次序取向，首先逐步增加人民币在全球国际贸易结算中的份额；其次促使人民币资产逐步成为国际金融市场上的主要投资币种；并在前两者的基础上，依靠市场选择推动人民币成为国际主要储备货币之一。

首先，在贸易计价结算手段上，要借助中国需求的力量，逐步提升本国对外经济活动中使用人民币的比例。在商品贸易上，首先选择对中国供给或者中国需求依赖程度较深的区域贸易对象，推行人民币结算试点，并逐步扩大人民币在普通商品贸易结算中的使用范围。在资源贸易上，探讨与俄罗斯、伊朗、委内瑞拉以及非洲重要石油输出国通过双边协议破除美元的定价权垄断，初期可实行美元定价、双币结算的互动定价机制，即采用美元计价，但同时在支付结算条款赋予人民币、美元双币选择权，转换可按照合同签订时的即期汇率为参考，依靠人民币的长期升值趋势，推广人民币在双边能源定价贸易领域的使用范围。

其次，在金融资产计价手段上，要鼓励中资企业在对外投资中以人民币作为职能货币；通过开放国内金融市场扩大国外机构投资者、筹资者对人民币的需求；通过在国际金融市场发行人民币债券，形成类似“欧洲美元”的人民币市场等。

最后，在储备货币职能上，要加大与国际（金融）组织的合作力度，如联合国、世界银行、IMF、亚洲开发银行等，广泛推广以人民币认缴费用、股金和债权资金的方式，并通过国际组织的对外援助，提升人民币的国际信誉，并借此进入主要受援国的外汇储备库。

需要指出的是，人民币国际化的多重“三步走”并没有显著的优先性和层次性，而应在坚持以内为主的基础上，协同推进。如国内经济金融改革要为周边化和贸易结算创造条件；启动内需、转变增长方式等制度变革要为作为储备货币创造条件；协同推进意味着人民币国际化是一个复杂渐进的过程，既不可急于求成，也不可被动等待。

6.3.1.4　人民币输出与回流机制

货币的输出与回流是货币国际化的两个重要技术环节，直接关系到人民币的国际接受程度。正是由于其关键性和复杂性，很难人为地事前设定，而主要是通过改革不断适应各个阶段的现实状况。

1. 人民币的输出渠道

货币输出是国际主导货币向全球提供流动性的必然要求。从英镑、美元国际化的历史过程看，维持持续的贸易盈余并不影响其向国际提供必要的流动性，关键是把握好经常账户和资本账户的平衡，通过对外投资输出本国货币，如英国对殖民地的投资与开发、美国的“马歇尔计划”等都在其货币成长为国际主导货币的关键阶段发挥了重要作用。因此，人民币输出应坚持资本输出和商品输出并重，要以资本流动带动商品流动，即通过资本输出开辟新的市场和能源与原材料供应基地；通过资本输出延伸产业链，提升对产业链价值的控制能力；通过资本输出，实现在全球化条件下的产业布局，提高和确保在国际分工格局中的相应利益。当前阶段，人民币输出可以通过国际贸易、对外援助、国际投资（FDI）等三个渠道展开。

一是国际贸易渠道。首先在商品贸易中，我国一直保持着与发达国家顺差、与发展中国家逆差的贸易格局，因此在与发展中国家的贸易交往中，可以通过推广使用人民币而实现货币输出，如在对中国市场依赖程度较深、对人民币需求相对较高的西太平洋地区和非洲以及拉美的资源输出国。其次在服务贸易中，我国一直维持逆差状态，且主要伙伴国家/地区集中度较高，如我国对外服务贸易支出目的国家/地区排名前五位的是中国香港、美国、日本、韩国和中国澳门，因此可以通过服务贸易渠道实现人民币向香港地区以及韩国和东盟输出。

二是对外援助渠道。从国际经验看，各类对外援助是货币国际化的重要推动力量。20 世纪 90 年代中期，我国开始推行援外优惠贷款，通过银行提供本金、政府贴息的方式，扩大援外资金来源，促进对外互利合作。经过十多年发展，优惠贷款已成为我国对外援助主要方式之一。截至 2008 年底，我国已向 74 个国家提供了贷款，受援国以东盟和非洲国家为主，这些国家与我国经贸联系比较紧密，对人民币的认同度较高，我国应在今后的对外援助时广泛使用人民币资金；或者根据对方需要，提供美元但是要求以人民币归还，从而鼓励受援国使用援助资金购买我国商品，接受在双边贸易中使用人民币计价结算。

三是对外直接投资渠道。尽管我国对外直接投资起步较晚，但是已经成为发展中国家中对外直接投资最大国之一；从中长期看，使用人民币对外投资是人民币走出去的必经之路，是人民币由国际结算货币向国际储备货币过渡的关键环节。为了进一步推动企业使用人民币对外进行直接投资，加快人民币走出去进程，应进一步改革外汇管理制度，不断扩大人民币对外投资规模，稳步提高人民币在全球货币体系中的影响。

2. 人民币的回流渠道

在人民币回流机制的建设中，最基础性的工作是利率市场化改革、汇率形成机制的完善和建设一个高度发达开放的金融市场。人民币回流渠道与流出渠道基本一致，主要差别体现在资金流方向上。

一是贸易和投资渠道。在出口贸易中，通过推广贸易出口以人民币计价和结算实现人民币的回流。货物贸易出口使用人民币结算是人民币回流国内的重要途径，主要取决于贸易对象国的人民币持有规模和对人民币作为国际贸易计价货币的政策限制，国家要通过优惠性政策鼓励企业在出口中收取人民币，提高其他国家持有和储备人民币的意愿。在服务贸易方面，我国已经成为区域性旅游、商贸、运输、工程服务等领域的重要服务输出国，因此可以以运输、旅游、建筑服务等项目作为服务贸易项下人民币回流的主渠道，允许其他国家用人民币向我国支付服务贸易项下款项。在引进国外直接投资中，允许境外投资者以其自有人民币资产对境内进行直接投资。为此，我国需要进行一系列政策调整，如修改外资审批领域的相关规定，将境外人民币 FDI 列为利用外资的形式之一，确立人民币 FDI 的管理框架。

二是金融市场与资金运用渠道。继续完善和推广境外发行人民币债券的机制，扩大发行主体、增加发行地点、丰富发行品种，充分发挥这一途径的人民币回流引导作用。在资本账户完全开放之前，进一步完善 QFII 制度，允许境外主体将合法获得的人民币资金通过 QFII 渠道进入境内资本市场，扩大境外人民币使用范围，提高人民币在国际市场的可接受度，完善人民币的国际价值储藏功能。建立健全人民币现钞回流机制，支持海外金融机构根据业务发展需要设立海外人民币业务库，以防范人民币境外持有和流动可能产生的风险；借鉴美联储、欧央行管理境外现钞库的经验，设立海外人民币发行代理库，同时由央行在境内建立统一的人民币现钞全球流通管理中心，管理和监测境外人民币现钞的投放、回笼。

6.3.2 人民币汇率制度：以影子储备货币为基准的选择

汇率制度选择是人民币国际化无法绕过的重要课题，与 20 世纪 40 年代英美货币关系类似，其关键是如何处理中美汇率关系。从中长期看，人民币要想发挥国际主导货币职能，必须实现完全自由兑换，并选择适合各阶段现实状况的汇率制度。

6.3.2.1 影子国际货币战略：国际储备效用最大化

过量外汇储备已成为中国经济发展的沉重负担。人民币国际化必须充分利用现有国际体系中美元的主导地位和充沛的美元储备，使人民币在较长时期内以美元的影子货币出现在国际经济舞台，并将人民币以影子储备货币形态大量推向全球，充分开发美元储备战略价值，以长期收益弥补美元储备贬值的短期损失，通过移花接木实现人民币的崛起。在这一过程中，需要处理好三个关系：

一是人民币与美元的关系。无论从当前还是从长远看，人民币与美元都是一种竞争合作关系。从国际货币体系演变前景看，美元国际地位将呈现长期下滑和在可预见期内的主导地位不变格局。在此背景下，为用活我国日益庞大的美元国际储备，需要策略性的以美元储备支持人民币崛起，在全球范围内发挥人民币美元影子货币的作用，充分利用美元的国际地位和相对于人民币的长期贬值趋势，促进各国提升在结算和储备中使用人民币的积极性，迅速提高人民币的国际地位。为此，要利用一切机会，扩大美元的对外输出，如改造双边货币互换形式，直接输出美元，而以人民币形式回收；向急需美元的国家以战略资源作抵押输出美元，同时以人民币或者实物资产形式回收等，多渠道以货币战略性错配为手段输出美元，提升人民币地位；借鉴美元—黄金本位制与布雷顿森林体系下美元崛起的战略策略，通过与美元挂钩、开发人民币与美元贸易项下的远期交易制度，在国际贸易计价与支付结算中提供美元与人民币的选择权，扩大人民币作为贸易结算货币的范围，逐步扩大人民币基于实体经济的选择范围。

二是人民币与日元的关系。亚洲特别是东亚地区是中国和日本货币竞争的战略空间重叠区域，人民币与日元的关系在很大程度上将决定亚洲区域经济的一体化程度。从历史上看，中日关系从来也没有实现过真正的平等互利，中国也不需要采取德国在欧盟架构内以退为进的崛起策略。中国和日本各有优势，但是经济与市场优势正在向中国转移，且这一趋势仍将维持下去，中国要充分利用次贷危机带来的历史契机，在经济规模上将日本彻底超越和压制，并由此借助庞大的内部市场和生产能力，逐步调整结构，实现居民富裕，由经济大国向经济强国转变。但是，我们也必须清醒地认识到日本作为发达的成熟经济体，其社会有效财富非常充沛，金融体系在经过长达 10 多年内的改革后有望走出低谷，金融市场的国际吸引力和技术的优势仍较中国显著。人民币在日元的竞争中，只能迎难而上，在巩固自身优势的同时，通过体制改革迅速扭转自身的劣势和战略短板。要充分利用自身的经济规模、储备资产以及对美元长期升值的战略优势，采取恰当的结盟政策（如联合澳大利亚、韩国和东盟），借助美元的力量，将日元的发展空间压缩在最小范围之内，使其在亚洲区域内部贸易结算与投资的职能逐步消失，在货币体系中衰退为亚洲的“英镑”。

三是人民币与其他新兴货币的关系。尽管以“金砖四国”为代表，新兴市场在整体上将长期处于上升势头，但是其内部的经济发展同样并非齐头并进，发展潜力也不尽相同，并不都具备成为全球领导国家的潜力。相对于其他国家，中国的先发优势是较为显著的，为了瓦解以美元为主导的国际货币体系，人民币既需要支持新兴区域性大国的货币国际化，并力争积极参与到这一过程中，甚至与其实现某种程度的货币合作；同时也需要采取远交近攻的策略，将印度的势力范围压制在印度洋区域内，保持卢比的区域性货币地位。

6.3.2.2 人民币汇率制度选择：从钉住爬行到自由浮动制度

未来新的国际货币体系在本质上如何平衡新兴大国与传统大国之间的关系，如40年代的英美、当今的中美，当前人民币与美元的关系（汇率制度）是关键，而汇率制度的改革和完善是一个渐进过程，特别是作为一个国情复杂的世界大国，现有的汇率理论很难指导中国的汇率制度改革。人民币汇率在坚持“主动性、可控性和渐进性”原则的基础上，应以有利于充分挖掘美元储备的战略价值为导向，巩固人民币作为美元影子储备货币的国际共识，实现国家利益的最大化。

1. 国际汇率制度选择的现状

汇率制度是一国货币对外关系的总体安排，弗兰克尔、穆萨、舍费尔等人的研究表明，由于各国经济、金融条件不同，不可能有一种对所有国家都适合的汇率制度；对某一国家来说，也不存在永恒不变的最优汇率制度；一国采用什么样的汇率制度，主要取决于该国经济金融发展的实际状况。

关于汇率制度选择的理论有多种，代表性的主要有：经济结构特征决定论，即一国汇率由该国特定的经济结构特征决定（如经济规模、开放程度、经济稳定程度等）；政策配合论，即蒙代尔—弗莱明模型以及由此演化出的“三元悖论”，即一国在资本自由流动、货币政策独立性与固定汇率之间，只能择其二；经济冲击论，即汇率制度的选择取决于外部冲击类型（实际冲击还是货币冲击等），如果实际冲击过多，则宜选择浮动汇率制度；政府信誉论，即政府的高市场信誉更适合选择浮动汇率。事实上，汇率制度选择的决定因素较为复杂，也具有很强的路径依赖特性，特别是对于大国而言，这些理论往往会失效，因为大国对汇率制度的选择更多的是基于国家利益的考量。

在现实中，各国通常都根据自身经济发展水平和运行状况自主选择汇率制度和汇率政策。根据 IMF 的划分，目前世界上共有 8 种汇率制度，以汇率弹性从小到大分别为：没有本国法定货币的汇率安排、货币发行局制度、传统的钉住汇率安排、平行钉住、爬行钉住、爬行区间浮动、无区间的有治理浮动和自由浮动；通常前 6 类归为固定汇率制度，后 2 类划入浮动汇率制度，则 IMF 会员采用固定、浮动汇率制度分别为 105 和 82 个，固定汇率制度尽管在数量上略占上风，但主要集中于发展中国家；在主要发达经济体中，大都采用了浮动汇率制度。在现代经济社会，没有绝对浮动的汇率制度，或多或少都存在政府干预，差别仅在于干预的方式、频率和力度。总之，对汇率的干预是各国进行宏观调控和维护稳定的重要手段之一。

2. 爬行钉住以美元为主的一揽子货币符合当前阶段人民币国际化利益

作为发展中国家和转轨经济国家，同时也是世界最大经济体之一，人民币汇率制度选择历来都体现了较强的国家政策导向，并且在很多时候，中国汇率制度目标的选择是多重的。特别是当前阶段，中国汇率制度的选择既要兼顾对外贸易增长、就业、经济贸易增长方式的转变以及人民币国际化战略，又要强化人民币作为美元影子货币的全球共识，提升人民币在全球政府部门以及私人部门的信用。

首先从宏观调控看，我国经济增长已经形成较为严重的对外贸易依赖，转向内需主导增长需要一个过程，如果人民币波动幅度过于剧烈，必然不利于贸易部门的稳定和就业增长，这就决定了人民币汇率制度的选择需要保持汇率的相对稳定以为贸易部门转型创造时间；同时，随着我国经济深度融入全球经济，人民币汇率作为应对内部与外部冲击有效的政策调节工具，需要保障宏观调控的主动性和灵活性。两方面的因素都决定了再次选择类似 1994—2005 年期间的固定钉住美元的汇率制度已不合时宜。

其次从产业分工看，我国以使用中间产品生产最终出口产品为核心特征的垂直化专业分工贸易模式正在加速形成，外资企业在这种贸易模式中占据主导地位，而我国则主要是获得低端的劳动要素收入。垂直化专业分工主导的贸易模式，意味着一旦外部竞争环境达到抵消劳动力成本优势的程度，大量外资主导的垂直化分工贸易企业很可能会大量转出。如果不能在这种状况出现之前，实现以内需为主导的增长和增强对产业价值链的控制力，就难以控制出口行业的国际转移，必然会对我国经济增长造成重大冲击。因此，未来如果人民币一次性升值幅度过大，这种产业转移的动力就越强。

表6-3　人民币汇率制度的历史演变

时期	汇率制度	汇率政策目标	汇率决定机制和汇率水平
1949—1952年	爬行钉住美元	1949年1月—1950年3月：奖出限入、照顾侨汇 1950年3月—1952年12月：进出口兼顾、照顾侨汇	汇率以国内外物价之比为基础确定并且高频率调整
1953—1973年	钉住美元	维持汇率稳定	除对个别国家货币的法定贬值或升值作出调整外，汇率一般保持固定不变
1973—1980年	钉住一篮子货币	维持人民币坚挺	货币篮子权重按照贸易份额和对外政策的需要确定；汇率基本稳定在各国之间汇率的中间偏上水平
1981—1984年	双重汇率体制	鼓励出口，增加储备	内部结算价：以出口换汇成本为基础；官方牌价：钉住一篮子货币并且多次调整
1985—1993年	名义汇率从爬行钉住到管理浮动。事实上，1988年以后是官方汇率与调剂汇率并存的汇率双轨制	平衡国际收支	名义汇率以出口换汇成本为基础并且多次贬值

续表

时期	汇率制度	汇率政策目标	汇率决定机制和汇率水平
1994—2005 年 7 月	名义上：管理浮动；事实上：亚洲金融危机以后钉住美元	维持汇率稳定	严格钉住美元
2005 年 7 月 21 日—	管理浮动	保持人民币汇率在合理、均衡水平的基本稳定，促进国际收支基本平衡，维护宏观经济和金融市场的稳定	参考一篮子货币进行调节，有管理的浮动汇率制度

从影子储备货币需求看，人民币要从影子国际货币过渡到国际主导货币，必须具备价值稳定性和可测性。从长期看，两种货币的均衡汇率存在向购买力平价回归的趋势，而短期波动主要由国际收支决定。根据世界银行 2007 年底《国际比较计划》（ICP）最新公布的购买力平价体系，人民币兑美元的均衡水平大约在 1∶3.4①；从可以预见的期限看，中国国际收支的“双顺差”格局难以改变。这就意味着，无论从长期还是短期，人民币能够维持持续升势的趋势。从通货膨胀率变动趋势看，由于中国存在显著的价格抑制（特别是在能源、农业等基础产业），如果随着改革的深入各类价格抑制被破除，中国 CPI 将有可能在较长时期高于美国，这也意味着人民币与美元的 PPP 会进一步贬值。为此，为了保持较长期的人民币升值趋势，未来的汇率改革应避免进行一次性大幅度升值调整。

基于上述因素考虑，人民币汇率制度的选择在中短期内宜采取较为灵活的爬行钉住制度，钉住对象应是以美元为主的篮子货币，权重的设计不必然参考贸易权重。从长期看，在美元作为人民币货币影子的战略价值消失后，人民币最终要走向浮动汇率。人民币成长为国际主导货币

---

① 2005 年的 ICP 计划为全球 146 个经济体的购买力水平和可比的价格水平提供了估测。世行表示，由于中国和印度自 1985 年以来首次参加了 ICP，这使得最终结果更为精确。新的 PPP 数据以 2005 年的大样本抽样数据为基础，替代了世界银行此前以 1993 年甚至是 20 世纪 80 年代情况划定的购买力平价估测标准。

的道路比较漫长，也需要出现重大的国际契机，在既定战略目标下，人民币崛起的策略应随中国不同经济发展阶段的发展状况进行适当调整，力争避免改革过程中的“闭锁效应”，在动态最优的制度变迁路径上实现向全球主导国际货币的过渡。

参考文献

一、中文文献及译著

1. 阿兰·佩雷菲特：《停滞的帝国》，生活·读书·新知三联书店1998年版。

2. 阿兰·斯密德：《制度与行为经济学》，中国人民大学出版社2004年版。

3. 阿马蒂亚·森：《理性与自由》，中国人民大学出版社2006年版。

4. 阿马蒂亚·森：《以自由看待发展》，中国人民大学出版社2002年版。

5. 阿维纳什·K·迪克西特、巴里·J·奈尔伯夫：《策略思维》，中国人民大学出版社2002年版。

6. 爱德华·卢斯：《不顾诸神：现代印度的奇怪崛起》，中信出版社2007年版。

7. 安格斯·麦迪森：《世界经济千年史》，北京大学出版社2003年版。

8. 安格斯·麦迪森：《中国经济的长期表现》，上海人民出版社2008年版。

9. 保罗·科利尔：《最底层的10亿人》，中信出版社2008年版。

10. 保罗·克鲁格曼：《美国怎么了？——一个自由主义者的良知》，中信出版社2008年版。

11. 保罗·肯尼迪：《大国的兴衰：1500—2000年的经济变迁与军事冲突》，国际文化出版公司2006年版。

12. 本杰明·弗里德曼：《经济增长的道德意义》，中国人民大学出版社 2008 年版。

13. 彼德佩·李伯庚：《欧洲文化史》，上海社会科学院出版社 2004 年版。

14. 查理斯·R·吉斯特：《华尔街史》，经济科学出版社 2004 年版。

15. 陈勇：《新区域主义与东亚经济一体化》，社会科学文献出版社 2006 年版。

16. 陈宗胜：《改革发展与收入分配》，复旦大学出版社 1999 年版。

17. 大卫·科兹、弗雷德·威尔：《来自上层的革命——苏联体制的终结》，中国人民大学出版社 2008 年版。

18. 丹尼尔·豪斯曼、麦克尔·迈克弗森：《经济分析、道德哲学与公共政策》，上海译文出版社 2008 年版。

19. 丹尼尔·豪斯曼：《经济学的哲学》，上海人民出版社 2007 年版。

20. 德尼兹·加亚尔等：《欧洲史》，海南出版社 2000 年版。

21. 法里德·扎卡里亚：《后美国世界：大国崛起的经济新秩序时代》，中信出版社 2009 年版。

22. 弗兰克：《白银资本：重视经济全球化中的东方》，中央编译出版社 2008 年版。

23. 弗里德里希·米什金：《下一轮伟大的全球化：金融体系与落后国家的发展》，中信出版社 2007 年版。

24. 戈登：《伟大的博弈：华尔街金融帝国的崛起》，中信出版社 2005 年版。

25. 国际货币基金组织：《IMF 年报》（1981、1991、1996、2002、2008 年），www. imf. org。

26. 国玉奇、丘德诺夫：《地缘政治学与世界秩序》，重庆出版社 2007 年版。

27. 哈瑞·丹特：《下一轮经济周期》，中信出版社 2009 年版。

28. 哈耶克：《通往奴役之路》，中国社会科学出版社 1998 年版。

29. 亨廷顿：《文明的冲突与世界秩序的重建》，新华出版社 2002 年版。

30. 黄仁宇:《资本主义与二十一世纪》，生活·读书·新知三联书店 2006 年版。

31. 黄仁宇:《万历十五年》，中华书局 2007 年版。

32. 黄仁宇:《中国大历史》，生活·读书·新知三联书店 2007 年版。

33. 纪希晨:《史无前例的年代》，人民日报出版社 2006 年版。

34. 蒋自强、史晋川:《当代西方经济学流派》，复旦大学出版社 2008 年版。

35. 菊地悠二:《日元国际化：进程与展望》，中国人民大学出版社 2002 年版。

36. 凯文·多德:《竞争与金融：金融与货币经济学新解》，中国人民大学出版社 2004 年版。

37. 拉菲柏:《一个超级大国的崛起与兴盛：美国世纪》，海南出版社 2008 年版。

38. 理查德·邓肯:《美元危机：成因、后果与对策》，东北财经大学出版社 2007 年版。

39. 廖子光:《金融战争：中国如何突破美元霸权》，中央编译出版社 2008 年版。

40. 刘沛志:《东亚地区汇率协调机制的建立》，中国财政经济出版社 2007 年版。

41. 刘涛:《中国崛起策》，新华出版社 2007 年版。

42. 鲁世巍:《美元霸权与国际货币格局》，中国经济出版社 2006 年版。

43. 罗伯特·斯基德尔斯基:《凯恩斯传》，生活·读书·新知三联书店 2006 年版。

44. 罗兹·墨菲:《亚洲史：季风亚洲》，海南出版社 2004 年版。

45. 马丁·迈耶:《美元的命运》，三环出版社 2000 年版。

46. 迈克尔·赫德森:《金融帝国：美国金融霸权的来源和基础》，中央编译出版社 2008 年版。

47. 麦金农:《东亚经济周期与汇率安排》，中国金融出版社 2003 年版。

48. 曼库尔·奥尔森：《国家兴衰探源：经济增长、滞胀与社会僵化》，商务印书馆 1999 年版。

49. 美国国家情报委员会：《大趋势：2020 年的世界》，华东师范大学出版社 2007 年版。

50. 尼尔·弗格森：《货币崛起：金融如何影响世界历史》，中信出版社 2009 年版。

51. 牛凯龙：《转轨时期中国金融发展及其效率研究》，南开大学博士学位论文，2005 年 5 月。

52. 彭慕兰：《大分流：欧洲、中国及现代世界经济的发展》，江苏人民出版社 2008 年版。

53. 乔尔·塞利格曼：《华尔街变迁史：证券交易委员会及现代公司融资制度的演化进程（修订版)》，经济科学出版社 2004 年版。

54. 乔纳森·安德森：《走出神话：中国不会改变世界的七个理由》，中信出版社 2006 年版。

55. 青木昌彦：《比较制度分析》，上海远东出版社 2001 年版。

56. 热若尔·罗兰：《转型与经济学》，中国人民大学出版社 2002 年版。

57. 沈志华：《一个大国的崛起与崩溃——苏联历史专题研究(1917—1991)》，社会科学文献出版社 2009 年版。

58. 世界贸易组织：《WTO 年报》(2008 年)，www. wto. org。

59. 世界银行：《世界经济展望：重塑世界经济地理》(2009 年)，www. worldbank. com。

60. 世界银行：《中国贫困和不平等问题评估》，www. worldbank. com。

61. 世界银行：《中国第十一个五年规划中期进展情况评估》，www. worldbank. com。

62. 世界银行：《中国经济季报》(2007. 1—2009. 2)，www. worldbank. com。

63. 孙东升：《人民币跨境流通的理论和实证分析》，对外经济贸易大学出版社 2008 年版。

64. 藤田昌久：《空间经济学：城市、区域与国际贸易》，中国人民大学出版社2005年版。

65. 威廉·伊斯利特：《在增长的迷雾中求索》，中信出版社2005年版。

66. 希夫、唐斯：《美元大崩溃》，中信出版社2008年版。

67. 谢泼德、巴恩斯：《经济地理学指南》，商务印书馆2009年版。

68. 杨继绳：《墓碑：中国六十年代大饥荒纪实》，香港天地图书有限公司2008年版。

69. 叶自成：《陆权发展与大国兴衰：地缘政治环境与中国和平发展的地缘战略选择》，新星出版社2007年版。

70. 叶自成：《中国大战略》，中国社会科学出版社2004年版。

71. 约瑟夫·斯蒂格利茨：《稳定与增长：宏观经济学、自由化与发展》，中信出版社2008年版。

72. 约瑟夫·斯蒂格利茨：《喧嚣的九十年代》，中国金融出版社2005年版。

73. 张薄洋：《中国农村金融供给问题研究》，南开大学博士学位论文，2009年5月。

74. 张宇燕、高程：《美洲金银和西方世界的兴起》，中信出版社2004年版。

75. 张震江：《从英镑到美元：国际经济霸权的转移》，人民出版社2006年版。

76. 中国中央电视台：《大国崛起系列纪录片文字资料》，www.cctv.com.cn。

77. 兹比格纽·布热津斯基：《第二次机遇》，上海人民出版社2008年版。

78. Maurice Obstfeld; Takatoshi ITO; 易纲; 何帆：“人民币钉住美元面临重大选择”，《国际经济评论》，2006年第7期。

79. 白晓燕：“人民币汇率制度改革历程及逻辑”，《世界经济研究》，2008年第12期。

80. 曹红辉：“国际化战略中的人民币区域化”，《中国金融》，2006年第5期。

81. 曹红辉：“亚洲债券的计值货币与人民币的国际化”，《国际金融研究》，2007 年第 10 期。

82. 曹勇："人民币国际化论纲"，《金融教学与研究》，2005 年第 5 期。

83. 陈东琪、张岸元、王元："人民币汇率改革的进程、挑战和前景"，《经济研究参考》，2008 年第 12 期。

84. 陈虹："亚洲区域货币合作"，http://old.iwep.org.cn/chinese。

85. 陈小凡："最优货币区内生性假说'争议'探析"，《当代财经》，2006 年第 4 期。

86. 陈雨露、张成思："全球新型金融危机与中国外汇储备管理的战略调整"，《国际金融研究》，2008 年第 11 期。

87. 陈雨露、王芳、杨明："作为国家竞争战略的货币国际化：美元的经验证据"，《经济研究》，2005 年第 2 期。

88. 陈雨露："东亚货币合作中的货币竞争问题"，《国际金融研究》，2003 年第 11 期。

89. 程实："次贷危机后的国际货币体系未来发展：本位选择、方向和路径"，《经济学家》，2009 年第 6 期。

90. 邓金鹏、叶德磊："东亚货币一体化文献综述"，《金融理论与实践》，2008 年第 6 期。

91. 邓可斌、林晟："完全美元化与建立东亚货币区"，《西北师大学报（社会科学版）》，2003 年第 1 期。

92. 丁一兵、李晓："关于东亚区域货币合作的研究：文献综述"，《当代亚太》，2004 年第 6 期。

93. 丁志杰："东亚区域货币联盟实践、前景与对策"，《国际贸易问题》，2005 年第 1 期。

94. 樊勇明、贺平："经贸摩擦与大国崛起——日美经济战对中国的启示"，《日本学刊》，2006 年第 3 期。

95. 傅章彦："2005 年以来的人民币汇率制度改革：成效、问题和对策"，《广西财经学院学报》，2009 年第 6 期。

96. 高柏："危险的关系：美元本位制与金融风险——从日本经验看中国"，《21 世纪经济报道》，2006 年 2 月 18 日。

97. 高海红：“中国在亚洲区域金融合作中的作用”，《国际经济评论》，2009 年第 5 期。

98. 高海红：“最优货币区——对东亚国家的经验研究”，《世界经济》，2007 年第 6 期。

99. 关伟、范祚军：“从最优货币区理论看 CAFTA 成员国金融政策协调”，《中国人民大学学报》，2005 年第 6 期。

100. 关志雄：“东亚告别钉住美元的汇率制度”，《国际经济评论》，2000 年第 2 期。

101. 管涛：“国际金融危机与储备货币多元化”，《国际经济评论》，2009 年第 5 期。

102. 郭华：“东亚货币合作中中日货币竞争力比较”，《金融教学与研究》，2006 年第 4 期。

103. 何光辉、庄雪峰、杨咸月：“新国际贸易与经济地理理论及其发展——2008 年诺贝尔经济学奖得主的理论贡献”，《经济理论与经济管理》，2009 年第 2 期。

104. 何慧刚：“构建东亚固定汇率区的经济基础——兼论东亚单一货币区的可行性”，《国际贸易问题》，2005 年第 9 期。

105. 何慧刚：“人民币国际化：模式选择与路径安排”，《财经科学》，2007 年第 2 期。

106. 洪林：“东亚货币合作——基于最优货币区理论的分析”，《世界经济研究》，2007 年第 4 期。

107. 黄燕君、赵生仙：“港币——人民币一体化的经济意义及可行性分析”，《浙江大学学报（人文社会科学版）》，2003 年第 4 期。

108. 黄益平：“国际货币体系变迁与人民币国际化”，《国际经济评论》，2009 年第 5 期。

109. 江瑞平：“东亚货币体系危机与重建背景下的日元国际化问题”，《世界经济》，2000 年第 1 期。

110. 江涌：“‘最适度货币区’理论的实践与展望”，《国际经贸探索》，2000 年第 2 期。

111. 姜波克：“人民币国际化问题探讨”，《证券市场导报》，1994 年第 5 期。

112. 姜波克、张青龙："国际货币的两难及人民币国际化的思考"，《学习与探索》，2005 年第 7 期。

113. 姜波克、邹益民："人民币资本账户可兑换研究"，《上海金融》，2002 年第 10 期。

114. 李稻葵、刘霖林："人民币国际化计量研究及政策分析"，《金融研究》，2008 年第 11 期。

115. 李华民："基于人民币性质的中国货币国际化战略安排"，《信阳师范学院学报（哲学社会科学版）》，2003 年第 1 期。

116. 李华民："铸币税的国际延伸——逆转风险与人民币强势战略"，《经济学家》，2002 年第 11 期。

117. 李金清："对欧元区约束性财政政策的质疑［J］"，《对外经济贸易大学学报》，2000 年第 1 期。

118. 李婧、管涛、何帆："人民币跨境流通的现状及对中国经济的影响"，《管理世界》，2004 年第 9 期。

119. 李婧："人民币汇率制度与人民币国际化"，《上海财经大学学报》，2009 年第 4 期。

120. 李晓、丁一兵："人民币汇率变动趋势及其对区域货币合作的影响"，《国际金融研究》，2009 年第 3 期。

121. 李晓："'日元国际化'的困境及其战略调整"，《世界经济》，2005 年第 6 期。

122. 李扬、余维彬："金融危机对人民币汇率制度的影响与对策"，《中国经贸导刊》，2009 年第 13 期。

123. 李有彬："最优货币区理论研究的新进展"，《世界经济情况》，2006 年第 1 期。

124. 林毅夫："李约瑟之谜、韦伯疑问和中国的奇迹：自宋以来的长期经济发展"，CCER 工作文稿，No. C2006019，2006 年 10 月。

125. 刘爱文："人民币的国际化之路"，《商业研究》，2005 年第 18 期。

126. 刘安国、杨开忠、谢燮："新经济地理学与传统经济地理学之比较研究"，《地球科学进展》，2005 年第 10 期。

127. 刘宏松："东亚经济一体化的约束条件与当前模式选择"，

《亚太经济》，2006 年第 3 期。

128. 刘力臻、谢朝阳："东亚货币合作与人民币汇率制度选择"，《管理世界》，2003 年第 3 期。

129. 刘曙光、张金："国际金融合作新发展：背景、特点与中国因素"，《国际经济合作》，2008 年第 12 期。

130. 刘锡良、王丽娅："国际货币竞争理论研究评述"，《经济学动态》，2008 年第 5 期。

131. 陆磊、王颖："结构变迁、货币竞争与中国宏观调控体系重塑"，《经济学动态》，2008 年第 5 期。

132. 罗斌："基于竞争的人民币走出去模式研究"，《经济研究参考》，2009 年第 9 期。

133. 马君潞、牛凯龙："中国资本市场结构矛盾和系统风险"，《南开经济研究》，2004 年第 2 期。

134. 马荣华等："人民币的境外需求估计"，《国际金融研究》，2007 年第 2 期。

135. 苗长虹："欧美经济地理学的三个发展方向"，《地理科学》，2007 年第 5 期。

136. 穆西安："抓住机遇因势利导推进人民币国际化"，《南方金融》，2009 年第 3 期。

137. 牛凯龙、田成川、张薄洋："保险机构在扩大农村金融供给中的作用探讨"，《宏观经济管理》，2009 年第 10 期。

138. 牛凯龙、张薄洋、李泽广："完善我国农村金融供给体系的若干建议"，《宏观经济管理》，2009 年 8 月。

139. 齐绍洲："中国—东盟相互贸易依存度与建立东亚货币区的路径选择"，《国际贸易问题》，2007 年第 4 期。

140. 人民币国际化研究课题组："人民币国际化的时机、途径及其策略"，《中国金融》，2006 年第 5 期。

141. 沈国兵："日元与人民币：区域内货币合作抑或货币竞争"，《财经研究》，2004 年第 8 期。

142. 施建淮："东亚货币合作：短期、中期和长期"，北大 CCER 工作文稿，2004 年 6 月。

143. 石建勋："人民币的区域化和国际化机遇"，《西部论丛》，2009 年第 2 期。

144. 石杰："人民币国际化战略的现实选择"，《经济研究参考》，2008 年第 64 期。

145. 宋建军："日元国际储备地位变迁对人民币国际化的启示"，《现代日本经济》，2008 年第 5 期。

146. 唐双宁："美元、人民币和世界货币——国际货币体系与人民币展望"，《金融时报》，2008 年 12 月 16 日。

147. 万明："明代白银货币化的初步考察"，《中国经济史研究》，2003 年第 2 期。

148. 万明："明代白银货币化——中国与世界连接的新视角"，《河北学刊》，2004 年 5 月（第 3 期）。

149. 万志宏、戴金平："东亚货币合作的现实基础——从最优货币区指数进行的解读"，《广东社会科学》，2005 年第 3 期。

150. 王爱俭、牛凯龙："次贷危机后防止中国资本市场大起大落之见解"，《现代财经》，2009 年第 1 期。

151. 王爱俭、牛凯龙："当前中国宏观经济总需求分析与增长展望"，《经济研究参考》，2009 年第 1 期。

152. 王淑娟："欧盟与经互会的兴亡对区域性经济组织发展的启示"，《东南亚纵横》，2006 年第 8 期。

153. 王庭东："亚洲货币合作的路径展望"，《亚太经济》，2002 年第 7 期。

154. 王志宇："东亚货币合作——基于最优货币区指数的实证研究"，《中国流通经济》，2008 年第 10 期。

155. 王子先："欧元与东亚区域金融合作"，《世界经济》，2000 年第 2 期。

156. 吴富林："'特里芬难题'的合理内核及其解的分析"，《世界经济研究》，1992 年第 10 期。

157. 武建东："触摸'第四个国际货币体系'：人民币 8 年后成为国际货币本位币"，《东方早报》，2009 年 3 月 31 日。

158. 筱原兴、王于苗、张虎："东亚地区金融合作之路"，《国际经济评论》，2009 年第 3 期。

159. 谢太峰：“人民币国际化：效应、可能性与推进策略”，《首都经济贸易大学学报》，2007 年第 1 期。

160. 辛子波、张日新：“东亚经济一体化程度分析”，《金融参考》，2004 年第 12 期。

161. 徐洪水：“人民币国际化及周边流通分析”，《上海金融》，2004 年第 5 期。

162. 徐明棋：“从日圆国际化的经验教训看人民币国际化与区域化”，《世界经济研究》，2005 年第 12 期。

163. 徐奇渊、李婧：“国际分工体系视角的货币国际化——美元和日元的典型案例”，《世界经济》，2008 年第 2 期。

164. 许少强：“美元霸权：生存基础、影响和我国的对策”，《复旦学报（社会科学版）》，2005 年第 4 期。

165. 尹继武：“依附论的理论体系分析及其评判”，《江西广播电视大学学报》，2003 年第 2 期。

166. 余永定、何帆、李婧：“东亚金融合作：背景、最新进展与发展前景”，《国际金融研究》，2002 年第 2 期。

167. 张斌、何帆：“人民币升值的策略选择”，《国际经济评论》，2003 年第 10 期。

168. 张斌、何帆：“如何调整人民币汇率政策：目标、方案和时机”，《国际经济评论》，2005 年第 4 期。

169. 张斌、何帆：“亚洲货币单位对东亚货币合作和人民币汇率改革的影响”，《管理世界》，2006 年第 4 期。

170. 张薄洋、牛凯龙：“金融发展指标的演进逻辑及对中国的启示”，《南开经济研究》，2005 年第 2 期。

171. 张明之：“全球金融危机与中国战略性发展机遇”，《南京政治学院学报》，2009 年第 1 期。

172. 张瑞德、查胜举：“日元国际化和东亚货币格局”，《世界经济文汇》，2000 年第 6 期。

173. 张细松：“人民币汇率制度选择研究”，《金融教学与研究》，2009 年第 1 期。

174. 张宇燕、高程："海外白银、初始制度条件与东方世界的停滞——关于晚明中国何以'错过'经济起飞历史机遇的猜想"，《经济学(季刊)》，2005 年第 1 期。

175. 张宇燕、张静春："国际货币的成本和收益"，《世界知识》，2008 年第 21 期。

176. 张志超："汇率制度的未来：当前的国际争论及评价"，《华东师范大学学报：哲学社会科学》，2007 年第 5 期。

177. 张志文、白钦先："东亚经济一体化：贸易、投资自由化与货币金融合作"，《上海金融》，2004 年第 4 期。

178. 钟伟："略论人民币的国际化进程"，《世界经济》，2002 年第 3 期。

179. 钟伟："略论香港作为人民币离岸金融中心的构想"，《管理世界》，2002 年第 11 期。

180. 钟伟："美元危机和人民币面临的挑战"，《国际金融研究》，2003 年第 4 期。

181. 周念利："两岸四地构建中元区的可行性研究——基于最优货币区'内生性假设'的实证检验"，《亚太经济》，2007 年第 5 期。

182. 周子衡："中国经济发展的地缘战略与东亚经济一体化"，《世界经济与政治》，2004 年第 2 期。

183. 朱孟楠、陈晞："进化博弈论视角下的国际货币体系演变与人民币国际化路径研究"，《金融发展研究》，2008 年第 12 期。

184. 朱孟楠、郭春松、王俊方："'中元'货币区的可行性研究与现实思考"，《亚太经济》，2005 年第 4 期。

185. 祝丹涛："最优货币区批判性评析"，《世界经济》，2005 年第 1 期。

二、英文文献

1. Alesina, Alberto, Barro, J. Robert and Silvana, Tenreyro. *Optimal Currency Areas*. NBER Working Paper, 2002, No. 9072.

2. Arai, Koichiro. *Framework for Regional Monetary Stabilization in East Asia*, presented at the International Conference on Future Prospects for Re-

gional Cooperation in East Asia, Institute for International Monetary Affairs, Tokyo. 2000.

3. Asami, Tadahiro. *Regional Cooperation in East Asia*, Speech Delivered at Fudan University, Shanghai, China, November 3. 2000.

4. Asdrubali, Pierfederico; Sorensen, Bent E. and Yosha, Oved. *Channels of Interstate Risk Sharing: United States* 1963—1990. The Quarterly Journal of Economics, 1996, 111 (4), pp. 1081—1110.

5. Bank of Japan, *Financial Market Report*, March 2009, http: // www. boj. or. jp/en

6. Bayoumi, Tamim, Barry Eichengreen. *Ever Closer to Heaven? An Optimum – Currency – Area Index for European Countries* [J] . European Economic Review, 1997 (41): pp. 761—770.

7. Bayoumi, T. , and P. Mauro. *The Suitability of ASEAN for a Regional Currency Arrangement* [Z] . IMF Working Paper WP/99/162, 1999.

8. Bayoumi, Tamim. *A Formal Model of Optimum Currency Areas.* IMF Staff Papers, 41 (4), December 1994.

9. Beck, G. , and Weber, A. *How Wide are European Borders? New Evidence on the Integration Effects of Monetary Unions.* CFS Working Paper, 2001, No. 2001—2007.

10. Bird, Graham, and Ramkishen Rajan. *Is There a Case for an Asian Monetary Fund?* presented at the Asian Development Forum, Singapore, 5 – 8 June. 2000.

11. BIS, *Regional Currency Areas and Use of Foreign Currencies*, BIS papers No. 17, www. bis. org, 2003.

12. Cohen, B. J. *Beyond EMU: The Problem of Sustainability.* Economics and Politics 5, 1993, pp. 179—202.

13. Eichengreen, B. , and T. Bayoumi. *Is Asia and Optimum Currency Area? Can it Become One?* Regional Global and Historical Perspectives on Asian Monetary Relations [M] . London: Routledge, 1999.

14. Eichengreen, Barry and Ricardo Hausmann, *Exchange Rate and Financial Fragility.* Pacific Basin Conference Financial Crisis in Emerging

Markets, September, 1999.

15. Financial Services Agency. *Basic Policy for Financial Inspections in Program Year* 2009. August 7, 2009, http://www.fsa.go.jp/en

16. Financial Services Agency. *Financial Inspection Rating System*. February 2007, http://www.fsa.go.jp/en

17. Financial Services Agency. *Plan for Strengthening the Competitiveness of Japan's Financial and Capital Markets*, December 21, 2007, http://www.fsa.go.jp/en

18. Financial Services Agency. *Progress Status of Initiative toward Better Regulation*. December 26, 2008, http://www.fsa.go.jp/en

19. Financial Services Agency. *Toward Better Regulation*. September 2007, http://www.fsa.go.jp/en

20. Financial Services Agency. *Toward Building Reliable and Vibrant Markets: Report by the First Subcommittee of the Sectional Committee on the Financial System of the Financial System Council*, December 17, 2008, http://www.fsa.go.jp/en

21. Fleming, J. On *Exchange Rate Unification*. The Economic Journal, 1971, Vol. 81, pp. 467—488.

22. Frankel, Jeffrey A. *No Single Currency Regime is Right for All Countries or at All Times*. NBER Working Paper, No. 7338, September 1999.

23. Frankel, Jeffrey A. and Rose, Andrew K. *The Endogeneity of the Optimum Currency Area Criteria*. The Economic Journal, 108, 1998, pp. 1009—1025, Blackwell Publishers.

24. Gaspar, Vitor. and Mongelli, F. P. *Monetary Unification and the Single Market*. ECB, Mimeo, 2001.

25. Giavazzi, F, and A. Giovannini. *Limiting Exchange Rate Flexibility: The European Monetary System* [M]. MIT Press, 1989.

26. Grauwe, De. *Economics of Monetary Union* (4th edition). Oxford University Press, 2000.

27. H. Yuen. *Is Asia an Optimum Currency Area? Shocking Aspects of*

Output Fluctuations in East Asia [M]. National University of Singapore, 2000. 8—16.

28. Ingram J. C. *State and Regional Payments Mechanisms* [J]. Quarterly Journal of Economics, 1968 (11): pp. 619—632.

29. Ishiyama, I. *The Theory of Optimum Currency Areas: A Survey Staff Papers.* International Monetary Fund 22, 1975, pp. 344—383.

30. Kawai, M. *Optimum Currency Areas. The New Plagrave: A Dictionary of Economics.* New York: Stockton Press, 1987.

31. Krugman and Obstfeld. *International Economics: Theory and Policy.* Sixth Edition. Addison - Wesley, 2003.

32. Krugman, Paul. *A Model of Balance Payment Crises.* Journal of Money, Credit, and Banking, pp. 311—325. 1979.

33. Lewis, Jeffrey. *Asian vs. International: Structuring an Asian Monetary Fund.* Harvard Asia Quarterly, Autumn 1999. Vol Ⅲ, No. 4.

34. Linda Law. *Political Economics of RTAs under Asian Multilateral Systems.* 2000, http: / / www. fba. nus. sg

35. Masaaki Shirakawa. *Global Financial Crisis and Policy Responses by the Bank of Japan.* December 22, 2008, http: //www. boj. or. jp/en

36. Masaaki Shirakawa. *The Turmoil in Global Financial Markets and Economic and Financial Developments in Japan.* November 5, 2008, http: // www. boj. or. jp/en

37. Mckinnon, Ronald I. *The East Asian Dollar Standard, Life after Death?* World Bank Workshop on Rethinking the East Asian Miracle, Published in Economics Notes, Vol. 29, No. 1, February 2000.

38. McKinnon, Ronald I. *Optimum Currency Areas.* American Economic Review, September 1963, 53 (4), pp. 717—725.

39. Meade, J. E. *The Balance of Payments Problems of A European Free Trade Area.* The Economic Journal, 1957, Vol. 67, pp. 379—396.

40. Melitz, Jacques. *The Current Impasse in Research on Optimum Currency Areas.* European Economic Review 39, 1995, pp. 492—500.

41. Mintz, N. N. *Monetary Union and Economic Integration.* The Bulle-

tin, New York University Press, 1970.

42. Obstfeld, Maurice and Kenneth Rogoff. *The Mirage of Fixed Exchange Rate.* Journal of Economic Perspectives, Vol. 9, NO. 4, pp73—96, 1995.

43. Ogawa, E. and K. Kawasaki. *Toward an Asian Currency Union.* A Paper Prepared for the 2001 KIEP/NEAEF Conference on Strengthening Economic Cooperation in Northeast Asia Held in Honolulu, Hawaii, on 16—17 August, 2001.

44. R. A. Mundell, A. K. Swoboda. *Monetary Problems of the International Economy* [M]. Chicago: University of Press, 1969: pp. 41—60.

45. R. A. Mundell. *A Theory of Optimum Currency Areas* [J]. The American Economic Review, 1961 (4): pp. 657—665.

46. Mundell, Robert. *Currency Areas, Exchange Rate Systems and International Monetary Reform*, Paper Delivered at Universidad del CEMA, Buenos Aires, Argentina, on April 17, 2000.

47. Radelet, Steven and Jeffrey Sachs. *The Onset of East Asia Financial Crises.* Mimeo, Harvard Institute for International Development, Cambridge, MA. 1998.

48. Robson, P. *The Economics of International Integration.* London, Allen and Unwin, 1987.

49. Rose, Andrew. *Is There a Case for an Asian Monetary Fund?* FRBSF Economic Letter, No. 99—37, 17 December, 1999.

50. Rose, Andrew K. *One Money, One Market: Estimating the Effect of Common Currencies on Trade.* Economic Policy, Vol. 30, 2000, pp. 9—45.

51. Rose, Andrew K. and Wincoop, Eric van. *National Money as a Barrier to International Trade: The Real Case for Currency Union.* AEA Papers and Proceedings, 2001.

52. Takafumi Sato. *Financial Business Environment in Japan: Current Progress and Future Change.* June 22, 2009, http: //www. fsa. go. jp/en.

53. Takafumi Sato. *Progress in the FSA's Efforts Toward Better Regula-*

tion. June 26, 2008, http: //www. fsa. go. jp/en

54. Takafumi Sato. *Strengthening the Competitiveness of Japan's Financial and Capital Markets*. February 20, 2008, http: //www. fsa. go. jp/en

55. Takafumi Sato. *The Changing Regulatory Environment*. June 8, 2009, http: //www. fsa. go. jp/en

56. Takafumi Sato. *The Global Financial Market Turmoil and its Policy Implications*. December 6, 2007, http: //www. fsa. go. jp/en

57. Tamin Bayoumi & Paolo Mauro. *the suitability of ASEAN for a regional currency arrangement*. IMF WP/99/162, 1999, www. imf. org

58. Tavlas, George S. *The New Theory of Optimum Currency Areas*. World Economy, November 1993, 16 (6), pp. 663—685.

59. Tower, E., and T. Willett. *The Concept of Optimum Currency Areas and the Choice Between Fixed and Flexible Exchange Rates* [M]. Princeton University Press, 1970, pp. 1407—415.

60. Tower, E. and Willett, Thomas. *The Theory of Optimum Currency Areas and Exchange Rate Flexibility*. International Finance Section, No. 11, Princeton University, 1976.

61. Visser, Hans. *A Guide to International Monetary Economics: Exchange Rate Theories, Systems and Policies*. Ch. 6, Edward Elgar Publishing, 2000.

62. Yoshitomi, Masaru, and Kenichi Ohno. *Capital Account Crisis and Credit Contraction*. ADB Institute Working Paper, No. 2, Tokyo. 1999.

后　记

时光回溯，1993 年我离开位于太行山脚下的一个小乡村，赴津求学。入学不久，恰逢中国第一次申办奥运会，申办失败使校园里充满了怨气，这种怨气如同十年后再次申奥成功时的兴奋一样，让每一个热血青年头脑膨胀。其实，以中国的经济社会发展状况而言，2008 年举办奥运确实要较 2000 年条件成熟得多，也能够大大减轻民众的负担。从某种角度上讲，理性的西方人士在客观上帮助了中国，帮助了中国的民众。正所谓“塞翁失马、祸福相依”。

人民币国际化进程与中国申奥颇有相似之处。2008 年金融危机爆发以来，人民币国际化成为理论研究和实践工作的热点。其实，当前的人民币国际化研究热潮已是史上第二次，上一次出现在 20 世纪 90 年代中期。如果没有东南亚金融危机的爆发，估计人民币早已在高涨的社会情绪中实现了资本账户的自由化。假若如此，即使中国能够有效应对东南亚金融危机的冲击，也很难像当前一样顺利躲过次贷危机的浩劫。历史的发展本身就是在一系列偶然因素作用下，呈现出一种必然趋势。人民币国际化，与其单纯从数据、理论中梳理依据，设定时限，不如回归历史，在货币崛起的时光画卷中体会大国兴衰的荣辱辛酸，寻求决定国际主导货币起起伏伏的制度基因。在看不清未来的时候，可以在历史中寻求线索，历史既不会简单重复，也不会永不再现，历史的发展始终是一个否定再否定过程，也是一个螺旋式上升前进过程。这也是本书选择从历史角度对决定主权货币地位的经济区进行探讨的起始动因。

即使一棵小草，也应给予其生存成长的足够养分和空间，只有这样，才有可能发展成一个具有持久生命力和活力的生态群落。我始终认为，一个不能较好解决民生、民主的国家，一个不能使社会发展成果最大化惠及广大普通民众的国家，一个不能在制度上激发创业激情、拟制寻租空间的国家，一个不具备强大自我制度纠错能力的国家，纵使在内政外交上能够取得短暂的辉煌，最终也难以摆脱被历史嘲弄的命运。春秋战国各国国运兴衰以及战前的德国、日本和战后的苏联，莫不如此。这也是本书认为人民币国际化要始终坚持以内为主的思想源泉。作为一个研究工作者，应在自己的能力范围内始终关怀民生，关注在繁荣枝叶的遮蔽下容易被阳光遗忘的世界，力争做到以“经学济世”而不“媚俗迎上”。本人学识有限，也深知还很难完全做到这一点，但希望能够以此为方向，时刻鞭策自己。

本书是在我的博士后出站报告基础上修改出版的。论文的完成首先得益于合作导师王爱俭教授的鼓励和指导，否则在世俗事务与生活琐事缠身下，我没有勇气完成这篇论文。尽管十几年前就已耳闻先生之名，但和其结缘始于对我博士论文的评阅和指导，自此我就以驽马之资频繁讨教于伯乐门下，聆听导师对于学术、工作和生活的指导，感受先生对后进之人的扶助、引导与悉心培养。在此，表示衷心感谢。

人生的路很漫长，但关键处只有几步。我很幸运，每当关键之处总能遇到知遇之人。非常感激在我的求学生涯中曾给予无私帮助的导师、朋友和同学，特别是我的博士导师马君潞教授，他是我学术研究的引路人，对我独立研究能力的形成发挥了重要的作用；以及我的硕士导师王东胜副教授、挚友范小云教授、刘澜飚教授、张宝双副教授、孟昊副教授、涂红副教授、张庆元副教授、李泽广博士等。同时，也对所有本书引用过的文献资料的译作者表示谢意。

特别感谢我的公司领导盛和泰博士，盛博士以渊博的知识和丰富的工作经验，指导我很快适应了新的工作岗位，较好地实现了工作与科研的相互促进。我在工作中的每一点进步，都与盛博士的支持和帮助密不可分。

还要感谢我的父母，特别是如果没有母亲的坚持或许我早已逃离求学的路径，湮没于故乡的尘土之中；也特别感谢我的岳父母，他们以年迈之躯承担了繁重家务，还要照顾我出生不久的女儿，没有亲人在学习、工作、生活上的无私支持和帮助，我也很难取得有意义的结果。

限于资料与本人学识，从历史角度对经济区和货币国际化进行比较研究，仅仅是一个尝试。历史本身是宏伟和丰富多彩的，但是研究角度和资料通常具有局限性，不排除书中一些观点随着资料的进一步丰富而出现改变。本书参阅和引用的各类资料较多，观点及资料引用不周之处，全部由作者负责。

谨将此书献给所有曾给予我关怀和帮助的人，也献给我的女儿。

谢谢。

牛凯龙

2011年春于北京星河苑